ASCONA

Bildmaterial entnommen: Curt Riess: Ascona. Geschichte des seltsamsten Dorfes der Welt. Europa Verlag A.G. 2. Auflage. Zürich 1964.
sowie Seite 2: Sheila – fotolia.de (oben), Sunlove – fotolia.de (mitte), Hans Muench – fotolia.de (unten)

Im Nachwort: Friedrich Glauser: Der alte Zauberer. Das erzählerische Werk. Band 2. Unionsverlag. Zürich 2000.

2. Auflage 2014
© 2012 by Europa Verlag AG Zürich
Umschlaggestaltung und Satz: Christine Paxmann text • konzept • grafik, München
Umschlagbild: Otto Ernst/Museum für Gestaltung Zürich
Druck und Bindung: Aalexx Buchproduktion GmbH, Großburgwedel
ISBN 978-3-905811-34-6

Curt Riess
Esther Scheidegger

ASCONA

Geschichte des seltsamsten Dorfes der Welt

INHALTSVERZEICHNIS

Vorwort	7
Zum Geleit	13
Jeder sagt etwas anderes	15
Oedenkoven und die Folgen	23
Erich Mühsam besingt die Vegetarier	31
Ein seltsamer Prospekt und seltsame Gäste	38
Die himmlische Reventlow	46
Emil Ludwig – Dichter ohne Geld	51
Ein Anarchist – eine Nackttänzerin – ein Naturmensch	58
In den grossen Krieg	68
Die Werefkin kommt – die Reventlow geht	77
Schwindler auf dem Monte Verità	86
Inflation – und eine bemerkenswerte Dame aus Deutschland	90
Auftritt: Baron von der Heydt	94
Der sagenhafte Emden	103
Ruhe vor dem Sturm – und die Fede	113
Nelly's Bar	122
«Im Westen nichts Neues»	127
Flüchtlinge – wohin?	138
Die Kinder – und Rosenbaum taucht auf	147
Marionetten – so oder so	156
Und schon wieder Krieg!	161
Rolf Liebermann	169
Wovon lebt der Mensch?	177
Schmuggel respektabel und politisch	185
Enthüllung eines seltsamen Geschäfts	195
Dimitri	206
Sehnsucht nach gestern	209
Und morgen …?	214
Wer im Buch vorkommt (Register)	230

EIN PARADIES MIT POSTLEITZAHL: 6612 ASCONA

«Na ja, Franzel, Ascona gehört entschieden zur Biografie», schrieb Franziska Gräfin zu Reventlow (1871–1918) ihrem Freund Franz Hessel, «aber ich sehe vom Turm aus Locarno und die Ecke, wo die Bahn in die Welt hinausgeht, und es wird sehr schön sein, nach einem faulen Sommer da hinauszufahren». Dazu gekommen ist sie nicht mehr. Dass ihr der frühe Tod das Altern ersparte, hatte sie sich wohl gewünscht: «Die beste Vorsorge fürs Alter ist jedenfalls, dass man sich jetzt nichts entgehen lässt, was Freude macht, so intensiv wie möglich lebt. Dann wird man dermaleinst die nötige Müdigkeit haben und kein Bedauern, dass die Zeit um ist.» Ihre letzte Ruhe hat sie, nach einem dummen Unfall mit ihrem legendären Fahrrad, nicht in Ascona gefunden, sondern auf dem Friedhof der Kirche Santa Maria in Selva (im Wald) in Locarno.

Ascona gehörte nicht nur zur Biografie der vielgeliebten Reventlow, die hinreissende Briefe und Tagebücher schrieb und «Petitessen» wie *Von Paul zu Pedro* oder *Der Geldkomplex*, den sie mit Grandezza nonchalant ihren Gläubigern widmete. Dem magischen ehemaligen Fischerdorf am Lago Maggiore hofierten im Laufe der Zeit Heerscharen von aus den unterschiedlichsten Beweggründen Zugereisten. Der skurrile Chronist Emil Szittya (1886–1964) fasste es furios zusammen. Er schrieb, 1924, von «Begegnungen mit seltsamen Begebenheiten, Landstreichern, Verbrechern, Artisten, religiös Wahnsinnigen, sexuellen Merkwürdigkeiten, Sozialdemokraten, Syndikalisten, Kommunisten, Anarchisten, Politikern und Künstlern».

Ascona gehörte – und gehört – auch zur Biografie von Schriftstellern und Journalisten. Prominente Paradebeispiele waren virile, schillernde Figuren wie Erich Maria Remarque (1898–1970) mit seinem Weltbestseller *Im Westen nichts Neues* oder Hans Habe (1911–1977), von dem das Credo stammt, «der Platz zwischen allen Stühlen» sei der einzige, der eines Schriftstellers würdig sei. Einer von ihnen war auch der ambitioniert recherchierende und figalant schwadronierende Journalist Curt Riess (1902–1993). 1964 erschien sein Buch *Ascona. Geschichte des seltsamsten Dorfes der Welt* im Europa Verlag Zürich seines Freundes Emil Oprecht (1895–1952), dem legendären Verleger und Verwaltungsratpräsidenten des Schauspielhauses Zürich. Mit dem Schauspielhaus war Riess auch privat verbandelt, seine Gattin, die Diva Heidemarie Hatheyer, gehörte 1955–1983 zum ständigen Ensemble. Sie war während ihrer langen internationalen Karriere die Mutter Courage gewesen, die Heilige Johanna, die Geierwally und in William Faulkners *Requiem für eine Nonne* eben jene Nonne.

In den sechziger Jahren, als das Buch von Curt Riess erschien, war Ascona tatsächlich keine exklusive Künstler- und Reformerkolonie mehr, sondern ein boomendes Touristenzentrum für (fast) jedermann, auch für den Schweizer Mittelstand. Der Basler Kurt Z., damals fünfjährig, erinnert sich belustigt an fröhlich Federball spielende Nonnen im Borgo vor dem Borromeo, an die tollen Familienferien in einer nagelneuen sogenannten Ferienresidenz und vor allem ans köstliche Zitronen-Gelato im Lido. Dort konnte man – wow! – sogar dem Schlagerstar Freddy Quinn in Badehose begegnen, der gerade mit *Junge, komm bald wieder …* einen Hit gelandet hatte. Im gleichen Jahr machte auch Connie Francis Furore, mit *Paradiso unterm Sternenzelt, Paradiso Palmenstrand …* Gemeint war mit diesem Paradies zwar nicht Ascona, aber die kollektiv beseligende Sehnsucht der Kriegs- und Nachkriegsgenerationen nach dem romantischen Süden bekam eine neue Stimme.

Ascona war (und ist bis heute) auch ein Magnet für Flitterwöchner. Einer von damals weiss noch heute, fünfzig Jahre später, wie er schicksalhaft die Bekanntschaft des Hexenmeisters, Antiquitätenhändlers und ehemaligen Schweizer Star-Anwalts Wladimir Rosenbaum machte, in dessen Galerie in der um 1620 erbauten barocken Casa Serodine. Er kaufte, obwohl er eigentlich noch überhaupt kein Geld hatte, für seine Frau eine Skulptur, sie wurden zum Essen eingeladen und Rosenbaum verriet ihm sogar den simpeln numerisch alphabetischen Code, mit dem er die Preise seiner Kunstwerke chiffrierte.

Rosenbaum (1894–1984) war gerade selber wieder frisch verheiratet, 1957 hatte er sich mit Sybille Kroeber aus Halberstadt im Harz liiert, einer beherzten Journalistin, die 1997 starb. Begraben liegt sie in Ascona, mit ihrem Mann und mit dessen zweiter Frau, der Psychoanalytikerin und Schriftstellerin Aline Valangin, die sich 1939 mit einem Geliebten, dem Komponisten Wladimir Vogel, ebenfalls in Ascona niedergelassen hatte. Wie sich die Ex-Ehefrau ins Rosenbaum-Grab komplimentierte, daran erinnerte sich Sybille lebhaft: „Ro und ich waren bei Aline zum Tee. Wir sassen vor ihrem Haus in einer Laube. Aline hatte gerade Besuch gehabt von dem Geistlichen dieser altkatholischen Kirche, der sie angehörte, und mit ihm hatte sie alle ihre Sterbewünsche besprochen: was für Musik und was sonst alles sie sich denke für ihren Tod. Dadurch kam auch unser Gespräch auf dieses Thema, und bei dieser Gelegenheit sagte Aline: «Und begraben sein würde ich ja gerne» – mit leichter Verbeugung zu mir hin –, «wenn Sie nichts dagegen haben, mit euch.» Sie lud sich sozusagen ein. Ich habe ein wenig gelacht und gesagt: «Natürlich habe ich nichts dagegen, Aline. Das wäre ja komisch, wenn wir uns da unten nicht alle vertragen sollten.»

1998 hat der Wirtschaftswissenschaftler und Historiker Wolfgang Oppenheimer in seinem Buch *Das Refugium. Erinnerungen an Ascona* (Universitas) mit seiner Wahlheimat grimmig abgerechnet und die Geldgier gewisser Bauherrschaften harsch kritisiert. Das deutsche Wirtschaftswunder, schreibt er, sei zum Paten der ungestümen Entwicklung von Ascona geworden. Auch die Politik des Patriziats mit seinem «Kampanilismus» missfiel ihm immer wieder. Den 1928 eröffneten Golfplatz allerdings lobt er über den grünen Klee, auch als intellektuelles Terrain. Er erinnert sich gerührt an die Ansichtskarten, die seine kunstliebende Mutter sammelte und unermüdlich verschickte, auch an ihn. So habe er schon in jungen Jahren viel Kunstgeschichte gelernt, argumentiert er, ganz pragmatisch: «Ausserdem kann man solche Kartensammlungen, wenn die Zeit knapp wird, einfach liegenlassen, während man sogar langweilige Vorträge bis zu Ende anhören muss und mit dem Lesen von Kunstbüchern überhaupt nie fertig wird.»

Oppenheimer lag auch die Biblioteca popolare am Herzen. Diese im besten Sinn gemeinnützige Asconeser Institution gründete 1927 die zugezogene Amerikanerin Charlotte Giese, leicht gewesen war es nicht. 1952 konnte man im Jahresbericht lesen:

Im tiefen Keller sitzen wir/
Und haben grosse Sorgen/
So vieles möchtet lesen Ihr/
Wir würden's gern Euch borgen.

Doch stets soll's etwas Neues sein,/
Und's Kapital, ist, ach zu klein!/
Zum Kaufen neuer Sachen,/
Was sollen wir da machen?/

Wenn Ihr uns helfen wollt, so geht's,/
Denkt dran, wie wir bemüht sind stets.
Um Euern Bildungsgrad zu heben,/
Vom Dunkeln - Helligkeit zu geben./

Drum greift recht tief ins Portemonnaie,/
Damit wir bleiben auf der Höh'/
Und ihren guten Ruf bewahre/
Die Biblioteca popolare.

Seit Ende der fünfziger Jahre des vorigen Jahrhunderts ist das mehrsprachige Bücherhaus in der hellblau verputzten Casa Laura Pancaldi-Pasini an der Piazza Giuseppe Motta 37 zuhause. Eine tolle Einrichtung! Dem volksbildungsbeflissenen Curt Riess müsste sie eigentlich aufgefallen sein. Viel jünger ist freilich die Kunst am Bau: An der Gartenmauer der Biblioteca prangen seit 2008 die bronzenen Fussabdrücke der deutschen Fussball-Nationalelf samt jenen ihres Trainers Joachim «Jogy» Löw. Die Wand hat der vielseitige Schweizer Künstler Stephan Schmidlin gestaltet, ein Holzschnitzer, Bildhauer und Kabarettist.

Das Ascona-Buch war längst vergriffen, und Sie, geschätzte Leserinnen und Leser, halten nun den neu gestalteten Reprint in den Händen. Curt Riess machte aus Ascona ein Welttheater. Er kannte viele, aber nicht alle. Ausgeblendet hat er zum Beispiel den Literaten Ferdinand Lion (1883–1965), der mit Thomas Mann über Jahre die Zeitschrift *Mass und Wert* herausgab, und, kein Kavaliersdelikt, die einst sehr erfolgreiche Autorin Mary Lavater-Sloman (1891–1980). Sie lebte von 1943 an dreissig Jahre lang in Ascona, machte sich einen Namen und eine grosse Leser(innen)schaft mit reihenweise süffigen historischen Biographien: *Der Schweizerkönig, Katherina und die russische Seele, Genie des Herzens* … Auch ihr Roman *Wer singt darf in den Himmel gehn* entstand am Lago Maggiore. Für sie galt ausgesprochen nicht, was Remarque prophezeit hatte: «Ascona regt die meisten nicht zum Schaffen an, sondern zum Nichtstun. Wie vielen bin ich schon begegnet, frisch angekommen mit dem Vorsatz, in Ascona ‹das Werk› zu vollenden! Bald sah man sie gemächlich mit den andern im Sonnenschein vor dem Albergo sitzen und fleissig auf den Lago Maggiore blicken. Tag für Tag hockten sie da vor ihrem Glase, und es dauerte nicht lange, da hatten auch sie jenen ‹leeren, hellblauen Blick›, den Sie an manchem Bohèmien hier bemerkt haben werden.»

Noch verkannt war damals Friedrich Glauser, der «Erfinder» des schweizerischen Kriminalromans, und die wunderbare, lange verfemte Lyrikerin Mascha Kaléko. Auch diverse «Asconeser», einheimische wie internationale, wurden erst später ernst genommen. Dazu mehr im Epilog. Lesen Sie drauflos!

Esther Scheidegger

ZUM GELEIT

Es ist nicht ganz leicht, die Geschichte Asconas zu schreiben, schon weil es nicht ganz leicht ist, Ascona zu definieren. Man könnte auch sagen, dass es unmöglich ist. Zumindest ich habe es nicht fertiggebracht.

Ich habe im Laufe der Jahre vielen Menschen, die Ascona bewohnen oder bewohnt haben, diese Frage gestellt; vielleicht fünfzig oder sechzig von ihnen. Ich habe hundert oder zweihundert Antworten bekommen; je nachdem, ob ich die Frage im Winter oder im Sommer stellte, bei schönem Wetter oder bei Regen und Sturm, während des Krieges oder im Frieden, in einer Zeit des allgemeinen Wohlergehens oder der Not, am Montag oder am Dienstag.

So viele Antworten sind natürlich – keine Antworten. Aber vielleicht ist es das Richtigste, was man über Ascona sagen kann, dass niemand genau weiss, was Ascona ist.

Manchmal habe ich mich auch gefragt, ob es Ascona überhaupt gibt. Auf den Landkarten ist es vermerkt, und von Zürich, Berlin, Paris oder New York aus war ich relativ sicher, dass es Ascona gibt. Die Unsicherheit begann erst – und beginnt immer wieder, wenn man in Ascona selbst ist; falls es ein Ascona gibt.

Als ich mich an diese Arbeit machte, dachte ich mir, dass sie so schwer nicht sein würde; da Ascona ja klein ist, müsste – so schloss ich messerscharf – es einfacher sein, seine Geschichte zu schreiben, als etwa die Geschichte einer grossen Stadt. Das war ein Irrtum.

Ich könnte nicht einmal sagen, wie ich diese Geschichte schreiben würde, wenn ich noch einmal ganz von vorn zu beginnen hätte. Ich weiss nur, dass jeder meiner Freunde aus Ascona, das, was ich auf seine Erzählungen hin schrieb, für richtig hielt, und alles, was sich auf Berichte anderer stützte, für grundfalsch erklärte. Dies legte mir den Schluss nahe, dass für jeden Ascona etwas ganz anderes ist als für die anderen. Und die zweite Folgerung für mich war, dass ich über Ascona nur so schreiben konnte, wie ich Ascona sehe, spüre, rieche, empfinde – und liebe.

Da niemand in Ascona zu der Überzeugung zu bringen ist – ich habe die entsprechenden Versuche schon längst eingestellt –, dass nur er oder sie allein über Ascona Bescheid weiss, muss ich damit rechnen, dass sie alle auch über dieses Buch den Kopf schütteln werden. Vielleicht werden sie auch die Köpfe über dieses oder jenes schütteln, was sie mir selbst erzählt haben. Weil sie es mir an einem Montag erzählt haben – und das Buch an einem Dienstag lesen. Denn was ist Zeit in Ascona? Eine Woche kann dort wie ein Jahr sein und ein Jahr wie eine Stunde.

Vielleicht ist dies das grosse Geheimnis von Ascona.

Als ich mich entschloss, dies Buch zu schreiben, dachte ich an so etwas wie Vollständigkeit. Alles, was sich in Ascona je zugetragen hat, sollte Erwähnung finden und alle die Menschen, die Ascona sind. Auch das hat sich als unmöglich erwiesen. Nicht annähernd alle, die in diesem Buch vorkommen müssten, haben darin Platz gefunden. Diejenigen, die unerwähnt blieben, mögen mir verzeihen. Wie übrigens auch diejenigen, die ich auftreten liess … Vielleicht sollte sich diese Verzeihung ausdehnen auf mein ganzes Unterfangen, über Ascona zu schreiben. Aber habe ich wirklich geschrieben? Habe ich nicht nur geträumt? Muss man nicht zu träumen beginnen, wenn das Wort Ascona fällt?

Ein Wort nur. Vielleicht ist es nicht mehr. Vielleicht ist es eine Welt, und vielleicht ist es doch nur ein Traum.

Einer der klügsten Männer der Weltgeschichte hat gesagt, er wisse mit zunehmendem Alter immer mehr, dass er nichts wisse. So geht es mir mit Ascona. Als ich mich entschloss, dies Dorf zu erforschen, glaubte ich, eine Menge über Ascona zu wissen. Und jetzt?

C. R.

JEDER SAGT ETWAS ANDERES

Da war die Sonne. Sie hatte den ganzen Tag geschienen. Da war der Himmel. Blau, so weit das Auge reichte. So war es gestern gewesen, so würde es morgen sein.

Da war der See, der immer neue Farben annahm. Da waren die Berge, die den See einrahmten, hoch, mit schneeglitzernden Spitzen, als wollten sie es den Menschen draussen unmöglich machen, hierher zu gelangen, als wollten sie diesen Ort vor ihnen bewahren.

Da waren die Blumen, Ginster von so unerhört intensivem Gelb, als sei er in die Sonne selbst getaucht. Kamelien, Rhododendren, Mimosen. Eine verschwenderische Pracht von Farben und Düften.

Und da war das Dorf mit seinen schmalen holprigen Gassen, mit den Häusern, die sich in die Felsen eingenistet hatten, mit den Treppen und Treppchen, die die Hügel hinaufführten.

Aber war es denn noch ein Dorf? Wie damals, als auf der natürlich ungepflasterten Piazza noch die Kühe weideten und die Hühner spazieren gingen? Neue Häuser waren gebaut worden oder in die Felsen gesprengt, und es entstanden neue Hotels, und eine Garage wurde aufgemacht und Läden. Und dann wurden mehr Hotels gebaut, mehr Garagen, mehr Läden und Einbahnstrassen und Parkplätze, und Schilder wurden aufgestellt, dass dies und das verboten sei.

Aber das Dorf blieb doch ein Dorf. Die hohen Berge hatten zwar die Invasion von draussen nicht verhindern können, aber die Häuser versuchten noch einen letzten Widerstand.

Gegen den Felsen geschmiegt oder dicht aneinander gereiht, um nur ja keine Lücke zu lassen, schienen sie nach aussen hin nichts als kleine und überalterte Häuser, nicht der Rede wert, gleichsam stumm darum bittend, dass man an ihnen vorübergehe und sie nicht beachte. Trat man aber durch eines der schweren Tore, dann stand man wohl in einem geradezu prächtigen Innenhof, inmitten eines Gartens, und da waren sie wieder – die Mimosen, die Rhododendren und die Kamelien. Da gab es wohl auch Palmen und Pinien. Eine Welt für sich. Eine andere Welt als die der Garagen, der Verbotstafeln, der Autos, die vorbeisausten, der Eindringlinge von draussen, die erst gestern Bewohner geworden waren, oder der Touristen, die morgen wieder fort sein würden.

Die anderen, die schon immer hier gewesen waren – aber was heisst eigentlich in diesem Dorf immer? – sie blieben in ihren Häusern, in ihren Gärten, in ihren Höfen, die sah man nicht.

Manchmal, wenn man sie traf, wenn man mit ihnen über das Dorf sprach, schüttelten sie die Köpfe. Es sei alles wie in einem Roman, nicht wie Wirklichkeit. «Man hat das Gefühl, als träume man, was hier vor sich geht», sagten sie.

Auch ich träumte manchmal, wenn ich durch die Gassen ging, träumte von diesem Dorf, wie es vor dreissig oder fünfunddreissig Jahren gewesen war, mit dem Vieh und den Hühnern, mit den Fischern, die ihre Netze am Rand des Sees trockneten, mit den Glyzinien, die sich an den alten Mauern emporrankten, als wollten sie alles vergessen machen, was hässlich, geborsten oder zerbrochen war, und mit ihrer Lieblichkeit bedecken. Ich hörte die Dorfmusik auf der Piazza, ein kleines Orchester – einer spielte Gitarre, einer spielte Klavier, einer spielte Ziehharmonika. Rote Lampions schwankten im sanften Wind, und wir sassen und tranken den heimischen Wein, oder wir tanzten auch eine Weile.

Und heute?

«Sie wollen über Ascona schreiben? Da müssen Sie unbedingt mit mir sprechen. ... Ich weiss alles über Ascona!»

Wir sassen auf der Piazza. Sie war anders geworden. Gepflastert, natürlich. Flankiert von Hotels und Restaurants. Flankiert auch von unzähligen Autos. Einige wenige hatten Nummernschilder aus dem Tessin, die meisten aus den grossen Städten Deutschlands. Die Piazza war eine Art Hauptstrasse geworden, auf der ständig Autos hin und her fuhren. Konnte man überhaupt noch den See erblicken?

«Sehen Sie dort die Dame mit dem vielen Schmuck?» fragte meine Begleiterin, oder vielmehr sie ermunterte mich, die Dame zu betrachten. «Von der könnte ich Ihnen eine Menge erzählen. Sie werden es nicht glauben, aber sie ist – meine Putzfrau! So was erlebt man eben nur in Ascona ... Und dann, der Herr dort drüben mit der Dame. Die Dame kommt aus Paris. Sie ist natürlich nicht seine Frau, sondern ...»

Und so ging es stundenlang weiter.

«Sie wollen über Ascona schreiben?» fragte mich Karl Vester. «Ich gehe nur noch ins Dorf, wenn ich muss.» Bis vor kurzem – er ist im Herbst 1963 gestorben – stieg er von seinem Haus auf dem Hügel oft hinunter, er war sozusagen eine der Sehenswürdigkeiten des Dorfes, der alte Mann, der wohl schon auf die Neunzig zuging, mit seinem langen weissen Haar, dem Christusbart, dem Kostüm, das ein wenig an das der Jünger erinnerte.

«1902 kam ich zum ersten Mal. Und 1904 kam ich zum zweiten Mal, und dann kaufte ich die Villa Gabriella und etwa 20 000 Quadratmeter Land, davon 100 Meter Seefront. Alles zusammen für 3000 Franken – also fünf Rappen pro Quadratmeter.»

Nach einer Pause: «Damals hätte ich für mein Geld den ganzen Strand bis Porto Ronco erwerben können. Aber ich kam nicht als Geschäftsmann, sondern als Siedler – und mit Idealen.»

Als ich ihn fragte, wovon er lebe, antwortete er: «Vom Essen und Trinken.» Und dann – mit einem verschmitzten Lächeln: «Ich lebe vom Geld, das ich nicht ausgebe.»

Ein Wort, das vielleicht gerade im heutigen Ascona eine besondere Bedeutung hat, wo viel Geld ausgegeben wird.

Später wurde der alte Mann mit dem Christusbart düsterer: «Der Mensch ist der schlimmste Parasit auf der Erde!» äusserte er. «Wir bereiten eine der grössten Katastrophen der Weltgeschichte vor. Es wird viel schlimmer als der Zweite Weltkrieg sein, der im Grunde genommen noch gar nicht zu Ende ist.»

Seltsamerweise kam er immer wieder auf Geld zu sprechen. «Man könnte einen Hut voll Geld haben, und man wäre doch ein armer Mann.» Dies galt den neuen Bewohnern von Ascona, die oft sehr viel Geld haben. «Aber einen Garten haben sie eben nicht mehr. Früher war es selbstverständlich, dass man einen Garten besass. Jetzt kauft man ein Haus, und wenn man aus dem Haus tritt, steht man schon auf der Strasse.»

«Das alte Ascona gibt es eben nicht mehr», sagte, ebenfalls ein wenig melancholisch, der Maler Richard Seewald, der seit 1910 im nahen Ronco niedergelassen ist. «Das hat mit den Invasionen zu tun.»

«Den Invasionen?»

«Ja. Zuerst kamen ein paar reiche und berühmte Leute und setzten sich fest. Das war so Ende der zwanziger Jahre. Dann kam die Invasion nach 1933 vor allen Dingen natürlich der von Hitler bedrohten Menschen. Die dritte Invasion erfolgte während des Zweiten Weltkrieges. Es waren die Schweizer von jenseits des Gotthards, die nicht mehr ins Ausland reisen konnten und die begannen, sich Villen zu bauen. Die vierte Invasion ... na, da sind wir ja mitten drin.»

Ein deutscher Schriftsteller, Wilhelm Schmidtbonn, hatte die «Invasionen» einmal, das war noch in den dreissiger Jahren, etwas anders formuliert: «Zuerst kamen die Vegetarier, die Grasfresser, die in weissen Hemden herumgingen und ihren Acker bebauten.

Dann kamen die Gottsucher jeder Art. Astrologen, Gesundbeter, Buddhisten, die auch eine Erneuerung der Welt – aber von der Seele her – wollten. Wie die Urmönche die Wüste, suchten sie die Einsamkeit von See und Fels, um mit dem Rätsel des Daseins zu ringen.

Dann kamen die Verherrlicher des Lebens: die Maler, Bildhauer, Dichter, Architekten – insbesondere solche, die anderswo ihr Leben nicht mehr fristen konnten.

Unter dieser unermüdlichen Sonne trugen sie auch die bittersten Entbehrungen leichter.

Zuletzt kamen die Millionäre.»

Der junge, äusserst erfolgreiche Grundstückmakler Giacomo Thommen, von dem man sagt, er habe das ganze Ascona verkauft – soweit es zu verkaufen war – sprach von Grundstückpreisen. «Ja, 1910 kostete der Quadratmeter am See noch dreissig Rappen. 1920 allenfalls ein bis zwei Franken, 1930 schon fünf Franken, 1940 zehn Franken, 1950 immer noch zwanzig bis dreissig Franken.»

«Und heute?»

«Heute gibt's keine mehr. Wenn zufällig mal was zu verkaufen ist, bekommt man dafür, was man will. Natürlich sind überall im Tessin die Preise gestiegen, aber nirgends so wie in Ascona. Wissen Sie, die Menschen sind komisch. Sie wollen ganz einfach in Ascona wohnen, sie wollen den Poststempel Ascona auf ihren Briefen, es ist so eine Art Snobismus ...»

Ob das so weitergehen würde, wollte ich wissen.

Vermutlich nicht, weil kein Land mehr da sei. Das Land sei im wesentlichen im Besitz des Patriziats.

Des Patriziats?

Ja, das sei die öffentlich-rechtliche Körperschaft der alteingesessenen Einwohner von Ascona, die Wiesen, Land und Wald in gemeinschaftlichem Besitz verwalten. Es gebe darunter reiche und arme Leute. «Aber man sieht sie nicht. Man sieht eigentlich immer nur die Ausländer, die erst vor relativ kurzer Zeit nach Ascona gekommen sind.»

Ein Asconeser Kind beschrieb diesen Zustand in einem Schulaufsatz gar nicht so schlecht: «In Ascona siedeln sich die Bürger an und sterben dann aus. Aber Ascona vermehrt sich.»

«Ich könnte Ihnen Geschichten erzählen», beteuerte eine Dame auf der Piazza. «Kennen Sie die Geschichte von dem Gemeindepfarrer, der umherging und um Land für ein Altersheim bettelte? Er bekam auch welches geschenkt, es kam ein ganz hübsches Terrain zusammen. Jetzt will er dort ein Hotel bauen. ... Was sagen Sie dazu?»

Und: «Auf den Flugplatz müssen Sie hinausfahren: eine tolle Sache! Das hat ein junger Asconese in den Jahren nach dem Krieg aus dem Nichts gezaubert. Alle Prominenten besitzen heute Flugzeuge, natürlich.»

Auf einer Party, die zu Ehren einer hübschen jungen Dame gegeben wurde – sie hatte Geburtstag –, traf ich etwa hundertfünfzig Menschen, unter anderem auch eine Amerikanerin, die ich zuletzt in Hollywood gesehen hatte. Sie wollte wissen, ob ich jemanden von den Gästen kenne: sie kannte nur den Gastgeber, ich kannte auch nur den Gastgeber, auch das Geburtstagskind kannte nur den Gastgeber.

Es wurden viele Sprachen gesprochen, sogar Polnisch und Russisch. In einer Ecke standen drei Männer und redeten über einen Film, der noch nicht geschrieben war. An der Bar sassen drei Männer, die über einen Film redeten, den sie produziert hatten und der gerade durchgefallen war.

Jakob, genannt Köbi Flach, der Schriftsteller, der Maler, der Mann, der jahrelang das Marionettentheater Asconas leitete, sagte: «Früher ging man nach Ascona, um allein zu sein. Und heute kommt man hierher, um die gleichen Leute um sich zu haben, die man zu Hause auch um sich hat.»

Und der Anwalt Pietro Marcionni, von mir befragt über den Unterschied zwischen Ascona und Lugano oder Locarno, meinte: «In Lugano und in Locarno gibt es mehr Leute als in Ascona. Und sie haben gute Schulen, sie haben Klubs und Konzerte und manchmal sogar Theater ... Ascona ist ein Dorf geblieben ...»

Er schwieg, und ich sah einen Augenblick das alte Dorf vor mir, wie ich es zum ersten Mal gesehen hatte. Die stillen Gässchen, die Fischer, die ihre Netze flickten ... die weidenden Kühe.

Marcionni schloss: «Ja, Ascona ist ein Dorf geblieben. Es ist eben nur sehr schön, in Ascona zu leben.»

«Ja», sagte der Musiker Rolf Liebermann. «Wenn man heute wieder einmal nach Ascona kommt, so ist es, als sei man gestern weggefahren. Die Menschen von damals leben noch in ihren Häusern und sind die gleichen guten alten Freunde geblieben, die sie damals waren.»

«Nein», sagte mir eine etwas nervöse Schriftstellerin. «Es wird dauernd gebaut, es wird dauernd umgebaut, wenn man verreist und kommt nach ein paar Monaten wieder, findet man nichts mehr so, wie es war ...»

«Ascona ist eben kein Dorf mehr», sagte Peter Kohler, der junge Kunsthändler. «Ja, damals wusste wirklich jeder alles von jedem. Aber heute? Die meisten Menschen hier leben ein fast anonymes Dasein, sie leben in Cliquen, sie spielen entweder Golf oder sie spielen Bridge – und ihre Bekanntschaften beschränken sich auf einige wenige ... Ich glaube aber doch, dass es hier einmal ein geschlossenes Kulturleben geben wird, denn die heutigen Tessiner lassen ihre Jugend auswärts studieren, und dann kommen die Jungen vielleicht wieder zurück. Früher haben sie das nicht getan ... Und daraus wird schon etwas werden. Aber ein Dorf wird Ascona nie mehr.»

Und er fragte, wie sie alle fragten: «Sie wollen über Ascona schreiben? Über das heutige? Über das gestrige? Wo wollen Sie denn anfangen?»

Am Anfang? Wann war der Anfang? Wenn man mit alten Asconesen spricht, sogar mit gebildeten Leuten, hört man nur vage Vermutungen, die Geschichte des Dorfes ginge bis ins 14. oder 15. Jahrhundert zurück.

Jemand schickte mich zu Dr. Gotthard Wielich, der «erst» seit ungefähr fünfundzwanzig bis dreissig Jahren in Ascona lebt; wenn man will, ist er also ein Neuankömmling. «Und Historiker bin ich auch nicht, oder vielmehr ich war es nicht», sagte der hochgewachsene, weisshaarige Herr. «Ich war Jurist in Deutschland, bevor ich mich hierher zurückzog. Jetzt habe ich mich allerdings seit vielen Jahren hauptsächlich mit der Geschichte Asconas befasst …»

Er hat zahlreiche Zeitungsartikel und Broschüren geschrieben und zeigt mir, nicht ganz ohne Stolz, das Innere seines Bücherschranks, voller Aktenordner mit Material über das Tessin und seine Geschichte.

«Sie werden also die Geschichte Asconas schreiben?» fragte ich.

«So lange werde ich nicht mehr leben. Und man findet ja immer Neues heraus. So hat man erst 1952, und zwar gelegentlich der Ausgrabung des Urnenfriedhofes, festgestellt, dass die Geschichte bis 800 vor Christus zurückgeht …»

Nach anderen Quellen soll es das Dorf Ascona bereits 4000 Jahre vor Christus gegeben haben, bevölkert von Liguriern, die von Südwesten her über Brissago ins Land kamen. Also begann schon damals die Überfremdung, über die ein halbes Dutzend Jahrtausende später so heftig geklagt werden sollte! Und sie ging lustig weiter, ja, man kann sagen, dass die ganze Geschichte des Tessins eine Geschichte unzähliger Überfremdungen ist. Um 800 vor Christus jedenfalls setzte die Einwanderung aus dem Osten ein, 400 Jahre später kamen die Kelten, die einen grossen Drang zur Unabhängigkeit besassen – im Kastell zu Locarno können noch Funde aus der Keltenzeit besichtigt werden. Ob die Tessiner ihren Drang nach Freiheit und Unabhängigkeit von ihnen haben?

196 vor Christus: die Römer eroberten Como und das südliche Tessin. Ein halbes Jahrtausend später – im Jahre 455 – kamen die Alemannen von Norden her, wurden aber von den Römern aufgehalten. 568 erfolgte der Einbruch der Langobarden, die ihre Herrschaft über das Tessin ausdehnten; besser über das, was später Tessin heissen sollte. 948 schenkte der Bischof Otto von Vercelli diese Landschaft dem Domkapitel von Mailand. Das Ende dieser Fremdherrschaft begann,

als im Februar 1182 die Bevölkerung den «Schwur von Torre» leistete, mit dem sie sich verpflichtete, neue Burgen niederzureissen, die «Kollaborateure» zu bekämpfen und insbesondere die kaiserlichen Vögte da Torre zu entmachten.

1496: die Bevölkerung schwört den Urkantonen Treue. 1500: Bellinzona begibt sich unter deren Schutz. 1530: Locarno und das Maggiatal werden eidgenössisch.

Bald aber setzte eine neue Herrschaft der Vögte ein, die keinerlei Interesse für das regierte Land oder Volk zeigten und sich darauf beschränkten, in ihrer Amtszeit von zwei Jahren so viel Geld wie möglich zusammenzuraffen. Jeder Verbrecher konnte sich loskaufen.

1798 war auch dieser Spuk vorbei. Der letzte der Vögte musste abdanken, im Tessin wurde der Freiheitsbaum mit dem Gesslerhut errichtet. Das Volk jubelte. 22. Juli 1798 Anschluss an die Schweiz. In Ascona wurden die Waffen im Gemeindehaus abgegeben, und der Waffenmeister, Paolo Pancaldi, erklärte, die Gewehre seien so verrostet, dass man mit ihnen kaum einen Schuss hätte abgeben können. Der Beschluss wurde gefasst, neue Gewehre, Bajonette, Säbel und Pulver zu kaufen und eine Ortswache von Ascona zu schaffen, die sechs Mann stark sein sollte. Um diese Zeit zählte Ascona 772 Einwohner.

Es war Napoleon, der am 19. Januar 1803 durch die sogenannte Mediationsakte den Kanton Tessin schuf. Von 1810 bis 1813 besetzten Truppen des Königreichs Italien das Tessin. Dann wurde es ruhig, abgesehen davon, dass am 3. September 1848 die Tessiner zunächst einmal die Bundesverfassung verwarfen.

In der zweiten Hälfte des Jahrhunderts wurde die Gotthard-Vereinigung gegründet, 1872 der Bau des Tunnels begonnen, der das Tessin näher an die Nordschweiz heranbringen sollte. Zehn Jahre später konnte er eröffnet werden, und trotzdem blieb ein gewisses Misstrauen gegen den Norden bestehen auch gegen die Schweizer nördlich des Gotthards.

Schon 1869, ein Dutzend Jahre vor der Eröffnung der Gotthardbahn, war in Iwan Tschudis Reiseführer, erschienen in St. Gallen, das erste Mal der Name Ascona als Reiseziel aufgetaucht.

«Dampfbootfahrt von Magadino nach Arona
Rechtes Ufer (Lago Maggiore)
Man fährt von Magadino, Vira links lassend, nach Locarno und an den Ausmündungen der Maggia vorbei nach Ascona. Kleine Stadt mit altem Stadthaus und Kirche mit Gemälden von Serodine, Collegium, Seminar, den beiden Burgen S. Michele und Materno und elfbogiger Maggiabrücke, dann an den von M. Lenzuoli überragten weinreichen Ronco d'Ascona und den unbewohnten Isole di Brissago und dei Conigli (Kanincheninsel) vorbei nach dem reizend zwischen Citronen- und Orangengarten, Feigen, Granat- und Ölbäumen gelegenen Brissago mit weissen, glänzenden Häusern, in reizender Lage.»

Und in dem Baedeker des Jahres 1893 hiess es:

«Südlich von Locarno hat man einen Blick in das Val Maggia, die Maggia hat bei ihrer Mündung in den See ein grosses Delta gebildet. Weiterhin ist das westliche Ufer bis hoch hinauf mit Landhäusern, Dörfern und Kirchtürmen übersät.

In der Ecke Ascona (Kahnstation) mit Burgruine und einigen Villen, dann Ronco höher am Abhang. Weiter im See zwei kleine Inseln – Isole di Brissago.»

OEDENKOVEN UND DIE FOLGEN

Trotz der Entdeckung durch Baedeker blieben die Asconesen vorläufig unter sich, bescheidene, ruhige Menschen, immer heiter. Nie wären sie auf den Gedanken gekommen, die wenigen Fremden, die hier durchreisten, auszunützen; sie wussten gar nicht recht, ob sie für Essen und Trinken Geld nehmen sollten

Da stand etwa ein Feigenbaum, und man ermunterte einen Touristen: «Steigen Sie nur in den Baum und essen Sie, so lange Sie Lust haben, und dann zahlen Sie ein paar Centesimi ...»

Jeder vertraute seinem Nächsten. Behörden? Um die Jahrhundertwende gab es kaum Beamte in Ascona und nur einen Polizisten. Ascona war ein armes, kleines Fischerdorf.

Hier beginnt unsere Geschichte. Und zwar mit dem jungen Henri

Oedenkoven, dem Sohn eines reichen Fabrikanten aus Antwerpen. Er war noch nicht dreissig, aber ziemlich krank, schon zwei oder drei Jahre vorher von den Ärzten aufgegeben – damals litt er noch an Gelenkrheumatismus. Inzwischen war er von dieser Krankheit geheilt, aber unter den Kuren mit Salizyl hatte sein Magen schwer gelitten, er konnte nur noch leichteste Krankenkost vertragen und oft nicht einmal diese. Die Mutter, die ihren einzigen Sohn sehr liebte, hatte zahlreiche Badekuren finanziert, die aber nichts nützten. Da war dem jungen Mann schliesslich aufgegangen, dass die Ärzte auch nicht viel mehr wüssten als gewöhnliche Sterbliche, und dass es vielleicht nicht das Dümmste wäre, es mit einer Naturheilanstalt zu versuchen. Als er nach dieser Methode einigermassen gesund geworden war, beschloss er, selbst eine Naturheilstätte zu errichten. Seine Wahl fiel auf Ascona, vielmehr auf den Berg, an dessen Fuss Ascona liegt, und der war damals für einen Pappenstiel zu haben.

Dieser Entschluss sollte den Anfang einer neuen und höchst merkwürdigen Entwicklung für das kleine Fischerdorf bilden. Man schrieb das Jahr 1899 – aber bevor die Neuankömmlinge sich installieren konnten, hatte das neue Jahrhundert begonnen.

Eine bewegte Zeit, wenn auch nicht für die Schweiz, so doch für Europa, war angebrochen. Otto von Bismarck war gestorben, und die europäische Politik wurde stark beeinflusst von Wilhelm II., dem noch jungen, dynamischen, aber launenhaften deutschen Kaiser. Mit seinem Flottenbauprogramm wollte er Englands Überlegenheit auf den Weltmeeren brechen. Noch regierte dort die alte Königin Victoria, die zumindest befremdet über das Gebaren ihres temperamentvollen Enkels war, während der Prince of Wales, der bald König Eduard VII. werden sollte, seinen taktlosen Vetter nicht leiden konnte. Frankreich litt noch immer unter der beschämenden Dreyfus-Affäre. Emile Zola hatte seinen offenen Brief «J'accuse» geschrieben und aus dem Lande fliehen müssen. In Russland konnte der Zar nur mit Terrormassnahmen regieren, es kam zu blutigen Zwischenfällen und Attentaten, die Anarchisten wurden aktiver. In Paris bereitete man eine Weltausstellung vor, deren Sensation die erste rollende Treppe sein sollte. Um die gleiche Zeit veranstalteten die Oberammergauer erstmals ihre Passionsspiele, an denen die ganze Einwohnerschaft mitwirkte. Ein Graf namens Zeppelin behauptete, ein lenkbares Luftschiff konstruieren zu können und wurde allgemein für verrückt gehalten. Im Haag tagte die erste Friedenskonferenz zur friedlichen Beilegung internationaler Konflikte. Schon konnte man von Berlin nach Paris telefonieren, und das erste Kabel, das Amerika mit Europa verband, sollte bald in Betrieb genommen werden.

In Ascona wusste man von all dem kaum etwas, und es interessierte auch keinen Menschen.

Auch Henri Oedenkoven wollte nichts wissen von dem, was sich in der grossen Welt abspielte. Er hatte sich ja losgesagt von ihr, deswegen war er ins Tessin gekommen. Er glaubte, in der Natur und ihren kaum erschlossenen Kräften das Heil zu finden. Hier, nur hier, fern vom Betrieb war – die Wahrheit. Darum nannte er den Berg, auf dem er seine Naturheilstätte aufbauen wollte, «Monte Verità».

Es handelte sich bei ihm keineswegs nur um rein medizinische oder therapeutische Ziele, ihm ging es um eine Gründung mit ethisch-moralischen, wenn nicht gar politischen Aspekten. Henri Oedenkoven wollte eine Art kommunistisches Gemeinwesen aufbauen, wozu er freilich Kapitalien brauchte, nämlich die seines Vaters, des Antwerpener Fabrikanten. Die Menschen, die Henri Oedenkoven um sich versammeln wollte, sollten also, wie wir in einer alten Broschüre lesen, nicht nur durch «Befolgung einfacher und natürlicher Lebensweisen entweder vorübergehend Erholung oder durch Daueraufenthalte Genesung linden, sondern auch seinen Ideen nacheifern».

Oder wie Ida Hofmann, seine um elf Jahre ältere Freundin, es formulierte:

«in Henri's kopf entsprang als resultat erfahrungsreicher leidensjahre der krankheit und moralischer unbefridigtheit im kreise seiner umgebung, dann als resultat immer steigender gesundheit und lebensfreude, das unter den bestehenden erwerbsgattungen eine der rechtlichsten, idealsten darstele u. zugleich mer gesundheit und schafensfreude und mer libe unter di menschen brächte, seine filfachen erfahrungen in den naturheilanstalten kuhne, just, riki, etc. liferten die sichere grundlage zu einer, auf regenerazion in körperlicher u. sitlicher hinsicht zilenden einrichtung, wo das eine gesundet, muss das andere gesunden – körper und geist sind eins.»

Wie man sieht, neuartige Ideen und eine neuartige Rechtschreibung.

Aber das war bei weitem nicht alles. Oedenkoven und seine Leute sollten den Asconesen sehr bald mancherlei Überraschungen und Aufregungen bereiten. Er liess keinen Tag vergehen, ohne im Gespräch oder gelegentlich auch in Aufsätzen, die allerdings nur in Zeitschriften erschienen, die für «Vegetabilismus» kämpften, darauf hinzuweisen, dass er mit der alten Gesellschaftsordnung zu brechen gedenke, um eine eigene neue Ordnung zu schaffen.

Das begann schon bei äusseren Dingen. Die männlichen Bewohner der Siedlung trugen knielange Hosen, hemdartige Kittel und Sandalen – keine Hüte, sondern ein Stirnband, das ihre Haare, die sie bis zu den Schultern wachsen liessen, zusammenhielt. Die Frauen gingen ähnlich gekleidet. Die Polizei – die von Locarno! – war manchmal entsetzt, wenn diese Gestalten auftraten, schritt aber nur selten ein, indem sie mehr Bedeckung verlangte. Befragt, was die Behörden hierunter verstünden, erklärte sie, insbesondere im Hinblick auf die Hosen und die Röcke der Frauen: «Je länger, desto lieber.» Ja, es gab unter diesen entschlossenen Weltverbesserern damals schon Frauen, die Hosen trugen!

Die Kostüme wurden entsprechend geändert.

Fast überflüssig zu sagen, dass in einer solchen Siedlung für Dienstboten kein Raum war. Einer der Gründer äusserte sich dazu:

«filmehr wird das sanatorium von seinen gründern mit hilfe freier mitarbeiter betrieben. Als mitarbeiter werden nur solche für di dauer behalten, di sich nach einer probezeit als reif für unser leben erwisen haben. File waren berufen, aber ach! wi wenige auserwählt!»

Und wie stand es mit der Arbeitszeit? Es wurde viel gearbeitet, aber feststehende Arbeitsstunden gab es nicht.

«Wir binden uns mit unseren ruhetagen nicht an di im kalender forgeschriebenen sonn- u. fest-tage, sondern wählen si nach unserem bedürfnis. Wir wollten keine 10tägige woche einführen. Jeder mitarbeiter hat jetzt im jahre 50 freie tage, di er sich nach eigenem ermessen wählen kann, wobei er durch seine wahl gelegenheit hat zu zeigen, ob ihm mer an der förderung der gemeinsamen sache oder seinen persönlichen interessen ligt. Zeigt sich das letztere, so wird er über kurz oder lang das schicksal der spreu erfahren.»

Freilich: «Gar mancher, der mit grosser begeisterung herkam und glaubte, den geist unserer sache erfasst zu haben, zeigte früher oder später, wi sehr er noch fon dem durch die heutige gesellschaft ihm anerzogenen knechtsein befangen war.»

Auf eines legte Oedenkoven entscheidenden Wert: Er wünschte nicht, mit sogenannten Naturmenschen verwechselt zu werden. Ida Hofmann unterstrich es bei jeder Gelegenheit:

«bite nochmals uns nicht als ‹naturmenschen› zu bezeichnen, indem wir dise bezeichnung fast gleichbedeutend mit ‹urmenschen› betrachten, eine bezeichnung, welche wol nur auf jene zeit bezug haben kan, da di ersten menschen di nakte, d. h. di noch unkultivirte natur u. erde befölkerten.»

Unter denen, die es eine gewisse Zeit aushielten – einige sogar ziemlich lange –, sind natürlich vor allem die Gründer zu nennen, also Oedenkoven und Ida Hofmann, der ungarische Oberleutnant Karl Gräser, der sich zu der Überzeugung durchgerungen hatte, das Töten, somit also der Soldatenstand, sei unmoralisch, ferner die deutsche Bürgermeisterstochter Lotte Hattemer, ein liebenswertes Geschöpf, das nach seiner Flucht aus dem Elternhause in zweideutigen Kneipen Kellnerin gewesen, aber rein geblieben war und meist im Freien übernachtete. Weiter gab es Ida Hofmanns attraktive Schwester Jenny, die Konzertsängerin gewesen war und sich bald mit Gräser zusammentat, und schliesslich Gustav, den jüngeren Bruder des Oberleutnants Gräser, einen ungewöhnlich hübschen Jungen, der den Kommunismus so auffasste, dass er bei anderen mitessen durfte. Wenn er etwa bei einem Handwerker etwas bestellte und der sass gerade mit seiner Familie beim Mittagessen, setzte sich Gustav einfach dazu. Einmal sah er bei einem an Oedenkovens Bewegung interessierten Literaten in Zürich ein Sofa und erklärte, hier würde er heute Nacht schlafen. Und tat es auch – sehr zum Entsetzen der gutbürgerlichen Zürcher Haushälterin.

Zu den Gründern gesellte sich die grosse Anzahl derer, die vorübergehend mitmachten, dann aber wieder verschwanden. Von ihnen seien nur erwähnt ein junger holländischer Möbeltischler, «Vegetabilier», Kommunist, Anarchist, Deserteur. Ferner ein siebzehnjähriger Sattler und Naturarztgehilfe aus Berlin; die zwanzigjährige Tochter eines russischen Getreidemaklers, die in Zürich studiert hatte; ein deutscher Matrose, der schon überall gewesen war; ein Böhme oder Slowene, von dem niemand richtig wusste, was er vorher getrieben hatte. Schliesslich sogar auch ein Schweizer, der aus Zürich gekommen war, um sich kurieren zu lassen, dann aber irgendeine Funktion als Gärtner oder Buchhalter bei der Gruppe übernahm. Er hatte draussen in der Welt schon zahlreiche Posten bekleidet und war, wie er selbst zugab, aus Langeweile dem Christian Science beigetreten. «Was soll man denn treiben?» stöhnte er, und so war er wohl auch aus Langeweile nach Ascona gekommen.

Aus Langeweile. Man konnte es auch so nennen. Die meisten waren nach Ascona gegangen aus dem vielleicht vagen, aber keineswegs falschen Gefühl, irgend etwas stimme nicht mehr mit der Welt. Das, was wir später die gute alte Zeit nannten, war eben durchaus nicht so in sich gefestigt, wie man glaubte oder glauben wollte. Überall wuchs die Schar der Unzufriedenen. Überall spürten die Menschen, dass nicht alles zum besten stand. Doch vermutete wohl noch keiner, dass es zu einer so ungeheuren Explosion kommen sollte wie dem Weltkrieg.

Eines steht fest: auch das Leben auf dem Monte Verità war damals nicht leicht. Es gab zum Beispiel keine Wasserleitung, es gab nicht einmal Quellen – oder man hatte sie noch nicht entdeckt. Vorläufig musste das Wasser mit ziemlicher Mühe von unten heraufgeschafft werden.

Die Siedler mussten überhaupt alles selbst machen, da sie auch mit Geld nichts zu tun haben wollten – Geld bedeutete Kapitalismus, war also verwerflich, vermutlich der Ursprung allen Übels. Man war entschlossen, «aus eigener Kraft» zu leben.

Kein Wunder, dass durch solch ständige Mühsal die Nerven der Beteiligten litten. Es kam häufig zu Krächen, insbesondere wenn manche meinten, Oedenkoven und Ida Hofmann, die beträchtliches Geld in die Sache gesteckt hatten, sollten ihre Anteile doch der Allgemeinheit «verschreiben». Oedenkoven dachte nicht daran; so kommunistisch war der Sohn des Antwerpener Fabrikanten nun wieder nicht.

Natürlich konnten die Naturmenschen, die keine sein wollten, nicht sehr lange auf dem Monte Verità hausen, ohne dass sie zu einer Art Sensation für die nähere und weitere Umgebung wurden. Die Bevölkerung von Ascona kümmerte sich vorläufig nicht allzu sehr um diese Vegetarier und verstand auch nicht, was sie wollten. Ein junger Mann aus Zürich, der an der neuen Bewegung journalistisch interessiert war und später eine Broschüre über die Bewohner des Monte Verità schreiben sollte, verspeiste einmal ein Kotelett in einer Wirtschaft unten in Ascona. Jemand, der ihn auf dem Monte Verità gesehen hatte, ging zur Wirtin und sagte ihr, dieser Gast sei auch ein solcher Vegetabilist, er habe ihn kürzlich mit Oedenkoven gesehen. Sie widersprach, der Gast äsNaturlich hatte für die Vegetarier die Frage, was sie nun essen oder nicht essen durften, grösste Bedeutung. Schliesslich war Oedenkovens gründlich verdorbener Magen der Ausgangspunkt der ganzen Bewegung gewesen. Unter seiner Führung wurde schliesslich angeordnet, man dürfe nicht nur kein Fleisch, sondern auch kein Salz essen. Als jener Journalist darüber schreiben wollte, protestierte Ida Hofmann:

«befor si ire behauptung, dass unsere salzlose narung ungesund sei, in di öffentlichkeit bringen, möchte ich si auf einen irrtum aufmerksam machen, indem si meinen, wir genössen kein salz in unsern speisen. Sie vergessen, dass wir das reinste aler salze, das organische salz unserm körper zufüren, nur das giftige, anorganische salz meiden wir – si haben recht, wenn si di salzlose narung des fleisch- oder gemischessers für ungesund halten, den dise brauchen es, zur anregung der ferdauung irer an eiweiß u. fet überreichen narung, abgesehen dafon, dass ja die meisten ihrer speisen erst durch zusaz fon salz und gewürzen genissbar werden, nicht aber bei natürlichen pflanzenprodukten, di nicht nur im natürlichen zustand schon tadellos schmekken, sondern auch wen si auf eine weise (im reformkocher) gekocht, bei der kein wasser zugesetzt, und darum nichts von den närwerten bei der zubereitung ferloren get, dass salz bei dieser zubereitsweise (für vegetabilier wolgemerkt) gift sein muß, beweist wol das peinigende, zerende durstgefül nach genuss gesalzener speisen, u. dass unsere kochsalzfreie narung nicht ungesund sein kan, beweist wol unser gesundheitszustand, dermit ausnahme fileicht kirurgischer eingriffe bei bein- oder armbrüchen, ni eines arztes bedarf und uns, sobald die zeit natürlicher ausscheidung der früher angesammelten krankheitsstofe forüber ist, körperlich und geistig gleich leistungsfähig erhält.»

Ihre Gedanken klangen damals revolutionär – dreissig Jahre später waren sie selbstverständlich.

Wenn sich die Asconesen zunächst wenig um die Männer und Frauen auf dem Monte Verità kümmerten, so taten das die Fremden um so leidenschaftlicher. In Locarno und Lugano vernahmen sie Schauermärchen und gaben sie schnell und phantasievoll ausgeschmückt weiter. So hiess es, dass die Leute auf dem Berge nackt herumliefen, was aber nur auf ein Sonnenbad zutraf, in dem man sich ganz unbekleidet aufhalten konnte. Am meisten aber erregte es die Fremden, dass Männer, und Frauen auf dem Monte Verità zusammen lebten, die nicht miteinander verheiratet waren.

Infolgedessen kamen sie in Scharen herbei. Teils, um sie los zu werden, teils auch weil Oedenkoven so unpraktisch nicht war und auch nicht so unkapitalistisch, wie er sich gab, beschloss er, Eintrittsgelder zu erheben. Damit kam gar nicht so wenig Geld zusammen. Die Besucher wollten die Nacktheit und insbesondere die wilden Ehen gar zu gerne persönlich besichtigen. Denn beides wirkte damals noch sensationell.

Das mit den wilden Ehen stimmte übrigens. Ida Hofmann ging da mit gutem Beispiel voran – zumindest hielt sie es für gut. «Liebe ist als eine in der Natur ‹frei› sich vollziehende Vereinigung zweier Wesen zu betrachten. Daher verwerfen wir für uns sowohl den priesterlichen Segensspruch, als den Staatsakt», schrieb sie später in einem Buch – in normalem Deutsch. Und sie liess den Appell folgen:

«Ihr Männer und Frauen, ich fordere Euch auf, noch einen Schritt weiter ... zu wandern. Versuchet Euch eine Gewissensehe in körperlicher und ethischer Bedeutung vorzustellen, eine auf edelste Zuneigung, auf freie Entschliessung, auf freies Geben gegründete Vereinigung zwischen Mann und Weib, Bande, die keine Fesseln und Bande, die um so fester sind, als keine äusseren Rücksichten sie knüpfen, als freier Wunsch sie gebar und freier Wunsch sie wieder lösen kann ...»

ERICH MÜHSAM BESINGT DIE VEGETARIER

Der junge Schriftsteller Erich Mühsam war der erste, der darauf hinwies, dass die Vegetarier in Ascona und Nachbarschaft durchweg kinderlos blieben. «Mir ist nur eine Ausnahme bekannt. Doch stammt, soviel ich weiss, das Kind in diesem Falle aus der vorvegetarischen Zeit», schrieb er. «Es wäre interessant, von Sachverständigen zu erfahren, ob die Erscheinung der Unfruchtbarkeit bzw. Impotenz – viele Vegetarier zählen. Das Prinzip der Geschlechtsenthaltung zu ihren ethischen Grundsätzen – aus der vegetarischen Lebensweise resultiert, respektive ob der Drang zum Vegetabilismus vorwiegend bei potenzgeschwächten Individuen entsteht.» Für das Jahr 1904, als er solches schrieb, war das ziemlich starker Tobak!

Aber zuerst muss wohl einmal erzählt werden, wer Erich Mühsam war. Heute erinnert sich dieses Mannes, der später Berühmtheit erlangen sollte, kaum noch einer in Ascona. Vielleicht wäre es nicht übertrieben, zu sagen, dass auch sonst nur noch wenige seiner gedenken. Mühsams Vater – man sagt, er sei Apotheker gewesen – hatte ihn in Berlin, wo er zur Welt gekommen war, aufs Gymnasium geschickt und gehofft, sein Sohn würde Optiker werden. Bereits als Sekundaner aber wurde der vielversprechende Jüngling wegen «sozialistischer Umtriebe» von der Schule gejagt. Er ging nach München, wo er sich unter anderem auch im Kabarett betätigte, vor allen Dingen aber seinen politischen Ideen lebte. Er war kein Sozialist, wie das verständnislose Berliner Lehrerkollegium dekretiert hatte – die Sozialisten verachtete er geradezu – und ebenso wenig Kommunist. Er war Anarchist. Ein mittelgrosser, rührend unbeholfener Jüngling mit einem sehr langen Bart, der trotzdem ganz kindlich wirkte. Seine Augen hinter dicken Brillengläsern strahlten Güte aus, und wenn man sie einmal gesehen hatte, konnte man sie so schnell nicht vergessen.

Güte war wohl überhaupt der entscheidende Zug seines Wesens. Er mochte sich Anarchist nennen, er mochte schlimme Reden gegen den Staat, gegen die Kirche führen – im Grunde – war es ihm nur um den Menschen zu tun, er litt mit jenen, denen es schlecht ging, er wollte bessere Lebensbedingungen für die ganze Menschheit.

Nach Ascona kam er fünfundzwanzigjährig keineswegs als Anhänger des Vegetarismus; er gehörte vielmehr zu den politischen Flüchtlingen, wenn auch mehr angewidert von den Zuständen im kaiserlichen Deutschland als aus Zwang. Er gehörte zu den Philosophen, zu den Künstlern, die vereinzelt, aber schon in immer grösserer Zahl nach Ascona pilgerten, um sich dort oder in der Umgegend anzusiedeln. Und er schrieb alsbald eine Broschüre über das Dorf, die gewaltiges Aufsehen erregen sollte.

Diese Broschüre, von der es heute nur noch einige wenige Exemplare gibt, macht einem vieles klar. Zum Beispiel, dass Erich Mühsam, ein Deutscher, sich nicht viel aus seinen deutschen Landsleuten machte, besonders nicht, wenn sie in der Schweiz oder gar im Tessin auftraten. Dann nörgelte er:

«Tagtäglich, wenn von Locarno hertrottend, eine Kompagnie übelster deutscher Reisephilister mit all ihrer Blödheit die herrlichen Gestade des Lago Maggiore entlanggafft, drängt sich mir der Vergleich auf mit den prächtigen Menschen, die hier ihre Heimat haben... ein Vergleich aber auch mit den paar Ausnahms-Deutschen, die hier ihr absonderliches Leben fristen, und derentwegen ich dieses weisse Papier mit Tinte schwarz färbe ...» Er hatte noch anderes an den Deutschen auszusetzen. Vor allen Dingen: «Nur der Deutsche ist stolz, weil er arbeitet.»

Er war besorgt, es würden mehr und mehr Deutsche in das Tessin kommen – schon damals! – und dort bleiben. Er erzählte von einem Mann, der für 2500 Quadratmeter in der Umgebung Asconas ganze 300 Franken erlegte, zahlbar mit langer Frist und in kleinen Raten. Dazu hatte er die auf dem Gelände stehende Ruine noch gratis bekommen, durfte sie abreissen und die Steine als Baumaterial verwenden.

«Vor ganz kurzer Zeit dagegen kaufte ein anderer Herr 20 000 Quadratmeter für 6000 Franken, also die doppelte Summe für ein Stück Land, das nicht so schön gelegen ist wie das erste.»

Aha! Kapitalisten! Grundstücksspekulanten! Schon begann es! Dabei kann man nicht gerade behaupten, dass die Deutschen, die vom Baedeker instruiert, in der Schweiz erschienen, Kapitalisten waren. Jedenfalls nahm Baedeker es nicht an, als er sie beschwor, vorsichtig mit den Ausgaben zu sein. Das las sich schon um die Jahrhundertwende wie folgt:

«Der gewöhnliche Preis für einen Einspänner ist 15 bis 20, für einen Zweispänner 25 bis 30 Franken täglich, im hohen Sommer auch wohl einige Franken mehr, nebst 10 Prozent des Fahrpreises als Trinkgeld. Ein Pferd oder ein Maultier kostet für den Tag 10 bis 12 und das Trinkgeld für den Begleiter 1 bis 2 Franken. Bergauf ist das Reiten angenehm, bergab zu reiten ist sehr unbequem und ermüdend und für jemand, der zu Schwindel neigt, gar nicht ratsam. Tragsessel werden fast nur von den Damen benutzt.»

Immer wieder warnte Baedeker die Reisenden nach der Schweiz vor «Ausbeutung»; unter dem Titel «Gasthöfe und Pensionen» findet man: «Nach dem Zimmerpreis kann man ruhig fragen.» Endlich bleibt nicht unerwähnt, dass auf die Rechnung überall mehr oder weniger auch das Auftreten des Gastes einwirkt. «Wer mit viel Lärm und Ansprüchen ankommt, alles tadelt und sich am Ende mit einer Tasse Tee begnügt, wer hundert Bedürfnisse hat und zur Befriedigung derselben jedes Mal die Schelle in Bewegung setzt, darf sich nicht beklagen, wenn er doppelte Preise zahlen muss ...»

Was nun die Vegetabilisten oder Vegetarier anging, deren Anwesenheit Baedeker auch später sorgsam verschwieg, so hielt der Schriftsteller und Anarchist Erich Mühsam sie einfach für nicht ganz normal. Und wenn er beschloss, den Rest seines Lebens in Ascona zu verbringen – ach, hätte er es doch getan, es wären ihm Zuchthaus, Konzentrationslager und ein furchtbares Ende erspart geblieben –, dann jedenfalls «... nicht, weil ich in der vegetabilischen Lebenshaltung, wenn sie die Massen übernähmen, etwas Kulturförderndes erblicken könnte; auch nicht, weil ich die gewiss erfreuliche Erscheinung, dass die meisten der hier bestehenden Ehen ohne Staats- und Pfaffenhilfe zustande gekommen sind, für einen überwältigenden Beweis der Weltentwicklung halte».

Von allen, die auf dem Monte Verità lebten, gefiel ihm eigentlich nur Karl Gräser, der ehemalige ungarische Offizier, der sich inzwischen mit Oedenkoven zerstritten hatte und nun zusammen mit Ida Hofmanns Schwester Jenny, der ehemaligen Konzertsängerin, seine eigene Siedlung bewohnte. Die beiden nahmen es bitter ernst mit der Losung «Fort von der Zivilisation!» Sie versuchten alles nur Erdenkliche, um kein Geld ausgeben zu müssen – freilich hatten sie auch nie Geld.

Manchmal hatten sie zwar doch welches gebraucht, kamen aber auf originelle Weise darum herum. Mühsam erzählte:

«Frau Gräser, die über eine sehr schöne Stimme verfügt, musste einmal den Zahnarzt aufsuchen; sie bezahlte den ihr geleisteten Dienst mit dem Vortrag einiger Lieder.»

Über das Prinzip der vegetarischen Lebensweise konnte Mühsam nur lachen. Und wenn er lachte, war das – später sollten es noch viele erfahren – nicht ungefährlich. So schrieb er auch ein Lied, «das mir jüngst in einer verbrecherischen Stunde entfuhr, und das den Vegetarier als Sammelbegriff vielleicht besser illustriert als eine weitschweifende Charakteristik.»

Der Gesang der Vegetarier
Ein alkoholfreies Trinklied
(Mel. «Immer langsam voran»)

Wir essen Salat, ja wir essen Salat
  Und essen Gemüse früh und spat.
  Auch Früchte gehören zu unserer Diät.
  Was sonst noch wächst, wird alles verschmäht.
Wir essen Salat, ja wir essen Salat
  Und essen Gemüse früh und spat.

Wir sonnen den Leib, ja wir sonnen den Leib,
  Das ist unser einziger Zeitvertreib.
  Doch manchmal spaddeln wir auch im Teich,
  Das kräftigt den Körper und wäscht ihn zugleich.
Wir sonnen den Leib, und wir baden den Leib,
  Das ist unser einziger Zeitvertreib.

Wir hassen das Fleisch, ja wir hassen das Fleisch
  Und die Milch und die Eier und lieben keusch.
  Die Leichenfresser sind dumm und roh,
  Das Schweinevieh – das ist ebenso.
Wir hassen das Fleisch, ja wir hassen das Fleisch
  Und die Milch und die Eier und lieben keusch.

Wir trinken keinen Sprit, nein wir trinken keinen Sprit,
Denn der wirkt verderblich auf das Gemüt.
Gemüse und Früchte sind flüssig genug,
Drum trinken wir nichts und sind doch sehr klug.
Wir trinken keinen Sprit, nein wir trinken keinen Sprit,
Denn der wirkt verderblich auf das Gemüt.

Wir rauchen nicht Tabak, nein wir rauchen nicht Tabak,
Das tut nur das scheussliche Sündenpack.
Wir setzen uns lieber auf das Gesäss
Und leben gesund und naturgemäss.
Wir rauchen nicht Tabak, nein wir rauchen nicht Tabak,
Das tut nur das scheussliche Sündenpack.

Wir essen Salat, ja wir essen Salat
Und essen Gemüse früh und spat.
Und schimpft ihr den Vegetarier einen Tropf,
So schmeissen wir Euch eine Walnuss an den Kopf.
Wir essen Salat, ja wir essen Salat
Und essen Gemüse früh und spat.

Nicht alle nach Ascona Zugewanderten wünschten sich von Salat zu ernähren. Aber sie mussten trotzdem nicht verhungern, wie misslich auch ihre finanziellen Verhältnisse sein mochten, ja selbst wenn sie so verzweifelt waren wie diejenigen Mühsams, der mit Engelsgeduld darauf wartete, dass eine seiner ungezählten Erbtanten ihm Geld schicken würde. Ein Stück Fleisch, ein Glas Wein fand sich immer für sie. Ascona war damals noch so billig, dass man dort eigentlich fast umsonst leben konnte. Warum auch nicht? «Ein anständiger Mensch hat kein Geld!» war ein Grundsatz vieler, die sich damals dort ansiedelten.

Mühsam selbst bezahlte für sein Zimmer im Monat zehn Franken – das heisst er hätte sie zahlen sollen, aber der Wirt stundete, und stundete gern. Kurz, Ascona war ein Paradies. Um so mehr als es in der Schweiz lag. Mühsam negierte zwar aus Prinzip alle Regierungen, gab jedoch zu, dass im Tessin «die Schweizer Republik mit ihren demokratischen Staatsschikanen anerkanntermassen am zahmsten herumhantiert ...»

Aber mit der Regierung hatte er, glücklicherweise für ihn und sie, nichts zu tun; einiges jedoch mit der Bevölkerung, die er bald in sein Herz schloss – einfache, nette Leute, die niemanden ausbeuteten, die allerdings auch nicht unbedingt all zuviel arbeiten wollten. Ascona, so meinte er, habe damals etwa tausend Einwohner gezählt.

Wie stellten sich diese einfachen und natürlichen Menschen zu den Vegetariern oder Vegetabilisten auf dem Monte Verità? Man hielt sie – wie Mühsam selbst – für nicht ganz normal und – schon deswegen – für Engländer. Einige mutmassten auch, es seien vielleicht Zirkuskünstler oder dergleichen. Aber wenn sie ihre Freude daran hatten, in merkwürdigen Kostümen mit langem Haar und unrasiert herumzulaufen – warum nicht? Und wenn sie verheiratet waren und doch nicht verheiratet waren? Wen ging das etwas an?

Machte Mühsam Propaganda für den Kommunismus? Es sah zuerst so aus. «Ich glaubte einmal, Ascona sei der geeignete Ort, um hier eine kommunistische Siedlungsgenossenschaft in grossem Massstab zu versuchen. Aber so wünschenswert das Experiment auch wäre, einmal mit einer genügenden Anzahl von Menschen in primitiver Gemeinschaft, unter Ausschaltung aller kapitalistischen Hilfsmittel, ein Zusammenleben auf eigene Faust zu bewirken, wie es Karl Gräser für sich allein ja schon beinahe erreicht hat – so ist doch Ascona nicht der richtige Fleck dazu.»

Es gab noch andere Gründe für Mühsam, nicht an die Möglichkeit einer kommunistischen Siedlungsgenossenschaft in Ascona zu glauben, insbesondere die Tatsache, dass die meisten Bewohner – nicht die ursprünglichen Asconesen, sondern solche, die sich mittlerweile eingefunden hatten – zu individualistisch waren und daher ungeeignet, jemals wirklich nützliche Mitglieder der antikapitalistischen Gesellschaft zu werden. «Ich wiederhole eine von den verschiedensten Schriftstellern tausendfach geäusserte Erfahrung, wenn ich ausspreche, dass die besten Elemente aller Nationen in Gefängnissen und Zuchthäusern verkommen... Daher – mögen alle deutschen Betschwestern in keuschem Entsetzen die Augen verdrehen – wünsche ich in tiefster Seele, Ascona möchte einmal ein Zufluchtsort werden für entlassene oder entwichene Strafgefangene, für verfolgte Heimatlose, für alle diejenigen, die als Opfer der bestehenden Zustände gehetzt, gemartert, steuerlos treiben ...

Wenn ich nach Jahren wieder einmal nach Ascona komme und finde es bewohnt von Menschen, die durch Zuchthäuser geschleift, zerschunden von den Schikanen der Besitzenden und ihren Exekutivorganen, dem Staat, der Polizei und der Justiz, endlich doch hier eine Heimat und eine Ahnung von Glück haben, will ich mich von ganzem Herzen freuen.»

Die für das Tessin zuständigen Behörden waren durch solche Äusserungen zutiefst erschreckt. Man kann das verstehen. Die Tessiner, besonders die Hotelbesitzer in Lugano und in Locarno, erhofften sich steigenden Fremdenverkehr. Und nun sollte Ascona das Eldorado der Zuchthäusler werden? Was konnte dagegen unternommen werden? Natürlich konnte man Zuchthäusler an der Grenze zurückweisen. Aber Personen, die wegen irgendwelcher furchtbaren Verbrechen gesessen hatten, würden es nicht schwierig finden, die Grenze illegal zu überschreiten. Pässe? Die gab es zwar, aber wer besass schon einen? Am besten, man machte Erich Mühsam mundtot. Wenn die Verbrecher aller Länder, die der Schriftsteller in Ascona vereinigen wollte, von seinen Plänen nichts erfuhren, würden sie vielleicht auch nicht in Erscheinung treten.

Aber wie bewerkstelligt man das?

Es gab keine Zensur, die gegen die Broschüre hätte in Anwendung gebracht werden können. Übrigens hätten offizielle Schritte nur Reklame für das Büchlein gemacht. Der Sindaco von Ascona beschloss daher, in aller Stille die ganze Auflage aufzukaufen und, nachdem dies geschehen war, einstampfen zu lassen. Nur einige wenige Exemplare entgingen diesem Schicksal.

Schon im Jahre 1905 hatte sich herausgestellt, dass Mühsam in Ascona nicht bleiben konnte. Er hatte die wenigen tausend Franken nicht zusammengebracht, um ein Grundstück und ein Haus zu erwerben. Die Erbtanten hatten versagt. Er ging nach München zurück, wo bald seine ersten Gedichtbände erschienen, und wo er schliesslich eine «Zeitschrift für Menschlichkeit» herauszugeben begann, die er «Kain» nannte.

Über Nacht sollte er einer der prominentesten deutschen Dichter werden.

EIN SELTSAMER PROSPEKT UND SELTSAME GÄSTE

Zurück zum Monte Verità, wo der Betrieb weiterging. Man kann nicht gerade sagen, dass er munter weiterging, denn Oedenkoven hatte Sorgen, schwere Sorgen. Schon im Jahre 1904, also etwa zurzeit von Mühsams «Grasfressern», hatte er begriffen, dass er seine Siedlung ohne ein Mindestmass an zivilisatorischen Errungenschaften nicht würde aufrechterhalten können.

Er plante eine Wasserleitung und liess schliesslich sogar elektrisches Licht einrichten. In der Tat waren die Häuser vom Monte Verità die ersten in Ascona, die über diesen unerhörten Luxus verfügten.

Im Geheimen dachte er daran, aus der Siedlung eine Heilstätte zu machen, die auch gewöhnlichen Sterblichen zugute kommen sollte, nicht nur denen, die ihre Haare und ihre Bärte wachsen liessen und auch in anderer Beziehung revolutionär gesinnt waren. Sie würden freilich zahlen müssen – ohne das verhasste Geld konnte man eben nicht auskommen. Aber dafür sollte es ihnen eben besser gehen als der noch mehr verhassten zivilisierten Welt.

Oedenkoven selbst und seinen Mitarbeitern ging es vorläufig noch gar nicht so gut. Sie mussten Tag und Nacht arbeiten, und wer bei ihnen aufgenommen werden wollte, hatte eine Art Prüfung zu absolvieren, um zu beweisen, dass es ihm auch ernst damit sei. So liess er einen Theologiestudenten, der sein Studium aufgegeben hatte, um sein Jünger zu werden, vierzehn Tage lang die Torfmull-Klosetts leeren – die Einrichtung des WC war auf dem Monte Verità noch nicht eingeführt. Der Gottsucher sollte aufgenommen werden, wenn er sich während der ersten vierzehn Tage über diese Unwürdigkeit nicht beschwere. Aber bevor die Frist abgelaufen war, kehrte der junge Mann zu seinem Studium zurück. Der liebe Gott, so schien es ihm, war barmherziger als Oedenkoven.

Der Theologe blieb nicht der einzige Deserteur. Selbst die engsten Mitarbeiter Oedenkovens, die so taten, als meinten sie es bitterernst, versuchten wenigstens hie und da über die Stränge zu schlagen und schlichen sich nachts in irgendwelche Kneipen. Nicht gerade in Ascona, denn dort wären sie sofort aufgefallen und Oedenkoven hätte davon

erfahren. Sie tranken, sie assen Salami und gebratenes Fleisch und allerlei Käse. Und das machte sie wieder durstig. Einige dieser Ausreisser sollen sogar gelegentlich Vorräte mit auf den Monte Verità genommen haben. Aber vielleicht waren das auch nur bösartige Verdächtigungen. Am 1. Januar 1905 setzte Oedenkoven sein bisher streng geheim gehaltenes Projekt in die Tat um. Er hatte mit Ida Hofmann einen Prospekt ausgearbeitet, rund zehn Druckseiten mit insgesamt 45 Paragraphen, der die Gründung der «Vegetabilischen Gesellschaft des Monte Verità» verkündete.
Zitieren wir das wichtigste aus diesem Prospekt:

I. GRÜNDUNG
1. Am 1. Januar 1905 bildete sich in Ascona die «Vegetabilische Gesellschaft des Monte Verità». Sie besteht so lange, als mindestens drei ständige oder aktive Mitglieder vorhanden sind.

II. ZWECK UND MITTEL
2. Davon überzeugt, dass die heute übliche Weise der Ernährung, der Wohnung und Kleidung mit deren Folgen, im schreiendsten Widerspruch zu den durch den Gang der Evolution berechtigten Ansprüchen der Menschen stehen und die Hauptursache zur körperlichen und moralischen Entartung sowie zu den gesellschaftlichen Übelständen liefern, trachten die Vegetabilier, innerhalb ihrer Ansiedlungen soziale Einrichtungen auf vegetabilischer Grundlage zu schaffen, welche ihnen ermöglichen, mit den Naturgesetzen in besserem Einklang zu bleiben.

III. GRUPPIERUNG, RECHTE UND PFLICHTEN DER MITGLIEDER, SCHÜLER, MITARBEITER UND ANGESTELLTEN
3. Die Gesellschaft besteht aus:
a) ständigen Mitgliedern
b) aktiven Mitgliedern
c) passiven Mitgliedern (eventuell Schüler oder Mitarbeiter)

4. Die ständigen Mitglieder haben allein in den Angelegenheiten der Gesellschaft zu entscheiden. Sie nehmen die Verteilung der privaten

und der für die gemeinsame Unternehmung bestimmten Grundstücke vor, sie bestimmen die Gründung oder Auflösung der verschiedenen Unternehmungen, die Aufnahme oder Ausscheidung von Mitgliedern und Mitarbeitern, sie prüfen die Schüler auf ihre Eignung für die Gesellschaft.

5. Sie zahlen ein Eintrittsgeld – nicht wieder erstattbar – von 3000 Franken und sind frei von jedem weiteren Beitrag.

6. Sie geniessen das lebenslängliche Anrecht auf ein Grundstück, dessen Ausdehnung im Verhältnis zu ihrer persönlichen Bestellfähigkeit steht ...

11. Sie haben sich an 2 bestimmten Tagen im Monat und ausserdem an 16, im Einverständnis mit dem Leiter des betreffenden Betriebes zu bestimmenden Tagen im Jahr von jeder kooperativen Arbeit zu enthalten.

V. FINANZEN

30. Falls die vorhandenen finanziellen Mittel nicht genügen, hat die Gesellschaft das Recht, entweder von den eigenen Mitgliedern oder von Aussenstehenden Kapitalien zu entleihen.

Und schliesslich:
Die Gründer hoffen, dass in absehbarer Zeit alle Bedürfnisse der Mitglieder durch dieses Magazin des freien Austausches gedeckt werden.

Es folgen noch unzählige Paragraphen, der Prospekt hätte jeder Versicherungsgesellschaft zur Ehre gereicht. Aber er interessierte ausser Oedenkoven und seinen Gefolgsleuten nur wenige, sicher nicht die Einwohner von Ascona, und schon gar nicht die immer neugieriger werdenden Fremden in Locarno und Lugano, die auf den Monte Verità wanderten, um festzustellen, was es dort an «Unsittlichkeiten» gäbe. Vor allem wollten diese Fremden das Luftbad besuchen – um nackte Menschen zu sehen. Bald erhöhte Oedenkoven den Eintrittspreis, aber auch der wurde bezahlt, ohne dass jemand mit der Wimper gezuckt hätte. Peinlicher war es, dass nun die Presse die Sache aufnahm, dass insbesondere einige deutsche Zeitungen und Zeitschriften Aufsätze über den Monte Verità brachten, aus denen zu ersehen war, dort ginge es ja ganz toll zu!

Oedenkoven begriff sofort zweierlei: er durfte das nicht hinnehmen, sonst war das Unternehmen ein für allemal kompromittiert und er würde gerade die Jünger nicht finden, auf die es ihm ankam. Andererseits: welche Propagandamöglichkeiten! So entschloss er sich kurzerhand, einen der grössten Berliner Zeitungsverlage wegen Beleidigung und Verleumdung zu verklagen. Der Verlag schickte einen seiner besten Reporter nach Ascona, der feststellen sollte, was dort eigentlich los sei. Und was schrieb er? Eine Hymne. Die Folge davon war, dass Oedenkoven neuen Zuspruch bekam.

Zu den Persönlichkeiten, von denen die Presse – auch der damals sehr populäre «Berliner Lokalanzeiger» – berichtet hatte, sie seien bei Oedenkoven zu finden oder, wie es hiess, sie seien «unter die Vegetabilisten gegangen», gehörte auch ein gewisser Leopold Wölfling. Der war damals ein berühmter oder wenn man will berüchtigter Mann. Denn eigentlich hiess er Leopold Ferdinand von Toscana und war ein richtiggehender Erzherzog der österreichisch-ungarischen Monarchie. Einige Jahre vorher hatte er sich plötzlich entschlossen, seinen Titeln und Rechten zu entsagen und eine Bürgerliche zu heiraten.

Damals, als Herr Leopold Wölfling mit seiner Gattin in Ascona auftauchte, bedeutete dies eine Art Sensation. Schon nach einigen Tagen, um nicht zu sagen Stunden, wusste das ganze Dorf und, was vielleicht noch wichtiger war, der Monte Verità, dass Herr Wölfling ein Erzherzog und noch toller, dass seine Frau nicht einmal eine Adelige war! Viele hielten sie für eine Dame vom Ballett, andere für eine Dame, die gar keine Dame war, wieder andere für eine Spionin. Wie sich später herausstellte, war sie nichts dergleichen. Sie war ganz einfach eine Bürgerliche, die der ehemalige Erzherzog geheiratet hatte.

Im Übrigen dachte er gar nicht daran, sich auf dem Monte Verità niederzulassen und vegetarisch zu leben. Alle diesbezüglichen Mitteilungen in europäischen Zeitungen waren glattweg erfunden. Er liebte gutes Essen viel zu sehr, um nicht zu sagen leidenschaftlich. Wenn er von seiner Jugend sprach, kam unweigerlich die Rede auf jene gute

Frau, die während seiner Gymnasiastenzeit die vorzüglichsten Mahlzeiten – «halb-französisch, halb-ungarisch, wissen's» – zubereitet hatte. Wenn er sehnsüchtig von Wien sprach, dann dauerte es nicht lang, und der Tafelspitz und die Backhendln von Sacher wurden ausführlich von ihm diskutiert.

Er hatte gehofft, in Ascona wenigstens eine anständige italienische Küche zu finden. Damit schienen, so bedauerlich das sein mag, seine Interessen im Wesentlichen erschöpft.

Anders seine Frau und deren rassige und interessante Freundin Langwara. Sie schwärmten beide für Höheres. Sie verkehrten mit Theosophen und Spiritisten, die sich damals in Ascona auszubreiten begannen.

Frau Wölfling versuchte, ihren Mann in spiritistische Kreise zu bringen. Wer weiss, vielleicht würden ihm seine Ahnen erscheinen und Ratschläge erteilen. Frau Wölfling hatte wohl die Idee nicht ganz aufgegeben, doch noch einmal Erzherzogin zu werden.

Der ehemalige Erzherzog ging einige Male zu den Séancen mit. Aber die Exkursionen seiner Frau in höhere Regionen interessierten ihn herzlich wenig, und die alten Habsburger erschienen auch nicht aus dem Jenseits. Was ihn betraf, so vermutete er, dass sie in der Halle schmorten, wohin sie nach seiner Ansicht auch gehörten.

Und was war sonst in Ascona los? Es gab keine Rennen, es gab keine eleganten Nachtlokale, es gab nichts, was ihn amüsieren konnte. Er fing an, sich nach allen Regeln der Kunst zu langweilen. Genau wie ihm die Bewohner der Hofburg auf die Nerven gefallen waren, fielen ihm jetzt die doch viel interessanteren Menschen auf die Nerven, die Ascona bevölkerten. So verschwand er eines Tages wieder.

Das neue Jahrhundert brachte eine Fülle schwerwiegender Ereignisse und internationaler Spannungen. In China kam es zum sogenannten Boxer-Aufstand, in Peking wurde der deutsche Gesandte ermordet. Alle europäischen Staaten schickten Truppen, um die Revolte niederzuwerfen.

Die englische Königin Victoria war gestorben, und nach der Ermordung des amerikanischen Präsidenten MacKinley hatte Theodore Roosevelt dessen Nachfolge angetreten. In Russland machten die Nihilisten durch Terroraktionen von sich reden, der junge Lenin schrieb sein bedeutendes programmatisches Werk «Was nun?», auf dem zweiten Parteitag der Sozialistischen Internationale in London spaltete sich die sozialistische Partei Russlands in die Bolschewiki, unter Führung von Lenin, und die Menschewiki. 1903 war König Alexander von Serbien ermordet worden, ein Jahr später wurde die Entente Cordiale zwischen Frankreich und England geschaffen. Wieder ein Jahr darauf erlitt Russland im Kriege mit Japan eine vernichtende Niederlage; in den Industriestädten Russlands brachen Arbeiterrevolten aus, die an den Rand einer Revolution führten. Sie konnten niedergeschlagen werden, aber der Zar musste seinem Volk eine konstitutionelle Verfassung gewähren.

Der deutsche Kaiser hatte durch seine Landung in Tanger die sogenannte Marokkokrise hervorgerufen. In Deutschland wurde die militärische Dienstzeit auf zwei Jahre verlängert. In England konstituierte sich die Labour-Party. Das war 1906. Im gleichen Jahr musste Lenin aus Russland fliehen, veranstaltete Stalin einen Überfall auf einen Geldtransport der Staatsbank in Tiflis, um die Finanznöte der Partei der Bolschewiki zu beheben, wurde Hauptmann Alfred Dreyfus von einem französischen Militärgericht endgültig freigesprochen.

Am russischen Hof gewann ein mysteriöser und dämonischer Pope, namens Rasputin, immer stärkeren Einfluss. Die ersten Schallplatten wurden hergestellt, und man sah die ersten Filme, die nur wenige Meter lang waren. Ein junger italienischer Tenor mit einer hinreissenden Stimme, Enrico Caruso, begann seine unvergleichliche Laufbahn, und Max Reinhardt, ein junger österreichischer Regisseur, liess durch seine ersten Inszenierungen die deutsche Reichshauptstadt aufhorchen.

Und in Ascona – geschah nichts. Das war wohl einer der Gründe, wenn nicht für viele der Hauptgrund, in jenen Jahren dorthin zu reisen und längere Zeit oder für immer dort zu bleiben.

Da war der Zürcher Arzt Dr. Fritz Brupbacher, der im Jahre 1907 mit seiner russischen Freundin Lydia Petrowna erschien und sich auf dem Monte Verità einlogierte. Zum Unterschied von dem ihm befreundeten Erich Mühsam oder von Leopold Wölfling versuchte er es wirklich mit der Rohkost und allem, was dazu gehörte.

Brupbacher, der eine Zeitschrift «Der Kindersegen» herausgab, in der allerdings hauptsächlich darüber geschrieben wurde, wie man diesen verhindere, war Mitglied der Sozialistischen Partei der Schweiz, gründete später eine antimilitaristische Bewegung und hatte auch gewisse Sympathien für die Anarchisten, die ihn in ihren Geldnöten um Darlehen angingen.

Nach Ascona war er vor allem wegen der herrlichen Lage des Ortes gekommen. Seine Freude an der Natur konnte indessen seinen Unwillen darüber nicht beschwichtigen, dass Oedenkoven ihm pro Person und Tag sieben Franken abnahm für Haselnüsse, Baumnüsse, Paranüsse und rohes Obst. Schliesslich gelang es ihm durch die «Schmuggeldienste» – das Wort stammt von ihm – des Sekretärs von Oedenkoven, Milch und Eier zu bekommen. Wäre das ruchbar geworden, so hätte man ihn vor die Türe gesetzt.

Später bekam Brupbacher heraus, dass diejenigen Pensionäre des Sanatoriums, die es gar nicht ohne Fleisch und Fisch aushalten konnten, die Möglichkeit hatten, im ersten Stock eines kleinen Restaurants in Ascona sowohl Fisch und Fleisch zu essen, wie auch sich dem Genuss eines Glases guten Weines hinzugeben. Die Türen zu der Gaststube wurden stets verschlossen, man ass und trank also unter Ausschluss der Öffentlichkeit, gewissermassen konspirativ. Dort verbrachte Brupbacher die meisten Abende.

Er war alles in allem nicht sehr angetan von Ascona. Er fand die meisten der Neuankömmlinge zu verrückt. «Ascona war damals noch kein vornehmer Vorort von Berlin, sondern die Hauptstadt der psychopathischen Internationale», schrieb er später. Sogar: «Ascona ist der Spucknapf Europas.»

Ein sehr merkwürdiger Mann, winzig, drahtig, mit einem intelligenten Gesicht und kohlrabenschwarzem Haar fand sich ein: Emil Szittya, ein Ungar, von dem niemand wusste, was er war – er selbst wusste es wohl auch nicht oder noch nicht. 1886 in Budapest geboren, war er schon frühzeitig nach Paris gegangen und hatte sich dort 1906 für immer niedergelassen – wenn die Worte «für immer» in Verbindung mit ihm überhaupt einen Sinn besassen. Er kam oft nach Ascona, blieb manchmal Wochen oder auch Monate. Er bereiste die ganze Welt, lernte die bedeutendsten Persönlichkeiten seiner Zeit kennen und interviewte sie. Hugo Ball, der Dadaist, schrieb später über ihn, er sei durch die Zeit gegangen, «ohne berührt zu werden». Er selbst meinte, er schaue nur, er registriere, er urteile nicht.

In einer Zusammenfassung seiner Erlebnisse, mit dem erstaunlichen Titel «Begegnungen mit seltsamen Begebenheiten, Landstreichern, Verbrechern, Artisten, Religiös-Wahnsinnigen, sexuellen Merkwürdigkeiten, Sozialdemokraten, Syndikalisten, Kommunisten, Anarchisten, Politikern und Künstlern», gab er unter anderem zu Protokoll, dass er selbst nicht genau wisse, woher er stamme. Wenn man ihm glauben durfte, munkelte man von ihm, dass er vielleicht aus altem Adel, möglicherweise auch ein Verwandter des berühmten Frauenmörders Hugo Schenk sei. Das war wohl Selbstironie.

Er malte auch, aber ganz für sich: «Etwas Privates muss man doch haben!» Seine Bilder nannte er «Spaziergang durch die Zeit». Da er sie nicht verkaufte und nur sehr selten einen Artikel unterbrachte, lebte er, wie er selbst erklärte, von Pump. «Ich ... habe Tausende und Abertausende von Menschen angebettelt, werde aber beim Betteln immer noch rot.»

In Ascona blieb er, weil man dort billig leben konnte, was bedeutete, dass er seine Bekannten nicht um erhebliche, sondern um kleinere Summen angehen musste. Warum er immer wieder verschwand? Vielleicht, weil es in Ascona keinen mehr gab, den er hätte anpumpen können.

Seine faszinierenden Bücher schrieb er erst später, unter anderem seine bereits erwähnten Memoiren, in denen alle jene Leute vorkamen, die er in Ascona kennengelernt hatte. Es stellte sich heraus, dass dieser kleine, ruhige Mann ein unglaublich scharfer Beobachter war, der, wenn er jemanden mochte, eine von ihm nicht erwartete Wärme entwickelte. Es zeigte sich aber auch, dass sein Spott beissend und oft vernichtend sein konnte. Auch stimmte nicht immer, was er über seine Freunde und Feinde schrieb.

DIE HIMMLISCHE REVENTLOW

Zu den markantesten Gestalten auf dem Monte Verità gehörte damals Franziska, Gräfin Reventlow, eine bezaubernde Frau, eine wirkliche Dame, immer heiter, nichts und niemanden allzu ernst nehmend, nicht einmal sich selbst, ihre literarische Produktion oder gar ihre zahlreichen Liebesaffären. Obwohl sie nie einen Rappen besass, ihr Zimmer selbst sauber machen, selbst kochen, ja sich ihre Schuhe selbst putzen musste, wirkte sie stets wie aus dem Ei gepellt.

Diese Frau mit den schönen blauen Augen und dem blonden Haar hatte schon früh Streit mit ihrem Vater und der Mutter gehabt, weil sie nicht darauf warten wollte, eine angemessene Partie zu machen, sondern der Überzeugung Ausdruck verlieh, eine Frau müsse schliesslich auf ihren eigenen Füssen stehen. Sie wäre gern Lehrerin geworden.

Das war zu jener Zeit ein geradezu entsetzlicher Gedanke für die Reventlows in Husum, hoch im Norden Deutschlands. Franziska wollte auch fechten, turnen, schwimmen. Ihre Brüder taten das doch auch! Warum nicht sie? Die entsetzten Worte ihrer Mutter: «So etwas tut eine Frau unseres Standes nicht!» konnte sie nicht begreifen.

Sie tat eine Menge, was in jener Zeit eine Komtesse nicht tat. So trat sie kurz, nachdem die Eltern nach Lübeck umgezogen waren, natürlich heimlich, einem literarischen Verein bei, dem Ibsen-Club, wo sie den grossen Norweger, auch Tolstoi und Zola und andere Bücher las, die, weil «unanständig», im Elternhaus verpönt waren. Sie stellte sich die Frage, ob man es nicht einmal mit der freien Liebe probieren solle.

Noch bevor sich Franziska – eigentlich hiess sie Fanny und taufte sich später selbst um – dafür oder dagegen entscheiden konnte, kam eine Freundin ihr zuvor. Es wurde in Lübeck ruchbar, dass diese «Person» ein Verhältnis hatte und ein Kind erwartete. Die Reventlows schlugen die Hände über dem Kopf zusammen. Das war doch zu schrecklich! Mit wem verkehrte ihre Tochter denn eigentlich?

Franziska nahm die Freundin in Schutz. Es sei doch gleichgültig, ob man «so was» vor oder nach der Hochzeit tue. «Zugegeben, der Fall vor der Hochzeit verrät Mangel an Selbstdisziplin. Aber ist es denn nachher anders? Die Sache bleibt ja doch dieselbe».

Das konnte der Graf nicht verstehen, das konnte niemand im Hause Reventlow und in den Kreisen, in denen «man» verkehrte, verstehen. Die Eltern dachten daran, die offenbar verrückte Person einzusperren. Ein schrecklicher Gedanke für das junge Mädchen. «Ich will und muss einmal frei sein, es liegt nun einmal tief in meiner Natur, dieses masslose Sehnen und Streben nach Freiheit. Die kleinste Fessel, die andere gar nicht als solche ansehen, drückt mich unerträglich, unaushaltbar. Muss ich mich nicht frei machen, muss ich mein Selbst nicht retten – ich weiss, dass ich sonst daran zugrunde gehe.»

Sie pumpte sich ein paar Mark, brannte durch – nach München, wo sie ein bisschen malte, ein bisschen schrieb, ein bisschen liebte. Sie wurde bald bekannt. Sie wurde zum Symbol des Münchner Künstlerviertels Schwabing. Ein Faschingsfest ohne sie wäre gar nicht denkbar gewesen. Und sie steckte dauernd in Geldnöten. «Mein treuester Freund war immer der Gerichtsvollzieher.»

Sie hätte ihren Schwierigkeiten oft ein Ende bereiten können, denn es gab genug Männer, die sie heiraten wollten – aber sie zog es vor, nur mit ihnen zu leben, sie wollte nicht gebunden sein.

Dieses Bedürfnis nach Freiheit war so stark in ihr, dass sie, als sie sich Mutter werden fühlte, sofort den Verkehr mit dem Vater ihres Kindes abbrach. Das Kind sollte nur ihr gehören und niemandem sonst. Der Gedanke, zu heiraten, um ihrem Kind einen «ehrlichen Namen» zu verschaffen, wie man es damals nannte, kam ihr absurd vor.

Als sie wieder einmal ohne Geld dastand, ja als es so schlimm geworden war, dass sie ihren Sohn vorübergehend zu Freunden in Pflege geben musste, entschloss sie sich, nach Paris zu fahren, wo man ihr angeboten hatte, Kassiererin bei der Weltausstellung zu werden. Das bedeutete wenigstens drei warme Mahlzeiten pro Tag.

Einige Stunden bevor sie abfuhr, erschien atemlos Erich Mühsam bei ihr und erzählte ihr etwas, das alles änderte: sie fuhr zwar nach Paris, aber sehr bald weiter – nach Ascona.

Was hatte ihr Mühsam denn erzählt, dass es alle ihre Pläne und schliesslich ihr ganzes Leben verändern sollte?

In Ascona gab es einen Baron Rechenberg, einen Balten von hünenhafter Gestalt, erbitterter Gegner der Vegetarier auf dem Monte

Verità, der schon ein kleines Vermögen vertrunken hatte – oder war es ein grosses Vermögen? – und von seinem Vater sehr knapp gehalten wurde. Er bekam nur achtzig Rubel pro Monat, damals etwas mehr als zweihundert Franken.

Er liess trotzdem nicht vom Trinken ab. «Wenn man nicht säuft, was soll man denn noch?», fragte er Mühsam einmal. Alle waren entzückt von diesem seltsamen Menschen, der, wie betrunken auch immer er war, stets ein Herr blieb. Es geschah zwar fast täglich, dass er die Dorfstrasse entlangtorkelte, kaum fähig, sich aufrecht zu halten. Aber wenn ihm eine Bäuerin begegnete oder eine Kellnerin, riss er sich zusammen, zog seinen Hut und machte eine Verbeugung.

Man erzählte sich, er liebe eine schöne italienische Wäscherin, aber Genaues wusste niemand. Fest stand nur, dass Vater Rechenberg, ehemals Gesandter des Zaren in Madrid, nach Ascona geeilt war und erklärt hatte, den Sohn zu enterben, falls er die Italienerin heirate. Nur wenn er eine standesgemässe Ehe eingehe, zumindest mit einer Baronin, würde er sein Universalerbe werden.

Den Sohn kümmerte das nicht. Er hatte bereits grosse Schulden, und er würde weiter Schulden machen, in Ascona gab man ihm immer wieder Kredit, man hatte viel zuviel Spass an ihm, um ihn zu mahnen. Aber die Freunde Rechenbergs, und dazu gehörte auch Mühsam, suchten überall nach einer passenden Ehegattin. Es musste sich doch eine finden, die bereit dazu war ...

Schliesslich kam Mühsam auf Franziska Reventlow. Sie hatte doch überhaupt kein Geld! Und sie war eine grosszügige Frau. Sie würde sich bereit finden, den Gläubigern zu ihrem längst fälligen Geld zu verhelfen und dabei selbst ein Geschäft zu machen, das gar nicht so schlecht war.

Mühsam, der sich gerade in München befand, beschloss, der Gräfin Reventlow die ganze Geschichte vorzutragen. Die Geschichte war verrückt genug, um ihr zuzusagen. Sie fuhr also nach Ascona. Sie sah sich Rechenberg an, sie fand ihn nicht übel. Und: «Ich brauchte nicht einmal neue Monogramme in meine Taschentücher zu sticken.»

Es wurde also ein Vertrag abgeschlossen, demzufolge Franziska nach dem Tode des alten Barons einen gewissen Anteil der «Beute» bekommen sollte. Dann wurde geheiratet. Mit Kirche und allem Drum und Dran. Die Braut erschien zu dieser Feierlichkeit in der Kirche von Ascona mit einem roten Sonnenschirm, was ihre Freunde, die «Verrückten», in Begeisterung versetzte. Der alte Baron von Rechenberg war es zufrieden und schickte ein begeistertes Glückwunschtelegramm. Später kam er selbst, fand seine Schwiegertochter bezaubernd und gratulierte sich und seinem Sohn zu dieser Fügung des Schicksals. Dann reiste er nach Russland zurück.

Franziska und ihr Gemahl hatten dem alten Mann eine geschickte Komödie vorgespielt. Denn die Ehe, die sie geschlossen hatten, war eine Scheinehe. Die Frau, die sich in München vielen Männern geschenkt hatte, ohne daran zu denken, sie zu heiraten, hatte nicht ein einziges Mal mit ihrem Mann das Schlafzimmer geteilt. Was den Baron anging, so war er immer noch in seine Wäscherin verliebt.

Und dann geschah es, dass der alte Baron die Wahrheit erfuhr. Ohne dass irgendjemand etwas davon wusste, machte er ein neues Testament, in dem er seinen alkoholisierten Sohn auf Pflichtteil setzte.

Der Sohn, seine Freunde, seine Gläubiger und seine Frau erfuhren das erst ein Jahr später, als der alte Baron gestorben war und das Testament eröffnet wurde. Immerhin, der Baron hatte sehr viel Geld hinterlassen, auch der Pflichtteil war nicht übel. Mit etwas Sparsamkeit hätte der Anteil Franziskas genügt, um sie fünf bis zehn Jahre sicherzustellen. Aber sie war ja nie sparsam gewesen – nicht mit sich selbst, nicht mit Geld, wenn sie es einmal in die Finger bekam. Und nun sollte sie vernünftig werden?

Im Dorf Ascona allerdings gingen Gerüchte um, dass Franziska nun Millionärin, sogar vielfache Millionärin sei. Ihr Kredit wuchs ins Unendliche. Sie war schon immer ein bisschen exzentrisch gewesen, und nun glaubte sie, über die Mittel zu verfügen, um ihren Launen nachgeben zu können. Sie gedachte, zunächst mit einem Freund und ihrem Sohn nach Griechenland zu reisen und beschwor einen Bekannten, ihr in Kiel telegraphisch echte Matrosenanzüge zu bestellen, für sich, ihren Freund und ihren Sohn, denn nur so wäre es ihr möglich, die Schiffsreise anzutreten.

Es dauerte ziemlich lange, bis die Hinterlassenschaft des alten Baron Rechenberg so weit geordnet war, dass sein Sohn über den Pflichtteil verfügen konnte. Sogleich liess er das Geld telegraphisch auf seine

Bank in Locarno überweisen. Aber als Franziska und er am nächsten Tag zur Bank fuhren, fanden sie die Pforten geschlossen. Auskünfte konnten sie vorerst nicht erhalten.

Langsam sickerte es durch: so schnell würde die Bank nicht wieder aufmachen. Sie war in den grossen Tessiner Bankkrach jener Zeit verwickelt; sie war bankrott.

Als Franziska Reventlow davon erfuhr, lachte sie nur. «Es filmt wieder einmal!», sagte sie. Damit meinte sie, das Leben benehme sich wieder einmal recht merkwürdig – so wie es eigentlich nur im Film zugehe. Das war ihr Kommentar dazu, dass sie «wieder einmal» vor dem Nichts stand, mit grösseren Schulden belastet denn je.

Aber auch Ascona nahm die erstaunliche Wendung mit Gelassenheit auf. Typisch für den seltsamen Ort und seine Bewohner: Franziskas Ansehen litt keineswegs unter den veränderten Verhältnissen. Im Gegenteil, ihr Ansehen stieg, denn sie hatte den Rang einer Gläubigerin erklommen, sie musste dauernd zu Gläubigerversammlungen eilen, und wer Gläubiger ist, der muss doch Geld haben, sagten sich die Asconesen.

Sie hatte schon gelegentlich in München, später auch in Ascona Übersetzungen aus dem Französischen gemacht, auch dies und das selbst geschrieben, meist Novellen, kleine, heitere Sachen, leicht und durchsichtig, die den Einfluss der Franzosen offenbar werden liessen. Nun schrieb sie in ihrem unverwechselbar eleganten Stil die Geschichte ihrer Scheinehe und ihres schlimmen Ausgangs, und daraus wurde der sehr lustige Roman «Der Geldkomplex», der in den zwanziger Jahren viel gelesen werden sollte.

Seltsamerweise schrieb diese Frau, der die Worte so mühelos zuzufallen schienen, höchst ungern. Zu einem Schriftsteller, der sie jahrelang unterstützt hatte, indem er sie seine Manuskripte auf der Maschine abschreiben liess, sagte sie einmal: «Wie bringen Sie es nur fertig, Bücher von fünfhundert Seiten zu schreiben? Ich bringe es immer nur auf höchstens hundertundachtzig.» Dass man ihr seine Manuskripte zum Abschreiben gab, machte sie glücklich. Sie dachte nicht daran, diese Arbeit für nicht angemessen zu halten, im Gegenteil. «Gott sei Dank, dass ich jetzt selber keine Bücher mehr schreiben muss», rief sie aus.

Dieser Schriftsteller war Emil Ludwig.

EMIL LUDWIG – DICHTER OHNE GELD

Ja, Emil Ludwig gehörte auch zu den Einwohnern von Ascona, vielmehr des auf dem Berge gelegenen, heute mit Ascona verbundenen Dorfes Moscia, und zwar zu den ganz frühen. Auch ihm war es nicht an der Wiege gesungen worden, dass er hier landen würde.
Er war 1881 in Breslau geboren als Sohn des berühmten Hermann Ludwig Cohn. Professor Cohn gehörte zu den bedeutendste Augenärzten der Welt. Patienten kamen zu ihm von überall her. Zu ihnen gehörten auch hohe und höchste Herrschaften. Der deutsche Kaiser und König von Preussen liess bei ihm anfragen, was er tun könne, um den verdienten Mann auszuzeichnen. Ob er einen Orden annehmen würde?
Damals war der Antisemitismus in Deutschland schon ziemlich verbreitet. Emil Ludwig schrieb später, dass diese Erscheinung immer dann bedrohliche Ausmasse annehme, wenn es den Deutschen zu gut oder zu schlecht ging, denn an beidem waren angeblich immer die Juden schuld. Jedenfalls antwortete Professor Cohn dem Monarchen: «Mein Name ist in Deutschland ein Hindernis für jedes Fortkommen; ich möchte meinen Kindern den Weg erleichtern ... Sie sollen nach meinem zweiten Vornamen heissen.» Am 3. Juli 1883 unterschrieb der König von Preussen eine entsprechende Kabinettsorder. Emil Ludwig war damals also zwei Jahre alt.
Der Vater las den Kindern aus Werken von Schiller und Lessing vor, manchmal auch aus Goethe und Heine. Letzteren konnte der junge Emil nicht leiden. Auch wurde im väterlichen Hause viel musiziert. Einer der stärksten Kindheitseindrücke wurde für Emil Ludwig eine Aufführung der «Weber» von Gerhart Hauptmann. Schon damals dachte er daran, «Dichter» zu werden. Er machte das Abitur, studierte Jurisprudenz, aber was nun? Der Bruder der Mutter, ein Grossindustrieller, steckte ihn in sein Berliner Büro. Dieser Onkel besass nicht nur eine grosse Reederei, er befasste sich auch mit dem Handel von oberschlesischer Kohle, er hatte seine Hand in zahlreichen Geschäften.
Emil Ludwig lernte mancherlei bei dem Onkel, unter anderem auch Stenographie, die er später sogar zur Niederschrift seiner dicken Bücher anwendete. Vor allem aber lernte er, dass er für den Beruf eines

Grosskaufmanns, eines Industriellen nicht geschaffen war. Er entschloss sich also, seine Stellung aufzugeben. Er fühlte immer stärker die Berufung zum Dichter in sich. Er dachte nicht an Bücher, wie sie ihn später so berühmt machen sollten, nicht an historische Biographien. Er wollte Dramen schreiben – Dramen in Versen. So schrieb er «Ödipus», eine dramatische Dichtung «Ein Friedloser» und die Tragödie «Ein Untergang». Er schrieb auch ein Drama «Napoleon».

Um diese Zeit, noch lebte er in Berlin, traf er eine junge Halbengländerin von bezauberndem Wesen und grosser Schönheit und verliebte sich in sie. Da die Mutter der jungen Dame Bedenken hatte – wie wollte Emil eine Frau ernähren? – und es überhaupt gewisse Schwierigkeiten gab, beschlossen die beiden jungen Menschen zu fliehen. Aber wohin?

Ein Bekannter hatte von einem Ort in der südlichen Schweiz erzählt, unweit der italienischen Grenze. Emil hatte den Namen längst vergessen, wusste auch nicht genau, wo sich der Ort befand. So fuhren sie aufs Geratewohl los, kamen schliesslich nach Locarno und von dort nach Ascona. Ascona sehen bedeutete für beide, dass sie künftig dort und nirgendwo sonst leben wollten. Sie fanden auf dem Berg eine halbverfallene Hütte, in die es zwar gelegentlich hineinregnete; trotzdem beschlossen sie dort zu bleiben, denn sie hatten sehr wenig Geld.

Später wurde ein neues Haus errichtet, Ludwig baute es selbst mit Hilfe der Einheimischen – und so sah es auch aus. Es war ein wenig schief, hatte Fenster von ganz verschiedenen Grössen, kurz, es war durchaus kein respektabler Bau. Die Asconesen, vor allem die kleinen Leute, liebten Ludwig, der eindrucksvoll aussah – durchaus nicht wie ein Städter, wohl aber wie ein «Dichter» –, er hatte herrliche dunkle Augen, eine Künstlermähne und trug offene Hemden mit einem sogenannten Byron-Kragen. Freilich, man hielt ihn für ein wenig verrückt. Auch in Berlin und München teilte man diese Ansicht. Ein junger Schriftsteller durfte sich doch nicht in die Einöde zurückziehen! Er musste in einer Grossstadt wohnen, am besten dort, wo sein Verleger residierte. Ludwig schüttelte den Kopf. Er brauchte Ruhe, um zu arbeiten.

In seinem ersten Haus gab es natürlich keine elektrische Beleuchtung, kein Telefon, kein warmes Wasser. Die Ludwigs lebten fast wie

Naturmenschen. Und in dieser Umgebung entstanden weitere Versdramen: «Der Spiegel von Shalott», «Die Borgia», «Atlanta», «Tristan und Isolde», «Der Papst und die Abenteurer» und ein Ballett «Ariadne auf Naxos».

Max Reinhardt in Berlin interessierte sich für den «Napoleon», aber schliesslich kam es doch nicht zur Aufführung. Es wurde überhaupt nicht eines dieser Stücke aufgeführt. Emil Ludwig, der ein herzensguter Mensch war und gewiss nicht eifersüchtig, gab später zu, dass er damals ein wenig neidisch auf Hugo von Hofmannsthal gewesen sei. Denn dessen Stücke wurden aufgeführt und darunter einige mit Ludwigs Dramen gleichnamige. Sophokles' «Ödipus» in der Bearbeitung von Hofmannsthal war eine europäische Sensation, «Ariadne auf Naxos» wurde das Libretto zu der berühmten Oper von Richard Strauss. «Er stand mir im Licht», sagte Emil Ludwig später von Hofmannsthal. Aber damals in Ascona war er davon überzeugt, dass er sich mit seinen Dichtungen durchsetzen müsse. Er war seiner selbst ganz sicher, er wusste, dass er ein Dichter war, und die Tatsache, dass die Dramen, die er den Bühnen anbot, immer wieder von diesen an ihn zurückgesandt wurden, konnte ihn nicht in seiner Überzeugung irre machen.

Die Jahre vergingen, aber in Ascona schien sich nichts zu verändern im Wechsel der Jahreszeiten. Der Ginster blühte, die Hügel um Ascona strahlten in leuchtendem Gelb, und es blühten die Mimosen und die rosa Azaleen, die Hyazinthen, Narzissen und Kamelien und die wilden Rosen, die Birken trugen junges Grün, die Edelkastanien und die Obstbäume prangten im Blütenschmuck … Und dann kam schon der Flieder, und bald war der Sommer da mit seinen weissen und lila Glyzinien und den Akazien mit ihrem berauschenden Duft.

Es kamen die schier endlosen Gewitter, die vorübergehend die Berge verschwinden machten und dem See ein bedrohliches Gesicht gaben. Die Nächte waren unsäglich milde. Die Hortensienbüsche begannen sich zu verfärben, es war ein sicheres Anzeichen dafür, dass der Herbst nahen würde. Die ersten Birnen wurden reif, die Tomaten konnten jetzt geerntet werden und Maiskolben und Kürbisse. Noch waren die Wiesen bunt, Margeriten blühten, Steinnelken fanden sich zwischen schwankendem Gras.

Und dann fiel Regen, der alles durchpeitschte, Nebel hing tief herab, aber dann war plötzlich alles wieder hell und klar, die Luft war rein und angenehm, und die Asconesen sahen tiefblauen Himmel und atmeten mit Genuss. Die Herbstsonne wärmte noch, aber sie brannte nicht mehr.

Dem langen Herbst folgte der Winter mit schnell hereinbrechenden Dämmerungen, Nebel stiegen vom See auf, und auf den Bergen lag Schnee. Es war gut, am Kamin zu sitzen. Aber draussen blühten noch immer Primeln bis in den Dezember und Januar hinein, und dann sprossen ja schon die ersten Veilchen.

Es geschah nicht viel. Die Menschen, die immer in Ascona gelebt hatten, lebten dort weiter, die Männer kümmerten sich um das Vieh und den Fischfang, die Frauen strickten, putzten und kochten, die Küchen gingen auf die Piazza hinaus, und jeder wusste von jedem, was er heute essen würde. Auf der Piazza wurde auch die Wäsche gewaschen, und allerlei Getier erging sich dort. Es gab auch Volksfeste, wie etwa das Risottoessen jedes Jahr am Karnevalsdienstag: da wurden grosse Kessel auf der Piazza aufgestellt, Reis, der in den Häusern gesammelt worden war, wurde gekocht und Luganighi, die Tessiner Würste. Um zwölf Uhr kamen die Leute mit ihren Tellern für den Risotto und die Würste, und Wein, der in allen Osterien erbettelt und dann zusammengeschüttet worden war, so dass er zu Recht «Mille Gusto» hiess, wurde ausgeschenkt, und jeder konnte trinken, soviel er wollte. Die meisten waren bald betrunken, schon weil so viele Weinsorten vermischt worden waren. An diesem Tage wurde nirgends in Ascona gekocht. Natürlich kamen auch die Leute aus den Nachbarorten, denn die Sache hatte sich längst herumgesprochen.

Und die Fremden?

Griebens Reiseführer aus dem Jahre 1910 erwähnt Ascona nur mit wenigen Worten: «Ein sehr schöner Spaziergang führt nordwestlich nach Ponte Brolla im Maggiatal, imposante Schlucht: ein anderer südwestlich über die Maggiabrücke in 40 Minuten nach Losone (guter Wein) zwischen Bäumen versteckt, und in 10 Minuten weiter nach Ascona. Von hier in einer Stunde nach dem malerisch gelegenen Dorf Ronco.»

Trotzdem kamen die Fremden. Aber vielleicht darf man gar nicht sagen, dass es Fremde waren, denn es kamen immer die gleichen oder ihre Freunde oder die Freunde der Freunde. Der Tipp, man müsse nach Ascona gehen, dort sei es einzigartig schön, ging von einem zum anderen.

Die Fremden machten untereinander Bekanntschaft, sie redeten in vielen Sprachen, aber sie verständigten sich doch. Sie bildeten eine Art zweite Einwohnerschaft. Zwischen der Bevölkerung und diesen Fremden, die bald keine mehr waren, kam ein eigentlicher Verkehr kaum zustande, man nickte einander freundlich zu, das war alles.

Denn nach wie vor waren die echten Asconesen davon überzeugt, dass die Fremden nicht ganz normal waren, ein bisschen verrückt, aber das schadete ja nicht.

Da war der Berliner Arzt Dr. Raphael Friedeberg, einige Zeit sozialdemokratischer Reichstagsabgeordneter, der aber schliesslich seine Partei nicht konsequent genug fand im Kampf um die Menschenrechte, aus ihr austrat, sich den Anarcho-Sozialisten anschloss und prompt mit den deutschen Behörden in Konflikt geriet. Kurzerhand ging er nach Ascona.

Es sprach sich schnell herum, dass Friedeberg, ein sehr gütiger Mensch, stets bereit war, mit Geld auszuhelfen. Und nicht nur das: den Patienten, die er behandelte, schickte er selten eine Rechnung, bei manchen weigerte er sich geradezu, Honorare anzunehmen. Den in Ascona ansässigen Anarchisten freilich genügte es bald nicht mehr, dass Friedeberg ihnen Geld zusteckte. Manche von ihnen schienen von der Überzeugung durchdrungen, die Welt sei ihnen ein angenehmes Leben schuldig, und Eigentum sei Diebstahl; sie begannen, sich Geld durch veritablen Diebstahl zu «besorgen». Das war in Ascona, wo es keine verriegelten Türen, keine verschlossenen Fenster gab, mit keinerlei Schwierigkeiten verbunden.

Aber schliesslich sprach es sich doch herum, die Polizei von Locarno rückte an und nahm Verhaftungen vor. Der gute Dr. Friedeberg versuchte seine Freunde zu schützen, ersetzte immer wieder den Schaden, bis ihm die ganze Sache eines Tages doch zu dumm wurde.

Er warf die ungebetenen Gäste hinaus, trennte sich auch gleich von seiner Gefährtin, deren anthroposophische Ideen ihn ursprünglich gefesselt hatten, und kehrte zu einem relativ normalen Leben zurück: er wurde hauptberuflich wieder Arzt ohne politische Seitensprünge, und es gab sogar Leute, denen er gelegentlich Rechnungen schickte.

Ein anderer Arzt, Dr. Otto Gross, eröffnete, als er nach Ascona kam, dort keine Praxis, er wollte die Menschen nicht durch Medizin oder chirurgische Eingriffe heilen, sondern durch seine Gespräche, durch seinen Einfluss. Sein Vater, Professor Hans Gross, war der berühmte Kriminalpsychologe aus Graz, dessen Grossvater, Hofrat am Kammergericht in Wetzlar, bereits vielbeachtete Schriften zur Kriminalistik verfasst hatte.

Professor Hans Gross war ursprünglich Jurist gewesen. Aber bereits als junger Untersuchungsrichter begriff er, dass Gesetze nicht genügten, um die Verbrecher zu beurteilen und zu verurteilen. Man musste sie verstehen. Er begann, sich mit der Arbeit der Polizei zu befassen, er studierte die Psychologie der Vernehmungen und gründete schliesslich ein der juristischen Fakultät in Graz angegliedertes «k. k. krim. Universitätsinstitut». Bevor es soweit war, mussten viele Schwierigkeiten überwunden werden, die österreichische Bürokratie war anfangs nicht gesonnen, diesen Mann mit seinen «verrückten» Ideen ernst zu nehmen. Später, als auf der ganzen Welt ähnliche Institute nach dem Grazer Vorbild gegründet wurden, dachte man anders über ihn. Gross schuf auch eine Kriminalsammlung der «Sichtbaren Zeichen der Verbrechen». Sie entwickelte sich schliesslich zu einem Kriminalmuseum, das ebenfalls zum Vorbild für ähnliche Institutionen in allen zivilisierten Ländern der Welt wurde. Er gab 1900 eine «Enzyklopädie der Kriminalistik» heraus, ein Jahr später das «Handbuch für Untersuchungsrichter», wieder ein Jahr später die «Erforschung des Sachverhalts strafbarer Handlungen», Standardwerke, die bis heute als Lehrbücher dienen.

Was seinen Sohn Otto anging, so war der Vater überzeugt, dass auch er es weit bringen werde. Schon als Student der Medizin zeigte er grosse Fähigkeiten und habilitierte sich in jungen Jahren als Privatdozent in Berlin. Aber sehr viel mehr als in der Universität hielt er sich im «Café des Westens», auf, dem berühmten Treffpunkt der Intellektuellen und Künstler um die Jahrhundertwende, auch «Café Grössenwahn» genannt. Dort lebte er – in des Wortes wahrster Bedeutung –, man traf ihn am sichersten während der ganzen Nacht. Am Vormittag schlief er, um erst in den Nachmittagsstunden wieder aufzutauchen. In Berlin und später in München traf und beeinflusste er viele junge Menschen, die sich als Schriftsteller bald einen Namen machen sollten, Leonhard Frank, Walter Hasenclever, Franz Jung.

Otto Gross ging von einer ähnlichen Auffassung aus wie die Menschen um Oedenkoven. Auch er fand die Gesellschaftsordnung nicht in Ordnung und dass etwas geändert werden müsse, dass eigentlich alles geändert werden müsse. Aber im Gegensatz zu den Idealisten auf dem Monte Verità sah er die Rettung nicht darin, sich zu kasteien oder zumindest die fleischlichen Bedürfnisse auf ein Minimum einzuschränken, sondern sich gehen zu lassen oder, wie er es ausdrückte, «die Hemmungen abzustreifen». Die Menschen sollten sich «ausleben»! Ähnlich wie schon vor ihm Oscar Wilde glaubte er, dass die nicht erfüllten Begierden den Charakter, ja den ganzen Menschen vergifteten. Also alles tun, wozu man Lust hat! Keine Gesetze der menschlichen Gesellschaft beachten, wenn es darum ging, sich auszuleben. Nichts verdrängen!

Verdrängen ... Das Wort stammte von Sigmund Freud. Das ganze Gedankengut von Otto Gross stammte letztlich von Sigmund Freud. Gross war zur Psychoanalyse gekommen, weil er am Vaterkomplex litt – anders kann man das nicht ausdrücken. Der bedeutende Vater hatte, so lange er sich erinnern konnte, einen überwältigenden Schatten auf Otto Gross und sein Leben geworfen. Wie konnte er von diesem Vater loskommen?

Während er darüber nachgrübelte, waren ihm die Schriften von Freud in die Hand gefallen. Das war grossartig! Das erklärte alles! Aber wieder hatte ihm ein anderer vorausgedacht. Wieder war er an einen «Vater» geraten. Er war also nicht der erste, der die Idee gehabt hatte, man müsse sich von Hemmungen, von Verdrängungen befreien. Sollte er niemals von dem loskommen, was andere vor ihm gedacht hatten? Gab es keinen Weg, selbständig zu werden? Es musste einen geben!

Gross fand ihn, indem er die Theorie von Freud sozusagen für den Hausgebrauch auswertete. Den Einfluss des Vaters, ja sein Bild ein für allemal in sich auszulöschen, schien ihm nur möglich, wenn er ein Leben führte, das der Vater nicht billigen konnte. In Berlin, in München war das noch Diskussionsstoff. In Ascona aber wurden diese neu gewonnenen Erkenntnisse in die Praxis umgesetzt.

Innerhalb weniger Jahre gab es eine grosse Anzahl von Morphinisten und Kokainisten in Ascona, wenn man die Kleinheit des Ortes bedenkt. Dabei blieben die Anhänger von Gross nicht stehen. Sie mieteten einen leerstehenden Stall und feierten dort Orgien. Exzesse jeder nur denkbaren Art wurden getrieben. Die Frauen und Männer schliefen nicht miteinander, weil sie sich liebten oder auch nur weil sie Spass daran hatten, sondern, um sich zu «enthemmen» – so proklamierten sie jedenfalls.

Natürlich wusste man in ganz Ascona um diese Dinge. Aber das war ja so interessant! Das musste man mitgemacht haben! Der Kreis um Gross wurde immer grösser.

Aber auch diese «Mode» erlebte das Schicksal aller Moden, sie verging, und es wurde ruhig um Gross. Er selbst war nicht glücklich. Eine Zeitlang übersiedelte er in eine Heilanstalt bei Zürich, wo er übrigens die Bekanntschaft von C. G. Jung machte, der ihn ausserordentlich schätzte. Dann sah man ihn bald hier, bald dort. Schliesslich eilte sein Vater herbei, der allen Ernstes die Absicht hegte, den Sohn internieren zu lassen. Bekannte Schriftsteller und Künstler protestierten in einem offenen Brief, der in zahlreichen Zeitungen abgedruckt wurde. Jedenfalls kam es nicht zu der Internierung.

Nach Ascona kam er nicht mehr. Er starb in Zürich – an einer Grippe. Noch in den zwanziger Jahren sprach man von ihm in den Künstlercafés von München und Berlin und nicht ohne einen gewissen Respekt.

EIN ANARCHIST – EINE NACKTTÄNZERIN – EIN NATURMENSCH

Ascona war damals im ersten Jahrzehnt des zwanzigsten Jahrhunderts so billig, dass vor allem diejenigen dorthin pilgerten, die wenig oder kein Geld besassen, die anderswo hätten hungern oder, was noch viel schlimmer war, arbeiten müssen, die billig leben und sogar für das billige Leben nichts zahlen wollten.

Aber es kamen auch andere, Wohlhabende, sogar «Mäzene». Da war Leo Novak. Ursprünglich hatte er in der österreichisch-ungarischen Armee gedient und war von einem Hauptmann, der in der gleichen Garnison in Galizien Dienst tat, für den Spiritismus interessiert worden. Schliesslich wurde er Theosoph. Kurzerhand nahm er seinen Abschied und kam nach Ascona, wo er einen theosophischen «Bildungszirkel» schuf. Mit seinem Geld unterstützte er den gerade bekannt werdenden Rudolf Steiner aufs grosszügigste. Steiners Lehre von dem Erkenntnisweg, der das Geistige im Menschen zum Geistigen im Weltall führt und ihm so Einblicke in Unbewusstes, Vergangenes und Zukünftiges verschafft, war damals erst wenigen vertraut. Novak liess Steiners Schriften in Pergament binden, sie lagen stets auf seinem Schreibtisch, aber gewisse Leute, böse Leute natürlich, wollten wissen, dass er die Prachtbände nur sehr selten aufschlug.

Wenn Steiner irgendwo eine Vorlesung hielt, reiste Novak sofort hin. Gelegentlich fuhr er auch nach Österreich zurück und gründete dort theosophische Gesellschaften, um aber bald darauf wieder in Ascona zu erscheinen.

Von seiner Fürsorge für Steiner abgesehen, war Novak allerdings alles andere als grosszügig. Er liess junge Künstler bei sich im Garten arbeiten für einen Stundenlohn von achtzig Rappen. Wenn einer sich beklagte, bekam er zu hören, dass alle physischen Bedürfnisse des Menschen, wie Essen und Trinken, von Übel seien und nach Möglichkeit reduziert werden müssten.

Doch für seine Person dachte er nicht daran, solche heroischen Lehren zu befolgen. Schliesslich heiratete er die Tochter einer reichen Frau und gründete mit der Mitgift eine Pension. Hier bekamen die Gäste alles, was sie wollten. Voraussetzung war: sie mussten zahlen, was Novak wollte.

Seine Schwiegermutter, Frau Steindamm, stammte aus Berlin, war Millionärin und unverbesserliche Spiritistin. Während sich andere Menschen in Ascona über das Wetter unterhielten, war Frau Steindamms erste Frage an diejenigen, die ihr vorgestellt wurden, stets: «Glauben Sie an die Unsterblichkeit der Seele?» Manche erschraken über diese Begrüssung ein wenig, aber schliesslich tat man ihr den Gefallen und versicherte, man glaube daran. In ihren spiritistischen Sitzungen traten die seltsamsten Personen auf, so der Geist eines Arztes aus dem Mittelalter, der es, wie er versicherte, durch allerlei bösen Zauber fertiggebracht habe, mit sich selbst ein Kind zu zeugen. Das

Schlimmste war, dass dieser Wüstling sich zu der Behauptung verstieg, Frau Steindamm sei seine Reinkarnation. Dabei hatte sie bis dahin glauben dürfen – und glaubte es übrigens auch weiterhin –, sie sei die Reinkarnation von Mozart; das war zumindest erfreulicher.

Draussen in der grossen Welt, von der Ascona weniger durch die Alpen abgeschirmt war als durch die Entschlossenheit seiner Bewohner und jener Fremden, die sich nun auch schon als Einwohner fühlten, ballten sich dunkle Wolken zusammen. 1908 hatte Österreich-Ungarn, gegen den Protest von Grossbritannien und anderen Staaten, Bosnien und die Herzegowina annektiert. Der Kongostaat war eine belgische Kolonie geworden. Zwei Jahre später starb Eduard VII., und Georg V. folgte ihm auf den Thron. Wieder ein Jahr später verursachte Deutschland durch Entsendung eines Kanonenbootes nach Agadir die zweite Marokko-Krise.

Es sah nach Krieg aus. Doch in letzter Minute verzichtete Deutschland auf jeden Einfluss in Marokko. Churchill wurde Erster Lord der Admiralität. In Amerika tobte der Kampf gegen die Trusts – und der reichste Mann der Welt, John D. Rockefeller, musste mit seiner Yacht aus dem Bereich der Behörden über die Dreimeilengrenze hinaus fliehen, sonst wäre er verhaftet worden. Im Balkan gab es Krieg ohne Unterlass. China wurde Republik. Zwischen Deutschland, Österreich-Ungarn und Italien wurde der Dreibund geschlossen. In England verursachten die Frauenrechtlerinnen, genannt Suffragetten, unter Führung von Sylvia Pankhurst, erhebliche Unruhen. Woodrow Wilson wurde Präsident der Vereinigten Staaten. Deutschland baute die «Imperator», das grösste Schiff der Welt.

Und in Ascona erschienen – man schrieb jetzt das Jahr 1913 – zwei bemerkenswerte Persönlichkeiten.

Der eine war Fürst Krapotkin. Oder nein, er war nicht mehr Fürst. Er hatte diesen Titel abgelegt. Mehr noch, er war aus Russland ausgewandert, wo er ein riesiges Vermögen besass und Güter von den Ausmassen mehrerer Schweizer Kantone. Denn er war Anarchist.

Von hohem Wuchs, trotz seiner bescheidenen Kleidung elegant wirkend, mit einem Kopf, der den denkenden Menschen verriet, und mit den blauen Augen eines Kindes, musste er jedem auffallen.

Er fiel auch auf – zuerst einmal den Behörden in Bern. Er war ins Tessin gekommen, um sich zu erholen, begleitet von seiner Frau und seiner Tochter, mit denen er für gewöhnlich in London lebte – in einer recht kleinen Wohnung in einem Arbeiterviertel. Er sei zur Erholung eingereist? Behördlicherseits wusste man von ihm nur, dass er Anarchist war. Und von dieser Sorte hatte man schon genug in Ascona. Also Ausweisung.

Krapotkin war nicht einmal erstaunt: «Wäre ich parasitischer Aristokrat geblieben», kommentierte er, «so würden sich lakaienhaft alle Länder vor mir öffnen; da ich aber aufrichtig und ernst für die Menschheit arbeite, bin ich in allen Städten der Welt ein unliebsamer Gast.»

Der Grund sei, meinte er, darin zu suchen, dass niemand seine Schriften gelesen habe. Das hatten wohl auch wirklich sehr wenige. Erst später sollte Krapotkins Hauptwerk «Die gegenseitige Hilfe» eine gewisse Popularität erlangen.

In jenen Jahren wusste man von ihm eben nur, dass er sich Anarchist nannte – und ein Anarchist war doch einer, der Staatsoberhäupter, Ministerpräsidenten und Polizisten mit Bomben bekämpfen wollte! Dabei lag Krapotkin nichts ferner. Sein Anarchismus war zwar Kampf für die absolute Herrschaftslosigkeit. Aber er wünschte, dass die Menschen einander liebten und für einander lebten, dass sie friedlich kämpften. Im Übrigen war er keineswegs ein Gegner Russlands, und die zaristische Regierung, die ihn, wo immer er sich befand, bespitzeln liess, tat ihm unrecht.

Der Einfluss des russischen Gesandten in Bern war nicht stark genug: einige schweizerische Gelehrte und Literaten protestierten scharf gegen den Versuch, Krapotkin abzuschieben, und er durfte bleiben. Er erholte sich, schrieb aber weiter an seinen zahllosen Artikeln und Broschüren, die in viele Sprachen übersetzt wurden, ihm jedoch kaum das zum Leben Notwendige einbrachten – denn die sozialistischen und kommunistischen Verlage, die seine Schriften veröffentlichten, hatten selbst kein Geld. Hierüber zuckte Krapotkin nur die Achseln. Er war, im Gegensatz zu vielen anderen «Anarchisten», wirklich ein bedürfnisloser Mensch.

Die andere ungewöhnliche Persönlichkeit, die damals in Ascona oder genau genommen auf dem Monte Verità eintraf, war die vielleicht schönste Frau, die es nach damaliger Anschauung gab: Isadora Duncan.

Sie war nicht mehr jung, schon Mitte Dreissig, aber das sah man ihr nicht an. Sie hatte den Körper einer Achtzehnjährigen. Und viele kannten diesen Körper gut, denn von Beruf war sie Tänzerin. Ihr Bruder Raymond, der in Paris lebte, hatte ihr vorgeschlagen, nach Ascona zu gehen; er hatte durch «Gusti» davon erfahren – wir erinnern uns jenes jüngeren Bruders von Karl Gräser, der, Kommunist auf seine Weise, nicht arbeiten wollte, aber dafür bereit war, das wenige, das andere sich erarbeitet hatten, mit ihnen zu teilen. Er hatte den Monte Verità verlassen müssen, war in der Welt umhergezogen und predigte auf den Strassen der Grossstädte über das neue Leben – meist vor johlenden Kindern. Dies tat er auch in Paris, und unter den Kindern befanden sich auch Kinder des Bruders der Isadora Duncan.

Als sie nach Ascona kam, glaubte sie, sterben zu müssen, denn eine furchtbare Tragödie hatte sich soeben für sie abgespielt.

In San Francisco als Tochter ausgewanderter Iren geboren, war sie schon als Kind ungewöhnlich schön und musikalisch gewesen. Sie sammelte die Kinder aus der Nachbarschaft und tanzte mit ihnen am Meer, Phantasietänze, die sie spontan gestaltete. Sie war noch nicht fünfzehn, als ihr Vater die Mutter verliess. Nun musste sie, als älteste Tochter, die ganze Familie mit durchbringen. In ihrer Autobiographie schrieb sie später, sie habe damals den Glauben an einen Gott verloren, der es zuliess, dass ein Vater sich so schnöde benahm. Auch der Sinn der Ehe erschien ihr von nun an problematisch. So kam sie durch persönliche Erlebnisse zur freien Liebe, dem Motto der Schar um Oedenkoven.

Sie wurde Tänzerin, aber der altmodische Tanz interessierte sie nicht, sie suchte «rhythmisch-harmonische Klarheit». Als sie sich damit in Amerika nicht durchsetzen konnte, fuhr sie auf einem Frachtdampfer nach Europa. Die Mutter weinte. Isadora tröstete sie: «Ich fahre meinem Ruhm entgegen!»

London «entdeckte» sie. Ob ihre griechischen Tänze so gefielen, mag dahingestellt sein. Ihre Schönheit jedenfalls nahm den Menschen den Atem, nicht zuletzt, weil die Duncan so gut wie nackt tanzte.

Etwas wie ein Kult entstand um sie, ein Kult, bei dem es nicht nur um Tanz und Nacktheit ging, sondern um eine Reform des gesamten Lebens. Schon nannte man sie die «Göttliche».

Sie kam nach Berlin und tanzte, fast nur mit einem Seidenschal bekleidet, in Konzertsälen. Zuerst hörte sie der Klaviermusik eine Weile zu, als müsse sie sich inspirieren lassen. Dann begann sie. Es war kein üblicher Tanz, sie schritt nur, sie glitt, sie breitete die Arme aus, sie hob und senkte sie, sie bog den Körper, sie zog den Seidenschal in immer neuen Variationen hinter sich her.

Sie beschloss, in Berlin eine Tanzschule zu gründen, aber sie fand keine Geldgeber. Das hatte seinen Grund in den puritanischen Ansichten der deutschen Kaiserin, von der man damals erzählte, dass sie vor dem Besuch eines Bildhauerateliers ihren Hofmarschall vorausgeschickt habe, um die nackten Statuen mit einem Schleier zu verhüllen.

Um Geld aufzutreiben, hielt Isadora Duncan Vorträge über ihre Tanzkunst und verteidigte bei dieser Gelegenheit das Recht der Frauen, zu lieben und Kinder auf die Welt zu bringen, ohne sich durch Ehebande fesseln zulassen. Skandal! Trotzdem brachten ihre Abende grosse Erfolge, Triumphe in Paris und London und dann auch in Amerika.

Aus ihrer Verbindung mit dem bekannten englischen Regisseur Gordon Craig ging eine Tochter hervor, aus einer anderen Liebesbeziehung zu einem französischen Millionär, den sie als «Lohengrin» anredete, ein Sohn. Die Kinder begannen schon früh mit ihr zu tanzen.

Und dann geschah eines Morgens in Paris etwas Furchtbares: Isadora fühlte sich nicht wohl, legte sich wieder zu Bett und schickte ihre Kinder, die drei und vier Jahre alt waren, mit Chauffeur und Kindermädchen im Auto auf eine Spazierfahrt. Eine Stunde später wurde sie durch Lärm in der Villa aufgeschreckt. Ein Arzt trug die Kinder auf seinen Armen herein – beide waren tot. Der Chauffeur hatte den Wagen am Ufer der Seine angehalten, um einen Augenblick wegzugehen. Die Bremsen waren nicht angezogen, der Wagen kam in Fahrt, rollte in den Fluss. Als man ihn endlich heben konnte, fand man im Fond des

Wagens die Leiche des Kindermädchens, die toten Kinder umschlingend. Es war nicht mehr gelungen, die Tür oder die Fenster von innen zu öffnen.

Isadora war vor Schmerz wie von Sinnen. Immer wieder rief sie: «Ich werde den Verstand verlieren ...» Viele Wochen war sie für niemanden zu sprechen. Sie sagte alle ihre Tanzabende ab, unternahm einen Selbstmordversuch, erwog, ins Kloster zu gehen. Dann kam sie nach Ascona. Man sah die schöne Frau auf ihren einsamen Spaziergängen, niemand redete sie an, man respektierte ihren Schmerz. Aber sie konnte es nicht lange in dem ruhigen Ort aushalten. Sie fuhr wieder ab. In den nächsten Jahren lebte sie wie eine Gehetzte, fuhr von Stadt zu Stadt, tanzte auch wieder, und die ergriffenen Zuschauer sahen, dass ihr die Tränen während ihrer Tänze über die Wangen rannen. Sie sahen noch etwas: Isadoras Haar war kurz geschnitten. Die prächtigen, rotblonden Haare, die ihr früher während ihrer Tänze über die Schultern gefallen waren, hatte sie ihren Kindern in den Sarg gelegt.

Auf Monte Verità herrschte eine gewisse Unruhe. Ein neuer Mann war eingetroffen, den Oedenkoven, obwohl er ihm einigermassen problematisch schien, nicht gut abweisen konnte. Denn dieser Mann war genau das, was Oedenkoven selbst sein sollte: er nährte sich von Feldfrüchten und Kräutern des Waldes. Er ging barfuss. Er hatte sich ein Kostüm zugelegt, das den Kostümen der «Naturmenschen», die doch keine Naturmenschen sein wollten, sehr ähnlich war. Er liess sein Haar lang wachsen. Er benützte sogar die gleiche Orthographie wie sie und unterschrieb stets als «gustav nagel, lidermacher von gotes gnaden». 1874 in einem kleinen Nest im Norden Deutschlands geboren, war er knapp fünfzehn Jahre alt von der Mutter wegen vieler Krankheiten zu Pfarrer Kneipp nach Wörishofen geschickt worden, dessen Wasser-, Luft- und Sonnentherapien ihn heilten und anschliessend zum Gottsucher machten. Er wollte alles reformieren, genau wie die Leute auf dem Monte Verità, den Glauben, die Rechtschreibung, die Nahrungsmitteltheorien, die Wohnverhältnisse, die Kleidung. Nur eines wollte er nicht – arbeiten. Deshalb setzte ihn der Vater, ein biederer Gastwirt, der gutmütig, aber praktisch und ohne Sinn für das «Höhere» war, auf die Strasse.

Unweit von Berlin richtete er sich eine künstliche Grotte aus Muschelkalk ein, davor liess er zwei weisse Wimpel im Winde flattern, «simbole der reinheit und libe». Als Eremit in brauner Kutte, ein silbernes Kreuz auf der Brust, Sandalen an den blossen Füssen, mit langen Haaren, die bis auf die Schultern fielen, sagte Nagel, den die Berliner respektlos den «Kohlrabi-Apostel» tauften, gegen dreissig Pfennig die Zukunft voraus, empfing Botschaften von F. Kristus, verfasste eine «Weltanschauungslehre», die sogar gedruckt wurde, wetterte gegen den allgemeinen Verfall der Sitten und liess sich für die Besichtigung seiner Bedürfnislosigkeit bezahlen.

Als sein Auftreten in Berlin nicht mehr zog, beschloss er, die Welt zu befrieden, nachdem er einen Abschiedsbrief geschrieben hatte, den die «Vossische Zeitung» wörtlich abdruckte:

«wolln si bite meine gehabte froide über das libevolle entgegenkomen des berliner folkes und der polizei bei meinem jezigen aufenthalt, wobei ich Berlin nach allen himelsrichtungen, teils zu fus, teils zu wagen durchkreuzte, zum ausdruk bringen, senden sie bite einige numern des abdruks an …»

Folgte eine Adresse.

Auf den Wanderungen durch Europa predigte er Tabak- und Alkoholabstinenz, «freie libe» und neue «ortografi». Die Wanderungen finanzierte er, soweit das nötig war, mit dem Verkauf von Postkarten. Die bot er auch in Ascona an, und das war Oedenkoven denn doch etwas zu viel, der gegen Geld etwas hatte, wenn es nicht sein eigenes war. Er bat den guten Mann weiterzuziehen. Gustav Nagel zog weiter und kam schliesslich bis Palästina.

Oedenkoven hatte überhaupt viele Sorgen. Die meisten betrafen die Entwicklung der von ihm gegründeten Siedlung. Ohne laufende Einnahmen war eben nicht auszukommen, obwohl ihm seine hochherzige Mutter – meist hinter dem Rücken des Vaters – grössere Summen zukommen liess. Es langte nie ganz. Er musste daher auf Mittel und Wege sinnen, die Einnahmen zu steigern, die seit der Gründung der «Vegetabilischen Gesellschaft» im Jahre 1905 stetig zurückgegangen waren. Er liess einen neuen Prospekt drucken, in dem es unter anderem hiess:

«Wenn Sie krank, schwach, lebensmüde sind, so kommt das daher, weil Sie mit den Naturgesetzen nicht in Einklang stehen. Sie leben unrichtig, Sie ernähren sich falsch, Sie kleiden sich falsch und sie wohnen falsch.» Oder: «Der Mensch kommt nackt zur Welt und sollte nackt und uneingeengt leben. Durch Tausende von Poren entledigt er sich fortwährend einer Unmasse organischer Abfälle in Form von Gasen und von Schweiss …

Somit sind dicke, gestärkte oder enganliegende Kleidungsstücke teilweise hindernd für den Zutritt von Luft an die Haut. Schuhe, Gürtel, Mieder, Handschuhe, Strümpfe usw. unterbinden den Blutlauf … Welches Unheil hat das Korsett und das Schnüren schon gezeitigt!»

Von der Erneuerung des Lebens war kaum noch die Rede. Das fatale Wort «Kur» tauchte auf. «Die Dauer einer Kur ist je nach der Schwere und Art des Übels und nach der Willenskraft, die der Kranke zur Ausübung seiner Vorschriften entfaltet, verschieden lang. Es darf niemanden wundern, dass im Allgemeinen die gründliche Heilung der Krankheit selbst mehr Zeit beansprucht, als andere Kuren … Die günstigste Zeit für Kuren ist vom 15. Mai bis 10. Juli und vom 25. August bis zum 25. November. Und nur während dieser beiden Perioden übernehme ich die Leitung derselben.»

Es wurde um Kranke, will sagen zahlende Kunden geworben. «Es ist geraten, Gesuche um Aufnahme einige Tage im voraus an die Direktion zu richten. Bei genauer Angabe der Ankunftszeit … kann ein Wagen geschickt werden, was sich empfiehlt, wenn man mit Gepäck beschwert ist …»

Eine erstaunliche Wandlung. Es war doch erst ein paar Jahre her, dass Oedenkoven sich nicht genug tun konnte, seine Jünger auf ihre Uneigennützigkeit zu «prüfen», nicht zuletzt dadurch, dass er sie mit oft nicht allzu angenehmer Arbeit belastete. Und nun war er Besitzer eines Sanatoriums geworden! Ein Hotel sollte noch hinzukommen. Hierbei spielte freilich eine Frau die Hauptrolle: Maria Adler, die aus der Ukraine stammte. Sie war Ende Dreissig, sehr temperamentvoll und immer noch ungewöhnlich anziehend. Man darf wohl annehmen, dass ihre Beziehungen zu Oedenkoven über die Pflichten einer Sekretärin hinausgingen. Sicher ist, dass sie auch als solche sehr aktiv war und, fest entschlossen den Monte Verità zu sanieren, Tag und Nacht für dieses Ziel arbeitete. Sie war es auch, die Oedenkoven klar machte, er brauche ein Hotel.

Oedenkoven sträubte sich dagegen. Trotzdem sollte das Hotel erstehen, und das war eine merkwürdige und für ihn schmerzliche Geschichte.

Wie lange er und Maria Adler glücklich miteinander waren, ist heute nicht mehr festzustellen – wie es überhaupt in der Geschichte Asconas, die zugleich die Geschichte vieler ungewöhnlicher Menschen ist, vieles gibt, von dem man nicht mit Sicherheit weiss, wann, ja ob es überhaupt jemals stattgefunden hat oder nur in der Phantasie der Beteiligten existiert oder derer, die gerne beteiligt gewesen wären. Wie dem auch sei, Oedenkoven hatte Maria Adler zum Zeichen seiner Dankbarkeit ein Stück seines Landes geschenkt. Sie baute sich dort ein kleines Chalet und vergass nicht, diesen Besitz notariell eintragen zu lassen.

Das war umso klüger, als Oedenkoven sich bald darauf von ihr zurückzog. Er entliess sie und glaubte, sie würde alsbald den Monte Verità und Ascona verlassen. Aber sie dachte nicht daran, sondern entschloss sich, Oedenkoven zu zeigen, was er an ihr verloren hatte. Kein Tag sollte vergehen, ohne dass er sich ihrer Anwesenheit würde erinnern müssen.

Die grosse Attraktion des Etablissements von Oedenkoven war noch immer das Luftbad. Wir erinnern uns, dass schon bald nach dessen Eröffnung Fremde aus Locarno und Lugano zum Monte Verità gepilgert waren, um die Leute, die dort Nacktkultur trieben, in Augenschein zu nehmen. Dafür hatten sie gerne Eintrittspreise bezahlt und zahlten solche auch weiterhin.

Maria Adler entschied, den Neugierigen könne auf andere Weise geholfen werden. Warum ihnen Geld für den Eintritt abnehmen? Wie, wenn man ihnen die Möglichkeit bot, das Luftbad kostenlos zu inspizieren – aus einiger Entfernung – und jenseits der Oedenkovenschen Grenzen ihre Witze über ihn und die anderen «armen Irren» zu machen. Dazu war nichts notwendig als ein hohes Gebäude, ein Turm etwa, von dem herunter man beobachten konnte, was in dem Luftbad vor sich ging.

Aber das genügte ihr noch nicht. Sie beschloss, ein Hotel zu bauen. Es sollte sechs Stockwerke hoch sein, weil das Terrain, das ihr zur Verfügung stand, begrenzt war, dann aber auch, weil nur in solcher Höhe das Dach als Beobachtungsbasis dienen konnte.

Aber sechs Stockwerke kosteten zu viel. Maria Adler musste sich mit drei Stockwerken zufrieden geben, obwohl man vom Dach der dritten Etage noch keineswegs das Luftbad in Augenschein nehmen konnte. Zu diesem Zweck liess sie zwei Aussichtstürme errichten. Von der anderen Seite des Grundstückes sah Oedenkoven, was sich hier anbahnte. Er eilte zum Notar. Nein, es war nichts zu machen, Maria Adler konnte auf ihrem Grundstück tun und lassen, was sie wollte. Und so wurde das Hotel Semiramis eröffnet.

IN DEN GROSSEN KRIEG

Es sah aus, als würde es ein Riesenerfolg werden. Denn es hatte sich schon vor der Eröffnung herumgesprochen, dass man dort etwas sehen würde, besser, dass man von dort aus etwas sehen würde, was man nicht jeden Tag zu Gesicht bekam. Die Gäste strömten herbei. Und sie stiegen sogleich auf die Aussichtstürme. Drüben, in Oedenkovens Sonnenbad, brach Panik aus. Den ersten Reformern, die mit Oedenkoven gekommen waren, war es gleichgültig gewesen, ob man sie anstarrte oder nicht. Den zahlenden Gästen, den Kurgästen, war es keineswegs gleichgültig. Sie wollten ja in die grosse Welt zurückkehren, sie hatten ihren guten Ruf zu verlieren. Wenn sich in Berlin, in Paris, in St. Petersburg, in Rom herumsprach, dass sie sich unbekleidet sonnten – die Folgen wären nicht auszudenken.

Also suchten sie verzweifelt nach Stellen, wo sie «geschützt» waren. Aber Maria Adler hatte die Türme so geschickt anlegen lassen, dass sie Aussicht überallhin gestatteten. Und schliesslich konnte man ja Sonnenbäder nicht gut überdachen.

Doch Oedenkoven sollte noch einmal Glück haben. Es stellte sich heraus, dass die Aussichtstürme und die mit ihnen verbundenen Aussichten auf die Dauer doch keine Attraktion bildeten. Die Gäste des Hotels Semiramis unternahmen einige Male den beschwerlichen Aufstieg – und dann nicht wieder. Schliesslich wussten sie ja alle, wie nackte Menschen aussahen.

Die Gäste reisten ab.

Maria Adler versuchte alles nur Erdenkliche, um sie zu halten. Sie veranstaltete bengalisch beleuchtete Wasserspiele, sie liess spärlich bekleidete Tänzerinnen auftreten. Umsonst – die Gäste waren nicht zu halten. Jedenfalls nicht in so genügender Zahl, um das Hotel Semiramis rentabel zu machen. Die Banken mahnten. Schliesslich schritten sie zur Pfändung. Frau Adler musste bei Nacht und Nebel verschwinden.

Die Banken traten an Oedenkoven heran. Hätte er wohl Lust, das Hotel zu übernehmen? Er hatte nicht die geringste Lust, aber er konnte nicht riskieren, das Hotel mit seinen Aussichtstürmen in fremde Hände geraten zu lassen. Die Mutter musste wieder einmal Geld schicken. So wurde das Hotel Semiramis für 36 000 Franken Oedenkovens Eigentum. In gewissem Sinne hatte Maria Adler also doch gesiegt. Oedenkoven besass nun, ob er wollte oder nicht, ein Hotel. Aber was sollte aus den Ideen werden, mit denen er auf den Monte Verità gezogen war? Schon in den letzten Jahren waren sie mehr und mehr verwässert worden. Und als neugebackener Hotelier musste er Kompromisse schliessen, an die er ursprünglich nie gedacht hatte.

Freilich: die Aussichtstürme wurden eiligst abgerissen und das Material den Berg hinuntergeworfen. Das Kapitel der Voyeure wenigstens war abgeschlossen.

Nicht lange nachdem Isadora Duncan den Monte Verità verlassen hatte, erschien eine andere Tänzerin, die zu jener Zeit – es war 1913 – noch völlig unbekannt war: Mary Wigman.

In Hannover geboren, als Tochter eines wohlangesehenen Kaufmanns herangewachsen, war sie mit vierzehn Jahren in ein Internat nach England geschickt worden, wo sie nicht nur die Landessprache akzentlos erlernte, sondern auch jene lässige Körperbeherrschung, die so vielen Engländerinnen eigen ist. Sehr jung entschloss sie sich, Tänzerin zu werden. Aber sie verspürte wenig Lust, sich im klassischen Ballett auszubilden. Sie hielt es schon in den ersten Jahren des Jahrhunderts, gerade als die Pawlowa und Nijinskij ihre ersten Triumphe feierten, für veraltet. In dieser Auffassung ähnelte sie der Duncan, freilich nur in dieser. Denn wenn die Duncan ihre Tänze aus der Musik, aus dem Gefühl heraus improvisierte und sich immer wieder ihrem

Gefühl hingab, so hatte die Wigman eine viel strengere, zuchtvollere Idee vom Tanz.

Aber wo sich das Rüstzeug erwerben? Welche Schule besuchen? Das war ein schier unlösbares Problem – das Problem jedes Menschen, der etwas Neues schaffen will. Da die altbewährten Ballettschulen für sie ausfielen, ging sie schliesslich nach Hellerau, arbeitete hart, vielleicht zu hart nach der damals neuartigen Methode Jaques-Dalcroze, lernte ihren Körper kennen und seine Möglichkeiten, bestand ihre Prüfung – und blieb doch unbefriedigt. Noch konnte sie mit ihrem Körper nichts ausdrücken. Noch konnte sie sich selbst nicht ausdrücken.

Da hörte sie von Rudolf von Laban, der sich in Ascona, auf dem Monte Verità niedergelassen hatte und dort mit seinen Schülern arbeitete. Eigentlich hiess er Laban von Varalya, war erst Mitte Dreissig, besass aber schon einen gewissen Ruf als «Ausdruckstänzer». Er selbst hatte gesagt, dass der Tanz «der Ausdruck seelischen Erlebens in individueller Gestaltung» sein müsse.

Laban, der später, in den zwanziger Jahren, als bedeutender Ballettmeister in Berlin wirkte, war niemals selbst ein grosser Tänzer, doch ohne Zweifel ein idealer Lehrer. Die Wigman schrieb ihm. Würde er sie wohl aufnehmen? Er antwortete, sie solle einmal nach Ascona kommen.

Als sie dem Zug in Locarno entstieg, beschloss sie, die letzte Wegstrecke zu Fuss zu gehen. Sie erschien voller Erwartung auf dem Monte Verità, sah Laban, einen ungewöhnlich gut aussehenden Mann, und um ihn herum schöne und interessante junge Mädchen aus vielen Ländern, eine ungemein graziöse Mulattin fiel ihr besonders auf.

Laban forderte sie auf, gleich mitzumachen.

Sie tat es, und während vieler Jahre, die nun folgten, arbeitete und lernte sie, bis sie Ascona verliess, um nach Deutschland zurückzukehren. Als sie sich dort dem Publikum zeigte, lehnte man sie zuerst ab, sie und ihre Tänze, die man unmöglich, hässlich, ja widerlich fand. Aber es sollte nicht allzu lange dauern, da hatte sich eine Gemeinde um sie gebildet, und sie wurde eine der grossen Tänzerinnen Europas.

Das war 1919, 1920, also nach dem Ende des Weltkrieges.

In Ascona stand man den Weltgeschehnissen fern. Die dort lebten, waren zu sehr mit sich selbst beschäftigt – nicht zuletzt aus diesem Grunde hatten sie ja Ascona als Asyl gewählt. Auch gab es kaum Zeitungen, von den kleinen Tessiner Blättern italienischer Sprache abgesehen, die nur von wenigen gelesen werden konnten. Und überdies, was stand schon in diesen Blättern?

Die Schüsse von Sarajewo hatten keinerlei Eindruck in Ascona hinterlassen, von den fieberhaften Konferenzen in den Ministerien von Berlin, Wien, London, Paris hatte man so gut wie nichts erfahren. Über den Inhalt der Ultimaten, die einige Länder als Vorbereitung der Kriegshandlungen an andere Länder richteten, war kaum etwas bekannt geworden. Dann wurde Jean Jaurès, der französische Sozialistenführer ermordet, der einen letzten Versuch gemacht hatte, die Sozialisten aller Länder zum Kampf gegen den Krieg aufzurufen. Es wurde das völlige Versagen der Sozialisten offenbar, die noch vor kurzem erklärt hatten, die Arbeiter in allen Ländern würden streiken, um einen Krieg zu verhindern. Es folgten die Kriegserklärungen; die einstimmige Annahme der Kriegskredite durch den Deutschen Reichstag; der deutsche Einmarsch in Belgien.

Deutschland ging in Frankreich zunächst siegreich vor. Die Deutschen standen hundert Kilometer vor Paris! Schon rechnete man mit einer französischen Niederlage. Da bewirkte das «Wunder der Marne» eine völlige Umkehrung der Lage. Noch vor der Entscheidung in Frankreich wurde ein grosser Teil der deutschen Divisionen nach Ostpreussen geworfen, um dort den russischen Vormarsch abzuwehren. Und dies gelang: in der Schlacht von Tannenberg gerieten 96 000 Russen in deutsche Gefangenschaft. Dafür verlor Deutschland die Marneschlacht. Und auch zur See erlitten die Deutschen eine böse Niederlage: die Seeschlacht im Skagerrak sollte die deutsche Flotte für den Rest des Krieges ausschalten.

In Ascona waren einige wenige sofort nach der Kriegserklärung aus freien Stücken abgereist, in dem unklaren Gefühl, man müsse in solchen Zeiten in der Heimat sein. Andere mussten abreisen, die Konsum ihrer Länder bestanden darauf, dass sie zu den Waffen eilten. Wieder andere konnten nicht bleiben, weil sie kein Geld mehr aus der Heimat bekamen.

Emil Ludwig war bereits einige Monate früher abgereist. Das «Berliner Tageblatt» hatte ihm eine Stellung als Korrespondent in London angeboten. Da niemand seine Versdramen aufführte und nur sehr wenige sie kauften, musste er froh sein über das Angebot, das er ohne Zweifel den Beziehungen seines Onkels verdankte. Das bedeutete zwar, dass er in der nächsten Zeit nichts Poetisches schreiben konnte, aber es bedeutete auch, dass er viele prominente Persönlichkeiten kennenlernen würde.

Als der Krieg ausbrach, kam er nach Moscia zurück in einer so internationalen Gesellschaft, wie sie sich damals nur in der Schweiz zusammenfinden konnte: mit seiner Frau, der Halbengländerin, die ihren deutschen Vater und ihre englische Mutter mitbrachte, mit einem schweizerischen Kindermädchen und einer italienischen Köchin sowie einer russischen Bekannten aus Berlin. Aber das «Berliner Tageblatt» wünschte weiterhin seine Dienste, jetzt als Kriegsberichterstatter, es schickte ihn in viele Länder, vor allem auf den Balkan. Als Kriegsberichterstatter war er, zu seiner Ehre sei es gesagt, schon nach kurzer Zeit alles andere als vom Kriege begeistert.

Einige Anhänger Oedenkovens verliessen Ascona. Einer von ihnen behauptete, von einer Wahrsagerin erfahren zu haben, ganz Europa würde untergehen. Andere glaubten ihm – oder der Wahrsagerin. Sie flüchteten nach Südamerika, das angeblich «verschont» bleiben sollte. Sie kamen nicht mehr zurück, auch als sie feststellen konnten, dass Europa nicht ganz untergegangen war.

Auch der Fürst Krapotkin, der kein Fürst mehr sein wollte, verliess Ascona, und die zaristischen Behörden, die ihm das Emigrantendasein in Westeuropa so sauer gemacht hatten, gestatteten ihm sogleich die Einreise nach Russland. Sie dachten nicht mehr daran, ihn zu verhaften, als er schliesslich in ihrem Machtbereich angelangt war, obwohl sie es so oft angedroht hatten. Der alte Mann durfte in dem Land bleiben und leben, das er immer geliebt hatte, im Lande Tolstojs und Dostojewskijs, und es zeigte sich, dass er nicht mit Bomben um sich warf und ebensowenig versuchte, Revolution zu machen.

Karl Vester kehrte ebenfalls in sein Vaterland zurück. Wir erinnern uns: er war bald nach Oedenkoven in Ascona erschienen, aber schon nach zwei Monaten weitergefahren nach Samoa, das damals deutsche

Kolonie geworden war. Auf Samoa erwarb er ein ziemlich hoch gelegenes Stück Land und baute sich mit einigen ihm wesensverwandten Vegetariern ein Haus. Das Klima sagte ihm jedoch nicht zu. Er verkaufte das Haus und zog zu den Eingeborenen hinunter an den Strand. In den Jahren 1902 bis 1904 blieb er dort, dann fuhr er wieder nach Ascona, um Oedenkoven zu überreden, mit ihm nach Samoa auszuwandern. Aber Oedenkoven hatte Bedenken gegen diese wilde und unzivilisierte Gegend, in die ihn sein Freund verschleppen wollte – und er konnte ja auch nicht gut sein Werk auf dem Monte Verità aufgeben. Vester aber lernte eine Frau kennen, die ihm gut gefiel – eine der Jüngerinnen Oedenkovens – und heiratete sie.

Als der Krieg ausbrach, geschah etwas Merkwürdiges: Dieser Mann, den es mit Entsetzen erfüllte, ein Tier zu töten, meldete sich freiwillig zu dem allgemeinen Gemetzel. Als er in der Kaserne erschien – immer noch mit seinen langen blonden Locken, verlangte der Unteroffizier, dass er sich die Haare schneiden lasse. Vester dachte nicht daran. An Hand der Bestimmungen konnte er nachweisen, dass es nicht anging, einen Freiwilligen zum Haarschnitt zu zwingen. Der Unteroffizier musste nachgeben. Vester trug also die Uniform eines Soldaten mit einer Mütze, unter der seine wallenden Haare bis auf die Schultern herunterfielen.

Als der Hauptmann die Kompagnie zum ersten Mal inspizierte, erstarrte er bei Vesters Anblick. Nicht ohne Mühe machte man ihm klar, dass dagegen gar nichts auszurichten sei. Jedes Mal, wenn die Soldaten aus der Kaserne ausrückten und durch die Strassen der kleinen württembergischen Stadt zogen, zeigten sich die Bewohner, insbesondere die Kinder, recht erheitert. Der Hauptmann gab Anweisung, Vester nicht mit ausrücken zu lassen.

Was weder der Unteroffizier noch der Hauptmann hatten durchsetzen können, wurde schliesslich auf andere Weise erreicht: Vester stellte fest, dass sein geliebtes Haar ein idealer Aufenthaltsort für Läuse war. Er liess sich die Haare schneiden.

Und Ascona? Es wurde wenn möglich noch idyllischer. Jenseits der schweizerischen Grenzen schossen die Menschen aufeinander – hier herrschte tiefster Friede. Manche, die in den Jahren vorher allzu beschäftigt gewesen waren mit ihren theosophischen und anthroposophischen Problemen, ihren nihilistischen und anarchistischen Anschauungen, spürten zum ersten Mal, wie still und friedlich das Dorf war. Einer sagte: «Hier läuten die Kirchenglocken ganz anders ... Überall dröhnen sie, wollen den Menschen beherrschen. Hier klingen sie so rein, so zart, hier werden sie zur Melodie.»

Es war ein herrlicher Sommer, die Rosen, Akazien und Rhododendren blühten, Kletterrosen verdeckten die rissigen Mauern. Die Hortensien schienen zu zögern, sich zu verfärben, es war, als versuche die Natur, den Krieg vergessen zu machen. Niemals war die Luft so lau gewesen, niemals das Rot der Abenddämmerung so betörend, niemals liess der Winter so lange auf sich warten. Es war eine Lust zu leben in Ascona.

Aber dann trat Italien in den Krieg ein, und das bedeutete, dass die Schweiz mehr Soldaten an die südliche Grenze stellen musste. In Bern wurde die Frage diskutiert, ob es wohl vernünftig sei, die Tessiner dorthin zu schicken, und entschieden, dass sie besser an der Nordgrenze, am Rhein und am Bodensee, zum Grenzschutz eingesetzt werden sollten. Dafür kamen Deutschschweizer in den Tessin, um aufzupassen, dass die Italiener die Grenze nicht überschritten.

Sie fühlten sich dort anfänglich fast wie in einem fremden Land, sie sprachen ja nicht Italienisch, die Tessiner sprachen nicht Deutsch oder gar Schwyzerdütsch, Ressentiments der Vergangenheit, von denen man geglaubt hatte, sie seien längst begraben, wurden wieder lebendig. Hatten nicht die Schweizer nördlich des Gotthards die Vögte gestellt? Jene Vögte, von denen die Tessiner so lange unterdrückt worden waren?

Einer der Deutschschweizer Soldaten, die damals nach Ascona kamen, hiess Jakob Flach. Das war im Juni 1915. Flach hatte in Zürich Naturwissenschaft studiert, doch sich dabei nicht recht glücklich gefühlt. Es hielt ihn nicht lange in einer Stadt. Er wollte Geologe werden, um Gelegenheit zu erhalten, in der Welt umherzuziehen. Aber dann kam der Krieg. Er wurde eingezogen, und nach dem System, möglichst niemanden dort einzusetzen wo er geboren war, kam er nach Bellinzona. Auch da war er nicht besonders froh, ein hundertprozentiger Individualist in einer Kaserne, eingespannt in den stets gleichen, langweiligen Dienst.

Eines Tages erhielt er den Auftrag, sich nach Ascona zu begeben, um dort ein militärisches Telefon zu installieren. Er sollte mit der Bahn bis Locarno fahren, dann weiter mit dem Rad – ein anderes Beförderungsmittel gab es nicht –, um festzustellen, wo der so lebenswichtige Apparat einzurichten sei. Was seine Vorgesetzten nicht wussten, war, dass Jakob Flach noch niemals auf einem Fahrrad gesessen hatte. Bei den ersten Versuchen, die Kunst des Radfahrens zu erlernen, erheiterte er viele Passanten, so dass er sich entschliessen musste, das Rad durch Locarno zu schieben. Das tat er bis Ascona. Und dann, als er sah, dass die Hauptstrasse, die Via Borgo, zum See hinunter abfiel, schwang er sich aufs Rad, und in rasender Fahrt ging es hinunter bis zum Lago Maggiore.

Auch seine weiteren Erlebnisse auf dieser Expedition hat Jakob Flach in seinem Ascona-Buch launig erzählt: Er verliebte sich Hals über Kopf in den Ort, in den See, der ständig seine Farben wechselte, in den Himmel, der von einer Bläue war, wie er sie nie gekannt hatte. Er hätte stundenlang auf der Kaimauer sitzen können, er sass wohl auch stundenlang dort, völlig seine soldatischen Pflichten vergessend.

Er sah Menschen und Dinge, wie er sie niemals zuvor gesehen hatte. Er war bezaubert von den alten Häusern und den holprigen Gässchen, den Torbögen, hinter denen sich allerhand verbergen mochte, er atmete den betäubenden Duft der Frühlings- und Sommerblumen. Er beobachtete, sicher nicht ohne Erstaunen, einige Anhänger von Oedenkoven in ihren seltsamen Gewändern, mit ihren langen Haaren und Bärten.

Schliesslich besann sich Jakob Flach, der später in ganz Ascona «Köbi» genannt wurde, doch noch auf seinen militärischen Auftrag. Neben dem Hotel «Lago» befestigte er sein Telefon, zog die notwendigen Kabel, machte dann Mittagspause, um seine Salametti und sein Brot zu verzehren. Nach Locarno zurück konnte er sogar das Rad benützen, soviel hatte er gelernt. Allerdings war die Strasse menschenleer, ganz zu schweigen von Fahrzeugen, die gab's damals noch nicht oder doch nur sehr spärlich, denn seit Kriegsbeginn kamen kaum noch neue Gäste ins Sanatorium oder ins Hotel.

Und dann verschwand der Soldat Flach wieder aus Ascona. Aber nur vorläufig. Denn wenn er auch noch nicht wusste, wann er wiederkommen könnte, so war er sich doch schon darüber im Klaren, dass er zurückkehren würde, um an diesem idyllischen Ort sein weiteres Leben zu verbringen.

Idyllischer Ort ... Der Krieg tat das Seinige dazu, dass er ganz so idyllisch nicht blieb. Die Preise stiegen. In den Grossstädten der Ost- und Westschweiz ging in den Kriegsjahren die Tafelbutter von Fr. 3.88 pro Kilo auf Fr. 7.70, das Brot von Fr. –.36 auf Fr. –.73, Teigwaren von Fr. –.72 auf Fr. 1.42, Milch von Fr. –.23 auf Fr. –.36 pro Liter, Eier sogar von Fr. –.11 auf Fr. –.44 pro Stück. Im Tessin war es nicht ganz so schlimm. Trotzdem, die Preise stiegen, und schlimmer noch, geradezu unerhört: manchmal wurde man sogar aufgefordert zu zahlen. Denn die Besitzer der wenigen Läden in Ascona hatten üble Erfahrungen gemacht. So manche Fremde, denen sie jahrelang Kredit gewährt hatten, waren verschwunden und hatten vergessen, ihre Schulden zu bezahlen. Wer würde noch in der nächsten Zeit verschwinden?

Überflüssig zu sagen, dass die Mahnungen nur selten von Erfolg begleitet waren und dass die Asconesen das nicht weiter tragisch nahmen. Irgendwie würde das Leben weitergehen.

Und es ging auch weiter. Die ersten beiden Kriegsjahre waren zwar ungünstig für Ascona, vom wirtschaftlichen Standpunkt aus gesehen, aber dann begann ein ständiger Zuzug. Es kamen vor allem Intellektuelle, denen es irgendwie gelungen war, die Grenzen zu überschreiten, die deutschen und französischen und italienischen Grenzen, und die nicht glücklich in den schweizerischen Städten waren. Denn dort las man täglich in den Zeitungen, was an den Fronten geschah, dort las man täglich von Gefangenen und Gefallenen, von neuen Waffen und Blut und Schweiss und Tränen. In Ascona las man nichts, oder zumindest brauchte man nichts zu lesen. In Ascona konnte man sich den Ereignissen entziehen, brauchte man nicht Stellung zu beziehen. In Ascona konnte man zu sich selbst kommen. Hier durfte man noch leben.

Denn Ascona war nicht nur neutral, hier war es möglich, jede Sprache der Welt zu sprechen, ohne als Spion verdächtigt zu werden. Hier konnte man pazifistisch sein und für den Frieden kämpfen – sei es auch nur im Café.

Geredet wurde viel in diesen Monaten und Jahren in Ascona. Hauptsächlich darüber, wie die Welt aufzuteilen sei nach dem Krieg, wer abgesetzt, wer im Amte bestätigt werden, wo Revolution gemacht werden müsse. Diejenigen, die darüber sprachen, hatten zwar nicht die geringste Chance, später mitzureden. Und doch, was sie sprachen, was sie beschlossen, auf der Piazza, in einem kleinen Restaurant, in einem Café, auf ihren Spazierwegen: wie viel vernünftiger, gescheiter, vorausblickender war es als so vieles, was später diejenigen unternahmen, die wirklich zu beschliessen hatten!

DIE WEREFKIN KOMMT – DIE REVENTLOW GEHT

Unter den Neuankömmlingen dieser Kriegsjahre befand sich auch Marianne von Werefkin. Es ist nicht übertrieben, von ihr zu sagen, dass sie enormes Aufsehen erregte. Mit ihr erschien der Maler Alexej von Jawlensky, und da auch die Werefkin malte, nannte man im Ort die beiden allgemein das Malerehepaar. Obwohl sie nicht verheiratet waren. Aber wer kümmerte sich in Ascona schon um solche Kleinigkeiten?

Baronesse Marianne von Werefkin entstammte dem russischen Hochadel. Ihr Vater hatte dem Zaren als Kommandant der Peter-Pauls-Festung gedient. Sie selbst wurde in St. Petersburg erzogen und, als es an der Zeit war, bei Hofe vorgestellt. Sie hätte irgendeinen der reichen Aristokraten heiraten und ein grosses Haus machen können. So erwarteten es jedenfalls der Vater und die Mutter. Aber Marianne wollte Malerin werden und brannte kurz entschlossen durch, um in Moskau an der Akademie zu studieren. Sie zurückzuholen hätte den Skandal bedeutet, und den wollten die Eltern vermeiden. Vielleicht würde ihre Tochter eines Tages doch noch vernünftig werden.

Aber sie hatte nicht diese Absicht, obwohl man ihr vom Studium der Malerei abriet. Und dafür gab es einen triftigen Grund. Marianne, ein Mädchen von einer Art wilder, ungewöhnlicher Schönheit, hatte während einer Jagd – sie war leidenschaftliche Jägerin – einen Schuss in die rechte Hand bekommen, der den Zeigefinger lähmte. So musste sie den Pinsel zwischen Ringfinger und kleinem Finger halten. Konnte man mit einem solchen Handikap eine gute Malerin werden?

Schon in St. Petersburg hatte sie den um einige Jahre jüngeren Alexej von Jawlensky kennen gelernt. Zwischen den beiden entstand eine starke Bindung. Der junge Leutnant malte ebenfalls, und Marianne von Werefkin brachte ihn in Moskau zu ihrem eigenen Lehrer, Ilja Rjepin. Sie nahm sich auch sonst des jungen Mannes an. Mariannes Vater hegte zwar ein gewisses Misstrauen, aber Jawlensky war Aristokrat, er hatte sogar etwas Geld. Sollten die beiden ruhig heiraten!

Marianne war wiederum anderer Meinung. «Wie kann ich vor dem Altar schwören, dass ich nur einen Mann lieben werde mein ganzes Leben lang? Das weiss ich doch nicht! Nein, ich kann einen solchen Schwur nicht ablegen!»

Sie wollte mit Jawlensky frei zusammenleben. Das war 1896.

Der Gouverneur der Peter-Pauls-Festung erklärte kategorisch, so etwas würde er nicht dulden. Infolgedessen verliessen die beiden Liebenden Russland und gingen nach München, wo sie bald in den Malerkreisen von Schwabing bekannt wurden. Jawlensky gründete mit dem Maler Kandinsky die «Neue Künstlervereinigung München», und auch die Werefkin malte mit Hingabe.

Ihre Bilder waren von einer visionären Eindringlichkeit und doch ganz einfach, fast naiv im Ausdruck. Sie verleugneten nie ihren russischen Ursprung. Oft waren sie düster, manchmal erstaunlich heiter, ja von einem mitunter geradezu frechen Humor. Niemals wurde bei ihr das Traurige, das Erhabene oder auch das Düstere allzu geheimnisvoll.

Das hatte wohl mit ihrer Persönlichkeit zu tun. Sie war gross, kräftig, rothaarig. Aber sie pflegte sich über ihr Aussehen lustig zu machen, und ihre Art, sich zu kleiden, war wie ein ständiger Protest gegen ihre Herkunft, gegen den Stil, den ihre Eltern sich für ihre Kleidung gewünscht hätten. Sie trug die wildesten Farben und behängte sich mit Glasperlenketten. Das Haar war meist von einem Turban gekrönt.

Sie hatte exzentrische Gewohnheiten und war deswegen in Schwabing ein wenig berüchtigt. Diese Gewohnheiten legte sie auch nicht ab, als sie bei Kriegsausbruch Deutschland verliess – sie und Jawlensky waren ja feindliche Ausländer – und sich über Zürich nach Ascona begab. Eigentlich hatte sie nach Italien gehen wollen, das immer ihre grosse Liebe gewesen war. Aber sie bekam kein Visum. Später, in den zwanziger Jahren, als der Drang nach Italien in ihr übermächtig wurde, schrieb sie kurzerhand an Mussolini und verlangte von ihm, ihre Angelegenheit schleunigst zu ordnen. Das Visum erhielt sie prompt.

Sie konnte wie eine grosse Dame auftreten, und sie konnte fluchen wie ein Marktweib. Im Gegensatz zu den meisten Fremden fand sie bald Kontakt mit den Einwohnern von Ascona, insbesondere mit den Bauern und Fischern, die mit ihren kleinen Sorgen des Alltags zu ihr kamen. Später wurde sie allgemein «Nonna» genannt, die Grossmutter, und sie war stolz darauf.

Sie war ständig in Geldnöten, was sie aber nicht im geringsten beeindruckte. Irgendwie würde schon Geld hereinkommen. Sie konnte ungeheuer geschickt mit Kunsthändlern umgehen, denen sie die unglaublichsten Schimpfworte an den Kopf warf, wobei sie mit ihrer Rechten dicht vor dem Gesicht des jeweiligen Verhandlungspartners herumfuchtelte und mit dem losen Zeigefinger besorgniserregend wackelte. Sie verlangte grundsätzlich das «Doppelte». Aber wenn sie Lust hatte, verschenkte sie auch ihre Bilder, nach denen die Nachfrage ständig zunahm.

Alexej von Jawlensky war ganz anders: ein ruhiger, ja fast verschlossener Mann von aristokratischem Aussehen. Er sprach nicht viel, aber sobald Frauen im Spiele waren, vermochte er grössten Charme zu entfalten. Zahllos waren seine Beziehungen zum schönen Geschlecht in Ascona und Zürich.

In den ersten Kriegsjahren hielt er sich mehr in Zürich auf. Erst nachdem er an einer schweren Grippe erkrankte und es so aussah, als würde er die Krankheit nicht überstehen, kam er nach Ascona – und zur Werefkin zurück.

Als Künstler war er der ungleich Bedeutendere, wenn dies auch – vorläufig – weniger in die Augen sprang. Die Werefkin blieb durch und durch Russin. Hinter Jawlenskys Landschaften und Stillleben und Porträts aber stand das unendliche Asien.

Er war nicht der einzige Mann im Leben der Werefkin. Man fand sie ständig umgeben von ihren sogenannten «sieben Zwergen». Das waren in der Tat sieben Jünglinge anfangs der Zwanzig – nicht immer die gleichen – die von ihr betreut wurden.

Jawlensky blieb zurückhaltend auch alten Freunden gegenüber; die Werefkin schloss unausgesetzt neue Freundschaften. Zu ihren besten Freundinnen gehörte Mary Wigman, die sie «meine dämonische Schwester» nannte. Eine andere Freundin war die deutsche Dichterin Else Lasker-Schüler. Die war klein und von hexenhaften Aussehen, aber man vergass das, sobald sie zu sprechen begann, ihre tiefen, schwarzen Augen liessen ihren Gesprächspartner nicht los. Man vergass es auch, wenn man ihre herrlichen Gedichte las. Aber wer las sie schon? Wer kaufte sie? Die Freunde waren zu arm dazu.

Else Lasker-Schüler war im Krieg nach Zürich gekommen und von dort nach Ascona gegangen, vor allem ihres kleinen Sohnes wegen, der schwer lungenleidend war. Sie brachte ihn in ein teures Sanatorium im Tessin. Wovon sie das bezahlte, wurde nie ganz klar. Wovon sie lebte, war ebenfalls unklar. Manchmal hungerte sie.

Es war nicht immer bequem, sich mit ihr öffentlich zu zeigen. In einem Restaurant, in dem sie sass, rief etwa plötzlich eine Stimme: «Der Prinz von Theben wird am Telefon verlangt!» Der Prinz von Theben, mit Vornamen Jussuf – das war sie selbst, diesen Namen hatte sie sich verliehen. Ihren Freunden schenkte sie ebenfalls hochtönende Namen wie «Blauer Reiter» oder «Rosa Elefant».

Wenn sie sich für einen Jüngling interessierte, und das tat sie oft, und wenn der Jüngling keine Notiz davon nahm, das kam ebenfalls oft vor, konnte irgendetwas Entsetzliches geschehen. Sie kippte etwa den Kaffeehaustisch, auf dem Tassen und Teller standen, einfach um. Der Erfolg bestand in viel zerbrochenem Geschirr. Ein anderer Erfolg war ohne Zweifel, dass der junge Mann sich wohl oder übel für den «Prinzen von Theben» interessieren musste.

Auch die Dadaisten machten in den letzten Kriegsjahren Ascona unsicher. Und das schien eigentlich nur logisch: im Grunde gehörten sie nicht so sehr nach Zürich, wo sie sich im zweiten Kriegsjahr zusammengefunden hatten, als in das Fischerdorf, das so vielen «Verrückten» Raum bot.

Diese speziellen «Verrückten» waren nun allerdings nicht gar so verrückt. Sie meinten nur, was diejenigen, die in den letzten fünfzehn Jahren Ascona zu ihrer Heimat erwählt hatten, schon lange gefunden hatten, nämlich, dass es so nicht weitergehe in der Welt, dass alles geändert werden müsse. Es waren junge Leute: der russische Dichter Tristan Tzara, der gar kein Russe war, sondern ein Rumäne, und auch nicht Tzara hiess, sondern Rosenstock; Hugo Ball, ein Deutscher, der alle möglichen Berufe – Schauspieler, Schriftsteller, Dramaturg – ausgeübt, verschiedene Studien begonnen und verschiedene Dramen entworfen hatte. Seine deutsche Freundin Emmy Hennings war überzeugte Pazifistin und aus diesem Grund in die neutrale Schweiz gekommen. Sie verdiente sich ihr Leben damit, dass sie Blumen, auf Briefumschläge gemalt, und handgeschriebene Gedichte, mit gemalten Blumen und aufgeklebten Sternen verziert, in den Wirtschaften verkaufte. Da war Hans Arp, in Strassburg geboren, ein Bildhauer und Dichter, und seine Freundin Sophie Täuber, Lehrerin an der Kunstgewerbeschule in Zürich, die gelegentlich auch tanzte und deren Sehnsucht darin bestand, nach Ascona zu fahren, um bei Laban zu lernen. Sie war die einzige Schweizerin in diesem Kreis. Zu dem gehörte auch Richard Hülsenbeck, ein Berliner, der Medizin studiert hatte, aber noch nicht wusste, ob er nicht lieber dichten oder malen sollte. Er erschreckte die Leute in den Cafés und Restaurants dadurch, dass er von Zeit zu Zeit ein spanisches Rohr durch die Luft zischen liess.

Aber alle diese jungen Leute erschreckten ihre Umgebung, weil sie Gespräche führten, die nur den Schluss zuliessen, sie seien dem Irrenhaus entsprungen. Es waren gewissermassen abstrakte Gespräche, völlig ohne Zusammenhang. Da sagte einer: «Sich abmühen und die Flügel spitzen, um kleine und grosse ABCs zu erobern und zu verbreiten.» Und die Antwort lautete: «Um ein Manifest zu lancieren, muss man das ABC wollen. Und gegen eins, zwei, drei wettern.» Die Entgegnung darauf: «Sein eigenes ABC aufzwingen ist eine ganz natürliche, also bedauerliche Angelegenheit. Das tut jeder Mann in Gestalt von Kristall, Bluff, Madonnen, Münzsystem, pharmazeutischen Produkten.»

Diese Gespräche hatten zuerst in einem der zahlreichen Zürcher Cafés stattgefunden, und die Folge war, dass die anderen Gäste aufhörten Zeitung zu lesen oder Gespräche zu führen, um die jungen Leute fassungslos anzustarren. Hatten sie recht gehört? Und wenn: wer war verrückt? Die jungen Leute oder sie selbst?

Niemand war verrückt. Die Dadaisten wollten nur auf ihre Art gegen die Welt protestieren. Wenn die Welt irrsinnig geworden war, warum sollten sie nicht Irrsinn reden? Sie nannten sich Dadaisten, nach einem Wort, das angeblich von Tzara geprägt worden war und das Hülsenbeck wie folgt formulierte: «Dada – das ist ein Wort, das die Ideen hetzt.» Andere behaupteten, das Wort Dada sei nicht erfunden, sondern gefunden worden, indem man mit einer Nadel in ein französisches Wörterbuch gestochen hätte. Die Spitze der Nadel habe das Wort Dada getroffen, zu deutsch Pferdchen oder Steckenpferdchen.

Dada wurde ein Verein, ja eine Bewegung. Was diese Bewegung eigentlich bezweckte, hätte keiner der Dadaisten zu sagen vermocht, jeder wollte etwas anderes, nur in einem Punkt war man einig: alle waren gegen den Krieg. Sie gründeten ein Kabarett mit dem Motto: «Kampf gegen alles».

Rudolf von Laban kam aus Ascona, um der Zürcher Dada-Premiere beizuwohnen und brachte Mary Wigman mit. Die Lasker-Schüler war anwesend und auch Jawlensky, Leonhard Frank und viele andere prominente Emigranten. Später kamen die Zürcher Bürger und erschraken sehr. Sie versuchten vergeblich, einen hintergründigen Sinn hinter den Darbietungen zu entdecken. Das war einigermassen schwierig, wenn etwa jemand rezitierte:

Indigo, indigo Trambahn
Schlafsack, Wanz' und Floh
indigo, indigai Umbaleska
bumm Dadai.

Schliesslich begriff das Publikum, dass es keinen Sinn hinter diesem Unsinn gab. Und man akzeptierte resigniert die Devise der Dadaisten: «Mut zum vollkommenen Blödsinn!»

Wie gesagt, es war nur logisch, dass die Menschen mit dem Mut zum vollkommenen Blödsinn schliesslich auch nach Ascona kamen, wo sie mehrere Vortragsabende veranstalteten. Einige Dadaisten blieben auch eine Weile dort, besonders diejenigen, denen eine «verständnislose» Fremdenpolizei die Aufenthaltserlaubnis nicht verlängert hatte. Das mochte Folgen in Zürich haben. Aber wer fragte damals schon im Tessin nach einer Aufenthaltserlaubnis?

Wer fragte überhaupt etwas im Tessin? Das Jahr 1917 ging zu Ende, und in der ganzen Schweiz wurden die Lebensmittel rationiert. Natürlich auch in Ascona. Aber in Ascona redete man nicht davon. Denn hier stand die Rationierung wirklich nur auf dem Papier. Man konnte alles bekommen – in jeder beliebigen Menge. Reis wurde aus Italien hereingeschmuggelt, Fleisch wurde ganz offiziell, allerdings zu Wucherpreisen, verkauft. Es kam oft vor, dass Zürcher oder Basler mit schweren Koffern in Ascona erschienen, um einzukaufen oder, wie man es damals nannte, zu hamstern.

Auch in dieser Zeit blieb Ascona ein Paradies. Der Krieg? Gewiss, die Dadaisten behaupteten, man müsse dagegen sein. Aber wer in Ascona wusste schon etwas vom Krieg? Wer spürte ihn?

Da war ein junger Mann, der sich intensiv mit dem Krieg beschäftigte. Er war oft im Zürcher Kabarett Voltaire bei den Dadaisten gewesen und hatte dazu gedichtet:

Ein deutscher Dichter seufzt französisch
Rumänien klingt an Siamesisch.
Es blüht die Kunst halleluja,
's war schon mal ein Schweizer da!
Die Schweizer sitzen auf ihren Steissen wohl
bei der Nacht,
wenn die Hose kracht, wenn die Hose kracht.

Aber das war keineswegs sein einziger Beitrag zur Kampagne gegen den Krieg. Er hatte sogar an den deutschen Kaiser geschrieben, einen offenen Brief, den die «Neue Zürcher Zeitung» abdruckte:

«Majestät!

Mehr als Sie in Ihrer politischen und menschlichen Vereinsamung und Einsamkeit ahnen: flehend, werbend, fordernd sind die Blicke der ganzen Welt auf Sie gerichtet. Mag die Ihnen feindliche Presse noch immer in Ihnen den Vandalen und Barbaren an die Wand malen, mögen unfähige und fade Diplomaten und Staatsmänner, die besser Staatskrüppel gekennzeichnet wären, noch immer den irren Plan hegen, den Teufel Militarismus durch den Beelzebub Imperialismus, den Unterteufel Mechanismus durch den Oberteufel Nationalismus auszutreiben: in allen Ländern blicken die Augen der Menschen, die Menschen geblieben sind, blicken auch die Augen der Muschiks, Poilus, Tommys, Hecht- und Feldgrauen und Olivgrünen auf Sie. Denn Sie, Majestät, haben es in der Hand, der Welt den baldigen Frieden zu geben ...

Sie berufen sich darauf, dass Sie im November vorigen Jahres schon einmal bereit waren zum Frieden. In der Tat: Sie streckten dem Feind die Hand zum Frieden hin – aber die Hand war zur Faust gekrampft und war keine menschliche, blutdurchpulste Hand. Es war die eiserne Faust des Götz von Berlichingen.»

Dann ging der Briefschreiber zum Angriff über:

«Geben Sie auf den Glauben eines Gottesgnadentums und wandeln Sie menschlich unter Menschen. Legen Sie ab den Purpur der Einzigkeit und hüllen Sie sich in den Mantel der Vielheit: der Bruderliebe. Errichten Sie das wahre Volkskönigtum der Hohenzollern ... Jetzt, Majestät, sind Sie ein Schattenkaiser! Denn Sie stehen im Schatten der autokratischen Barone und plutokratischen Munitionsfabrikanten. Majestät! Lastet das Gefühl der grenzenlosen Verantwortlichkeit in schlaflosen Nächten nicht manchmal schwer auf Ihnen? Wie leicht würden Sie die Bürde finden, wenn das Volk selbst Ihnen hülfe, sie zu tragen, teilhabend an der Verantwortung, weil teilhabend an der Regierung.»

Und schliesslich rief er aus: «Seien Sie der erste Fürst, der freiwillig auf seine fiktiven Rechte verzichtet und sich dem Areopag der Menschenrechte beugt. Ihr Name wird dann als wahrhaft gross in den neuen Büchern der Geschichte genannt werden, in denen man nicht mehr die Koalitions –, sondern die Geistesgeschichte der Menschheit schreiben wird. Dann werden Sie das Volkskönigtum der Hohenzollern auf Felsen gründen; während es jetzt nur mehr ein Wolkengebilde ist, das, wenn Sie die Zeit nicht erkennen, bald im steigenden Sturm verflogen sein wird.»

Der Brief war unterschrieben mit «Klabund». Dies war natürlich ein Künstlername, eine Zusammensetzung von Klabautermann und Vagabund. Der Dichter hatte von sich selbst geschrieben:

> Viereck'ge Dinge sind mir noch zu rund
> Ich bin, ich war, ich werde sein – Klabund.

Ursprünglich hiess er Alfred Henschke, war 1890 als Sohn eines Apothekers in Crossen an der Oder geboren, hatte in München studiert, in Schwabing gelebt, Gedichte veröffentlicht, die ihn mit der Zensur, ja mit der Staatsanwaltschaft in Konflikt geraten liessen – und war berühmt geworden.

Er war auch krank, sehr krank, ein Lungenleiden warf ihn immer wieder danieder. Er kam in die Schweiz, teils um gegen den Krieg zu schreiben, teils um seine Lunge auszukurieren. Er ging von Zürich nach Arosa, heiratete dort ein ebenfalls lungenkrankes Mädchen, Brunhilde Häberle, die bei der Geburt ihres Kindes starb. Er schrieb «Oden an Irene», dreissig Sonette, eine erschütternde Todesklage, das Werk eines wahren Dichters.

Später liess er sich auf dem Monte Bré, oberhalb Luganos, nieder. Im dortigen Sanatorium wurde es ihm bald zu langweilig, und er kam nach Ascona. Aber auch dieser Ort sagte ihm nicht zu. Vielleicht war es das ständige Fieber, das ihn so unruhig machte, vielleicht auch das Wissen, dass er nicht mehr lange zu leben haben würde. Er fuhr daher oft nach Lugano oder Locarno. Er brauchte Menschen, er brauchte Betrieb, er suchte und fand auch immer neue Mädchen, schöne Geschöpfe, die sich Hals über Kopf in ihn verliebten und denen er imponieren wollte. So erklärten sich auch seine häufigen Ausflüge in die Spielsäle.

Dann erhielten die Asconeser Freunde wohl Telegramme wie dieses: «Veni, vidi, vici – ich kam, besah und besiegte das holdeste Mädchen – sendet fünfhundert Franken.»

Überflüssig zu sagen, dass die Freunde die fünfhundert Franken nicht schickten – wer in Ascona besass denn schon fünf hundert Franken?

Dieses Telegramm wurde im März 1919 abgesandt – der Krieg war schon zu Ende. Er war für die Asconesen ebenso unbemerkt zu Ende gegangen, wie er für sie begonnen harte.

Niemand hasste den Krieg so leidenschaftlich wie Franziska Reventlow. Sie war zu international eingestellt, um Verständnis für jene Art deutschen Patriotismus aufzubringen, deren Verfechter am liebsten ganz Europa annektiert hätten wie der altdeutsche Reichstagsabgeordnete Graf Ernst zu Reventlow, Franziskas Bruder, es verlangte. Wenn man sie fragte, ob sie mit ihm verwandt sei, zuckte sie zusammen.

Die schöne, elegante Frau, die nie Geld hatte und sich seit dem grossen Tessiner Bankkrach in unzählige Prozesse mit der Bank von Locarno verstrickt fand, lebte zuletzt allein in einem Häuschen oberhalb Locarnos. Der Tod kam schnell – und das war gut so. Sie hatte eine Bergtour gemacht, war dabei gestürzt und hatte sich den Bergstock in den Leib gerannt. Ihre Zugehfrau fand sie schwer krank vor und rief den Arzt. In der Clinica Balli wurde sie operiert, doch erwachte sie nicht mehr aus der Narkose; eine Darmverschlingung hatte den Tod herbeigeführt. Nur drei oder vier Menschen gaben ihr das letzte Geleit.

SCHWINDLER AUF DEM MONTE VERITÀ

Wie stand es um den Monte Verità? Vieles hatte sich geändert – auch was Oedenkovens persönliches Leben betraf. Nachdem er lange mit der mehr als zehn Jahre älteren Ida Hofmann verbunden war, hatte er sich in eine schöne und wesentlich jüngere Engländerin verliebt. Die war zwar für Vegetabilismus, aber durchaus nicht für freie Liebe zu haben. Er musste sie heiraten.

Ida Hofmann überwand sich und blieb. Trotzdem, und trotz der Abwanderung vieler seiner Jünger während des Krieges, kam Oedenkoven zu der Überzeugung, dass die Zeit für ein friedliches Zusammenleben der Menschen noch nicht gekommen war. Gäste, die bei ihm ausharrten, hatten nicht das geringste Interesse für seine weltanschaulichen Belehrungen. Viele wollten sogar Fleisch essen!

Da trat ein neuer Mann auf, Theodor Reuss, der sich als Freund von Rudolf Steiner ausgab. Reuss hatte die Vorkriegsjahre in England verbracht, wo er angeblich Grossmeister einiger Freimaurerlogen gewesen war. Er schlug Oedenkoven vor, den Monte Verità zum Sitz eines Ordensstempels zu machen.

Oedenkoven gab später zu, dass er sich darunter nicht sehr viel vorstellen konnte. Er sah nur, dass der Monte Verità wieder einen Inhalt, einen geistigen Hintergrund erhalten sollte, und dass Reuss, der mehr den Eindruck eines gewiegten Geschäftsmannes als den eines Grossmeisters eines mysteriösen Ordens machte, die Sache schon in Gang bringen würde. Und so schien es auch. Reuss hielt vielbesuchte Vorträge auf dem Monte Verità über den OTO, den Ordenstempel des Ostens, in dem höchst geheime und okkulte Dinge vor sich gehen sollten.

Es fanden sich sogar einige Leichtgläubige, die erhebliche Geldsummen in dieses neue Unternehmen steckten. Man drängte sich geradezu danach, Mitglied des Ordens zu werden. Klüger wurde man dadurch aber auch nicht. Denn es gab vierundneunzig Grade, und erst wenn man einen bestimmten Grad erreicht hatte, sollte man gewisser Offenbarungen teilhaftig werden. Die meisten brachten es nie über den sechsten oder allenfalls siebenten Grad.

Das Ganze war ein toller Schwindel und wäre überall schnell aufgeflogen, nur eben in Ascona nicht. Im Juni 1917 fand sogar ein Kongress auf dem Monte Verità statt, Vegetarier und Freimaurer trafen zusammen bei religiösen Festen mit Weihrauch und Tänzen – auch Laban und Mary Wigman wirkten mit. So liessen sich weiterhin noch Dumme einfangen, die mit einer Unterstützung nicht zögerten. Es wurde weiterhin getanzt, gesungen und gepredigt – doch eines Tages sickerte durch, dass Herr Reuss ein Hochstapler sei. Und als ein Jahr vergangen war, warf Oedenkoven ihn kurzerhand hinaus.

Die Stimmung nicht nur auf dem Monte Verità, sondern in ganz Ascona sank unter den Nullpunkt. Es war wie nach einer durchzechten Nacht, alles hatte furchtbaren Katzenjammer. Man genierte sich, hereingefallen zu sein, jeder versuchte es abzuleugnen, aber jeder wusste von jedem, wie er sich blamiert hatte. Zu anderen Zeiten wären viele Hals über Kopf abgereist. Aber noch war ja Krieg. Man konnte nicht einfach abreisen.

Oedenkoven war vielleicht am schwersten getroffen. Er wollte überhaupt nichts mehr mit dem Monte Verità zu tun haben, erzog sich in seine Villa zurück, und wenn man ihn fragte, schüttelte er nur den Kopf. Er war zutiefst enttäuscht. Er sah sein Lebenswerk zerstört. In der Folge kümmerte er sich kaum noch um seine Siedlung – sie war ja auch keine Siedlung mehr. Seine Frau Isabelle und seine Freundin Ida Hofmann versuchten Geld zu machen, indem sie in den bisherigen

Gasträumen ein Kinderheim einrichteten – und das wurde seltsamerweise ein recht gutes Geschäft.

Und dann war der Krieg zu Ende – für die Asconesen begann der Friede ebenso unbemerkt, wie der Krieg ausgebrochen war. Oedenkoven gab nun jedem, der ihm einen anständigen Preis zahlte, Land ab, woran er früher nie gedacht hätte. Schliesslich verpachtete er das Hotel und das Sanatorium nebst den umliegenden Villen, den Chalets und Hütten seiner früheren Anhänger einem gewissen Herrn Scheuermann, der sich aus Deutschland einfand und erklärte, er wisse schon, wie man den Monte Verità wieder hochbringen könnte. Ende Dezember 1919 wurde alles unterschrieben. Im Januar des neuen Jahres verliess Oedenkoven Ascona für immer. Seine Frau und die getreue Ida Hofmann begleiteten ihn. Er wollte in Spanien eine neue Siedlung ins Leben rufen, aber er verkaufte das bereits erworbene Gelände wieder zu einem viel günstigeren Preis an den Staat, der es für den Bau einer Bahn benötigte. Die nächste Station Oedenkovens wurde auch zu seiner letzten: Brasilien. Auch dort gründete er eine vegetarische Kolonie und starb zwölf Jahre später als Sechzigjähriger.

Das zweite Jahr nach dem furchtbaren Krieg war angebrochen. Max Liebermann wurde Präsident der Preussischen Akademie der Künste, Knut Hamsun erhielt den Nobelpreis, der finnische Läufer Paavo Nurmi erzielte während der Olympischen Spiele in Antwerpen einen Weltrekord. Mahatma Gandhi begann seinen gewaltlosen Kampf für ein von Grossbritannien unabhängiges Indien, Lenin erklärte in Moskau, Radikalismus sei nur eine Kinderkrankheit des Kommunismus. Der Tänzer Rudolf von Laban schrieb sein Buch «Die Welt des Tänzers», und Otto Braun wurde preussischer Ministerpräsident.

Aber die düstere Zukunft, die ihn an den Strand des Lago Maggiore spülen würde, zeichnete sich schon ab. In Berlin unternahm ein Rechtsradikaler, der Generallandschaftsdirektor Kapp, einen Putsch, um die Weimarer Republik zu stürzen. Hitler kündigte im Hofbräuhaus zu München sein Programm – fünfundzwanzig erschreckende Punkte – an, und Admiral Horthy wurde ungarischer Reichsverweser.

1921 forderte London noch immer die Verurteilung der deutschen Kriegsverbrecher; in Leipzig wurden sie freigesprochen. Aber der katholische Politiker Matthias Erzberger, der den Versailler Vertrag unterschrieben hatte, wurde von der Feme ermordet. Die USA lehnten diesen Vertrag ab und schlossen einen Sonderfrieden mit Deutschland. Die Russen siegten in der Mongolei. Alfred Einstein wurde Nobelpreisträger, und seine Relativitätstheorie erlangte Popularität, obwohl kein Laie genau hätte angeben können, worum es dabei ging.

In und um Ascona ereignete sich weniger Wichtiges. Nur auf dem Monte Verità ging es hoch her. Kabarettistische Vorführungen, Tanz zu den Klängen eines weithin hörbaren Orchesters, Nacktbäder und ein Kinderheim. Am besten amüsierte sich der neue Pächter Scheuermann selbst, nicht zuletzt mit den jungen attraktiven Schwestern des Kinderheims, die lieber tanzten, als sich um ihre Pflegebefohlenen zu kümmern. Eine Untersuchungskommission – Bern war durch eine Denunziation alarmiert worden – fand die Zustände «unhaltbar». Das Kinderheim wurde aufgelöst, Kinder und Schwestern verschwanden – und schliesslich verschwand auch Herr Scheuermann.

Es kam der Holländer Schmitz, der kein Geld besass, infolgedessen niemanden anstellen und keine Nahrungsmittel einkaufen konnte. Die Gäste mussten sich selbst verpflegen, einkaufen, kochen, ihre Zimmer aufräumen. Einige Amerikaner liessen sich ihr Essen aus Ascona kommen und luden ihren bedürftigen Hotelier ein, mitzuhalten. Schmitz verschwand eines Tages, um im Land der unbegrenzten Möglichkeiten Tellerwäscher zu werden.

Der Betrieb sollte weitergeführt werden, so hiess es. Der Betrieb ... Davon war nicht viel zu spüren. Nur Karl Vester, dem der Anwalt Oedenkovens die Schlüssel der Häuser auf dem Monte Verità anvertraut hatte, erschien gelegentlich, vermietete ein Chalet oder ein Hotelzimmer, und die Gäste, die sehr wenig zahlten, versorgten sich selbst mit Decken, Stühlen, Tischen und Geschirr aus benachbarten Chalets oder den Kellern der Hotels oder wo immer sie sich fanden. Andere, die gar nichts zahlten, holten sich ebenfalls dies und das. Sie kamen allerdings während der Nacht, ohne vorher bei Vester vorgesprochen zu haben. Selbst die Zäune – der Luftbäder zum Beispiel – verschwanden während der kalten Winter, in denen viele Bewohner Asconas Brennholz benötigten.

Der Monte Verità verfiel, zerfiel.

Aber nach Ascona kamen immer neue Gäste. Manche erregten ein gewisses Aufsehen. Da war Friedrich Adler, ein sagenumwobener junger Mann, Sohn des österreichischen Sozialistenführers Viktor Adler. Als überzeugter Pazifist hatte er im Krieg gegen den Krieg demonstriert, indem er auf einer Strasse Wiens den Ministerpräsidenten anschoss. Der Vater hatte ihn in den letzten Kriegstagen aus dem Gefängnis befreit, am Vorabend der Revolution, die er nicht mehr erleben sollte. Friedrich Adler wurde schliesslich in die Schweiz abgeschoben, wählte Brissago als Wohnsitz, lebte aber meist in Ascona, wo er mit einem gewissen angenehmen Gruseln beobachtet wurde, vor allem von jungen Frauen, für die er eine harmlose Schwäche hatte und die er nach einem beliebten Tessiner Mandelgebäck «süsse weisse Amoretti» zu nennen pflegte.

INFLATION – UND EINE BEMERKENSWERTE DAME AUS DEUTSCHLAND

Emil Ludwig kehrte zurück. Er hatte als Kriegsberichterstatter manches erlebt, «eine grosse Schule der Menschenkunde waren für mich diese fünf Jahre gewesen; nun war es Zeit, sie anzuwenden», vermerkte er in seiner Autobiographie. Er wollte keine Dramen mehr für die Schublade schreiben. «Sicher war mir das eine: nicht mehr einsam auf einem Stein sitzend Melodien in die Landschaft zu flöten, sondern Talent und Bildung in den Wind zu rücken: auf eine Epoche zurückzuwirken, aus der man seine Nahrung zog. Nicht mehr hochmütig für zweihundert Gourmands zu kochen, vor der Wirkung in die Breite zu erschrecken, sie vielmehr zu suchen und die Probleme der Zeit nach Kräften mitzuenträtseln; Jugend mitzuerziehen, indem man sich selbst weitererzog ...»

Aber Emil Ludwig konnte sich in seinem Haus in Moscia, konnte sich in der Schweiz nicht halten. Seine Einkünfte bezog er aus Deutschland, und die deutsche Mark sank ständig gegenüber dem Franken. Die Inflation war ausgebrochen! Ludwig musste sein Haus vorübergehend vermieten und nach Deutschland zurückkehren.

Dort wurde er über Nacht berühmt durch ein Theaterstück über Bismarck «Die Entlassung», in dem auch der bei Kriegsende nach Holland geflohene Kaiser als junger Monarch auftrat. Das Stück war kein Meisterwerk, und die Leute strömten erst hinein, als Wilhelm II. aus seinem Exil in Doorn es wegen Verletzung seiner Persönlichkeitsrechte verbieten lassen wollte. Den Prozess verlor er. Das Stück erlebte mehr als tausend Aufführungen.

Inflation! Sie sollte unlösbar mit dem Leben einer bemerkenswerten Frau verbunden sein, die bald nach der Jahrhundertwende in Ascona angekommen war: Baronin Bock von Wülfingen, aus altem hannoverschem Adel, war eine sehr schöne Frau, gross, dunkel, vollschlank und mit künstlerischen Talenten ausgestattet. In erster Ehe mit einem Mann namens Lappe verheiratet, ehelichte sie später ihren Vetter, den ziemlich leidenden Baron. Das Leben auf dem Gut Wülfingen sagte ihm nicht zu, und seine Ärzte rieten zu einer Luftveränderung. Seine Frau schlug Ascona vor oder eigentlich den Monte Verità. Sie neigte ein wenig zu Naturheilkunde und Vegetarismus.

Dem Baron gefiel es gut im Tessin. Nur als Oedenkoven ihn fragte, ob er womöglich mit der Dame in seiner Begleitung verheiratet sei, bekam er einen Schock. «Wofür hält uns der Mann eigentlich?», rief er aus, jeder Zoll ein Bock von Wülfingen.

Er kaufte schliesslich ein Häuschen in einem Weinberg und gedachte zunächst, nur ein paar Monate im Jahr dort zu verbringen, blieb dann aber länger, obwohl das Häuschen, bestehend aus einem Raum mit Küche und Terrasse, recht primitiv war. Eine Wasserleitung gab es zwar, aber sie funktionierte nur, wenn die Nachbarn nicht gerade Wasser abzapften.

Die schöne Baronin hatte noch einen anderen Grund, Ascona dem Gut Wülfingen vorzuziehen. Sie hatte das Buch einer Theosophin gelesen, die für 1912 einen Weltkrieg vorhersagte, der eine Revolution und die Vertreibung der Hohenzollern nach sich ziehen würde. Sie wollte vor allem ihre Familie in Sicherheit bringen. Um ihren Besitz kümmerte sie sich wenig.

Sie lebte mit ihrem Mann sehr glücklich in Ascona, die Luft tat ihm wohl, er kaufte mehr Land. Auf einem Grundstück stand ein alter Turm, von dem man sagte, es sei ein Römerturm – das traf allerdings nicht zu – und den er anfangs des Krieges zur Casa Wülfingen ausbauen liess. Er ärgerte sich, als man ihm etwas von der Aussicht verbaute – obwohl noch immer genug Aussicht blieb. «In Deutschland wäre so etwas nicht möglich!», fauchte er. Aber er dachte trotzdem nicht daran, nach Deutschland zurückzukehren, als der Krieg, der Prophezeiung entsprechend, wenn auch mit Verspätung, ausbrach.

Was konnte ihm und seiner Frau in Ascona geschehen?

Er sah nicht voraus, dass es nach Kriegsende immer schwieriger werden würde, Geld aus Deutschland zu transferieren. Schon 1921 wurde nur noch der Gegenwert von 30 Franken pro Monat überwiesen. Davon konnte man nicht einmal in Ascona leben. Die Baronin meinte, es müsse ein leichtes sein, sich von Tomaten zu ernähren, nicht indem man sie ass, sondern indem man sie verkaufte. Ein Treibhaus wurde gebaut, aber die Tomaten wurden nicht verkauft. Als nächster Versuch entstand eine Hühnerfarm. Ein befreundetet baltischer Baton riet, Webstühle anzuschaffen: «Ein Webstuhl ernährt immer seinen Mann!» Die Sechzigjährige fuhr nach Wattwil auf die Webschule. Nach ihrer Rückkehr begann sie die Arbeit mit ein paar Handwebstühlen, die über das ganze Haus, die Küche eingeschlossen, verteilt wurden. Mit sicherem Geschmack entwarf sie Muster und liess Tessiner Schürzen weben. Das war etwas ganz Neues, das war ein Schlager für die Geschäfte in Ascona und an anderen Orten. Die Baronin liess schliesslich einen Websaal anbauen, der mit seiner Belegschaft von zwölf bis fünfzehn Mädchen bald zu den Sehenswürdigkeiten von Ascona gehörte.

Manchmal hörten die Leute im stillen Ascona von denen, die früher einmal bei ihnen geweilt hatten und später in die grosse Welt zurückgekehrt waren. Etwa von Erich Mühsam. Der hatte sich nach Ausbruch des Krieges so hemmungslos pazifistisch betätigt, dass man ihn ins Gefängnis schicken wollte; schliesslich wies man ihm einen Zwangsaufenthalt in Garmisch-Partenkirchen zu. Kaum war die Revolution ausgebrochen, schloss sich Mühsam dem Münchner Arbeiter- und Soldatenrat an. Nach dem Zusammenbruch der Räteregierung wurde er, der eigentlich wenig mit der ganzen Sache zu tun gehabt hatte – er sympathisierte eben immer mit den Unterdrückten –, zu fünfzehn Jahren Haft verurteilt. In seiner Gefängniszeit konnte er weitere Gedichtbände und ein Drama «Judas» veröffentlichen lassen.

1925 wurde er begnadigt. Dies war aber keineswegs der bayerischen Regierung zu verdanken, sondern einer Intervention des päpstlichen Nuntius Pacelli, der damals in Berliner politischen Kreisen schon eine bedeutende Rolle spielte und später Papst Pius XII. werden sollte. Pacelli hatte begriffen, dass Erich Mühsam im Grunde ein guter Mensch, dass er sein ganzes Leben lang ein grosses Kind geblieben war.

Auch Leopold Wölfling, dem einstigen Erzherzog, erging es übel, als seine Apanage in der Inflation zusammenschmolz. Er ernährte sich mehr schlecht als recht, indem er in Berliner Kabaretts den belustigten Bürgern sein Schicksal erzählte. Später sah man ihn auch in den Cafés der Friedrichstrasse mit einem Teller umhergehen, um Geld für seine Darbietungen einzusammeln.

Fürst Peter Alexewitsch Krapotkin hatte sein letztes Buch «Anarchische Moral» noch beendigen können, war aber vor dessen Veröffentlichung gestorben. Zuletzt gehörte er in der Sowjetunion, obwohl er nie Kommunist gewesen war, zu den «Denkmälern» aus der Frühzeit dieser Bewegung.

Indessen begann die junge Mary Wigman von sich reden zu machen, vor allem in Berlin und Dresden. Ihre «abstrakten» Tänze standen im Mittelpunkt bewegter künstlerischer Diskussionen. Sie wurde von der Kritik in den Himmel gehoben oder scheinbar vernichtet. Aber schon war sie ein Begriff geworden.

In der Tessiner Zeitung «Die Südschweiz» fand sich am 12. Oktober 1923 – auf dem Höhepunkt der Inflation – folgende Notiz: «Die dem Belgier Henri Oedenkoven gehörende Liegenschaft samt Gebäudekomplex auf dem Monte Verità oberhalb Ascona ist einem Konsortium von drei fremden Herren um die Summe von 110 000 Franken verkauft worden. Es ist noch nicht bekannt, für welchen Zweck die ehemalige Kolonie der Naturmenschen und Vegetarier verwendet werden soll.»

Vorläufig wurde erst einmal renoviert. Es war die Idee der neuen Besitzer, die aus Berlin stammten, den Geist Berlins, besonders den Geist der zwanziger Jahre nach Ascona zu verpflanzen. Betrieb! Betrieb! Am 1. Februar 1924 fand die Eröffnung statt, wobei ein splendides Déjeûner mit Hummer, Gänseleber und Kaviar geboten wurde. Die Preise des wiedereröffneten Hotels – wer dachte noch an die einstige «kommunistische Siedlung»? – erwiesen sich aber als mässig. Ein Zimmer im Hotel kostete 3 bis Franken pro Bett, in den Chalets 1.50 bis 3.50. In den Chalets gab es allerdings keine Bedienung. Wenn man sie wünschte, musste man einen Zuschlag bezahlen. Für Licht wurde 25 Rappen, für Heizung 50 Rappen pro Tag erhoben. Bei einer Woche Aufenthalt wurde zehn Prozent Ermässigung gewährt, bei einem Monat zwanzig, bei drei Monaten dreiunddreissig Prozent, und wer länger als sechs Monate blieb, brauchte nur die Hälfte zu zahlen. Das Frühstück kostete Fr. 1.50, das Mittagessen Fr. 3.50, ebenso das Abendessen. Zehn Mahlzeiten kosteten nur 30 Franken, eine Woche Pension 45 Franken. Kurz, die Besitzer bemühten sich, das Publikum möglichst lange zu halten.

Auch wurden «tolle» Bälle veranstaltet – vor allem Kostümbälle. Die gute Laune wuchs. Die Grundstückpreise zogen wieder an. Das Defizit auf dem Monte Verità vergrösserte sich allerdings ebenfalls, nicht zuletzt, weil die neuen Direktoren weniger zu arbeiten als sich zu amüsieren gedachten.

AUFTRITT: BARON VON DER HEYDT

Auch draussen in der Welt wollte man wieder das Leben geniessen. Vergessen war die Ermordung des deutschen Aussenministers Walter Rathenau, dem seine rechtsradikalen Gegner «Erfüllungspolitik» gegenüber den Siegermächten vorgeworfen hatten, anscheinend vergessen hinter Gefängnismauern war Gandhi, war auch der Putsch Hitlers, den die Behörden vorzeitig aus der Festungshaft entliessen.

Gustav Stresemann war deutscher Aussenminister geworden. Nicht zuletzt dem Einfluss seiner Persönlichkeit ist es zuzuschreiben, dass sich das internationale politische Klima für die junge Republik zusehends verbesserte. In Locarno, nur wenige Kilometer von Ascona entfernt, wurde im Oktober 1925 Weltgeschichte gemacht, wobei erstmals seit Kriegsende Deutschland als für seine Aussenpolitik frei verantwortlicher Staat auftreten konnte. Es ging um den Abschluss eines

Sicherheitspaktes zwischen den Hauptalliierten des Weltkrieges, zu denen die Tschechoslowakei und Polen traten, und Deutschland. Der Pakt war ursprünglich von Stresemann vorgeschlagen worden, aber als Grossbritannien und Frankreich die Anregung aufgriffen, versuchten nationalistische Kreise in Berlin, die den im Mai 1925 gewählten Reichspräsidenten von Hindenburg für ihre Absichten zu gewinnen suchten, Schwierigkeiten zu machen; vor allem wurde die sogenannte Kriegsschuldfrage erneut aufgeworfen.

Die Bedeutung des Abkommens lag darin, dass Deutschland nicht länger als besiegtes Land einer geschlossenen Front der Siegermächte gegenüberstand, sondern als gleichberechtigter Partner zur internationalen Zusammenarbeit und zur Erhaltung des Friedens herangezogen wurde. Deutschland sollte dem Völkerbund beitreten, die noch bestehende Besetzung einiger deutscher Gebiete schnellstens abgebaut, die Grenzen der europäischen Staaten, auch diejenigen Deutschlands, durch Verträge und Garantien gesichert werden. Die wichtigsten Verhandlungspartner waren Aristide Briand für Frankreich, Austin Chamberlain für Grossbritannien, Gustav Stresemann und Hans Luther für Deutschland.

Obwohl die grossen Hotels in Locarno mit Diplomaten, ihren Mitarbeitern, Sachverständigen, Stenographen, neutralen Beobachtern und natürlich auch mit Presseleuten vollgestopft, obwohl die zahlreichen Empfänge und Festlichkeiten das Tagesgespräch nicht nur des Städtchens, sondern Europas waren – so etwa der Geburtstag der Lady Chamberlain, der auf einer illuminierten Yacht auf dem Lago Maggiore gefeiert wurde –: in Ascona nahm man kaum Kenntnis von dem, was in Locarno geschah. Nicht einmal die Tatsache, dass der deutsche Reichskanzler Luther und Briand sich in Ascona trafen, um auf der Terrasse des Albergo Elvezia unter vier Augen sprechen zu können, machte besonderen Eindruck. Erst als es durchsickerte, dass ein Locarneser Gesangverein zum Abschluss der Verhandlungen ein Ständchen vortragen wollte und Verstärkung der Sängerbrigade in Ascona gesucht wurde, machte man sich dort Gedanken über die Bedeutung, die der Konferenz vielleicht doch zukam … Ein Jahr später begriff man diese dann wirklich – und das hatte vielleicht auch mit einer Katze zutun, die von Briand während seines Gesprächs mit Luther gestreichelt worden sein soll. Sie wurde von einem amerikanischen Touristen für 50 Dollar käuflich erworben. In den folgenden Jahren wimmelte es auf der Piazza von «allein authentischen Briand-Katzen» und von Amerikanern, die sie bereitwillig zum Freundschaftspreis von 50 Dollar erwarben!

Stresemann sollte selber einige Male nach Ascona kommen, er bedurfte der Erholung, arbeitete er doch viel zu schwer, und befand sich häufig am Rande eines Zusammenbruchs. Die ständige Hetze, die namentlich von den Deutschnationalen gegen ihn betrieben wurde, vor allem ihr ostentativer Austritt aus der Regierungskoalition nach dem Abschluss des Locarnopakts, setzte ihm arg zu.

Mit Emil Ludwig, den Stresemann von dessen Tätigkeit für das «Berliner Tageblatt» gut kannte, führte er lange Gespräche über die Unbelehrbarkeit der Nationalisten in Deutschland; noch längere allerdings über Emil Ludwigs Bücher. «Über Goethe wusste er Dinge», berichtete der Dichter, «die in Deutschland nur ein paar hundert Eingeweihten bekannt oder aufgegangen sind. Er wagte es sogar, sich auf offener Karte zu meinem Bismarck zu bekennen, während seine Parteipresse mich deshalb verhöhnte oder anklagte.»

Emil Ludwig war inzwischen ein bekannter Schriftsteller mit stets wachsender Leserschaft geworden. Er haute sich auf seinem Grund in Moscia ein schönes, grosses Haus, liess das alte aber stehen, um sich selbst und manchmal auch seinen Gästen vor Augen zu führen, dass es ihm nicht immer so gut gegangen war. Er arbeitete nach seinem «Goethe» und «Napoleon» an den Biographien Wilhelms II. und Bismarcks. Der Ausgangspunkt war immer der gleiche: «Meine Biographien alle, die grossen und die kleinen, habe ich in Anschauung des Bildnisses begonnen, das ich jahrelang kannte, ehe ich die anderen Dokumente auch nur aufschlug: hier war das eindringlichste Dokument, und wenn der Maler log, so gab es andre, die man vergleichen konnte, im besten Falle die Fotografie oder für frühere Zeiten die Maske. Dann aber kam eine Anekdote, die den ganzen Menschen umfasste, eine Antwort, ein kurzer Brief, ein Befehl, ein Geschenk, eine Überredung, ein scheinbares Nichts, und mit einem Mal schlugen die Elemente zusammen: die Züge des Menschen, und das, was er in einem plötzlichen Einfall tat, liess, sagte oder verschwieg.»

Für Emil Ludwig waren die Lebensäusserungen eines Menschen das Entscheidende, nicht seine Werke. Er unterschied vier Formen der Autobiographie: Reden, Briefe, Tagebücher, Gespräche. Hierauf baute er auf. «Grosse Charaktere gleichen darin den tiefsten Musiken, weil man sie sich nicht an einer oder zwei melodischen Themen merken kann: behalte ich acht Motive im Kopfe, so kann ich allenfalls vier Sätze eines Quartetts von Haydn, nie aber eines der letzten von Beethoven rekonstruieren. Der liebenswürdige Mensch, der langweilige, der idealistische, der energische, der feige, der geizige sind leicht zu merken und darzustellen, aber meistens werden sie einseitig dargestellt; in Wahrheit ist Jeder komplex und unerwarteter Taten und Gefühle fähig.»

Erst nachdem er sehr viel gelesen hatte, begann er mit der eigentlichen Konstruktion eines Buches. Es kam ihm nicht in den Sinn, ganz einfach chronologisch zu berichten. Er baute Szenen auf. Alle seine Biographien hatten fünf Akte, meist Teile genannt. Jetzt kam ihm seine Routine als Dramatiker zu Hilfe. «Ohne zwanzigjährige dramatische Übungen wären jene Lebensbilder unmöglich …»

Er durfte aber auch feststellen: «Ich habe in keinen meiner biographischen Bände eine einzige, quellenmässig nicht bewiesene Anekdote aufgenommen. Niemals bin ich von den Spürhunden der tendenziösen Unterdrückung einer für den Aufbau des Charakters erheblichen, echten Stelle überführt worden.»

Die Spürhunde: von Anfang an waren sie hinter ihm her, die es ihm übelnahmen, dass seine Bücher nicht langweilig waren wie die ihren, und dass er über so vieles schreiben konnte: «In Deutschland sind dem Autor drei Dinge öffentlich verboten: Fleiss, Klarheit und Vielseitigkeit. Schreibt er viel, so ist er ein Vielschreiber; schreibt er klar, so ist er banal. Da die Deutschen meist Schwere mit Tiefe verwechseln, so ist jeder verdächtig, der klar zu sein sich bestrebt, denn was verständlich ist, gilt für oberflächlich.»

Das Schlimmste, was Emil Ludwig den Fachleuten antat, war, dass er so viel schrieb. Das konnte nicht mit rechten Dingen zugehen! Also wurde behauptet, er habe fünfundvierzig Studenten verpflichtet, seine gesammelten Werke zu verfassen. In Wahrheit verhielt es sich so, dass der befreundete Wissenschaftler Dr. Wildhagen aus Heidelberg für ihn Quellen zusammenstellte, dass seine damalige Mitarbeiterin Dr. Nettie

Katzenstein-Sutro und vor allem seine ausserordentlich gebildete und einfühlsame Frau Elga diese vielen hundert Quellenwerke durchlasen und mit Anmerkungen versahen, was den Vorteil hatte, dass Ludwig selbst nicht mit Material belastet wurde, das er später doch nicht brauchen konnte.

Emil Ludwig ging sehr grosszügig mit dem Geld um, das er mit seinen Büchern nicht nur in Deutschland, sondern auch durch Übersetzungen verdiente: in den USA standen seine Biographien auf der Bestsellerliste. Er unterstützte zahlreiche Bedürftige und solche, die vorgaben, es zu sein. Berühmt waren die Feste, die er gab; dasjenige seiner Silberhochzeit dehnte sich über mehrere Tage aus. Unter den Gästen befanden sich Gerhart Hauptmann mit Gattin und Jakob Wassermann, die Verleger Ernst Rowohlt und Samuel Fischer. Die Gäste waren nicht nur zu den Mahlzeiten, exquisiten Mahlzeiten, bei denen alle nur erdenklichen Delikatessen aufgetragen wurden, sondern auch zu den Übernachtungen in den Hotels eingeladen. Diener in Eskarpins servierten, ein Festspiel wurde aufgeführt, in dem die von Emil Ludwig geschilderten Grossen der Weltgeschichte auftraten; unter anderem hatte der Schauspieler Alexander Moissi die Rolle Napoleons übernommen.

Bei einem dieser schwelgerischen Empfänge wurde der Deckel einer Pastete abgenommen und eine weisse Taube flog heraus, um sich ratlos auf einer Gardinenstange niederzulassen, was Frau Hauptmann zu dem Ausruf veranlasste: «Gerhart, der Heilige Geist ist über dir!»

Emil Ludwig wäre der prominenteste Bewohner Asconas gewesen, hätte sich im Dorf damals nicht ein neuer Bewohner eingestellt, eine ebenso interessante wie zunächst auch recht undurchsichtige Persönlichkeit: Eduard Freiherr von der Heydt.

Er sah recht unkonventionell aus – ein schlanker Herr mit einem feingeschnittenen Gesicht, buschigen Augenbrauen, einem fast kahlen Schädel, einem breiten sinnlichen Mund und durchdringenden Augen. Aber manchmal verschleierten sich diese Augen, wurde der Mund zum Strich, verschwand gewissermassen der ganze Mann, als wolle er sich in sich selbst zurückziehen.

Seltsame Gerüchte kursierten über ihn in Ascona. Er habe den Monte Verità gekauft, aber nicht, um selbst dort zu wohnen, vielmehr für die Söhne des Exkaisers Wilhelm II.; er sei überhaupt ein intimer Freund des Kaisers und suche seinen Einfluss geltend zu machen, um diesen wieder an die Macht zu bringen.

Daran stimmte, dass von der Heydt den Kaiser einige Male in Doorn und dieser ihn in seinem in der Nachbarschaft gelegenen Sommerhaus in Zandvoort besucht hatte, dass er, von Beruf Bankier, den Kaiser bei der Anlage seines erheblichen Privatvermögens beraten und als überzeugter Monarchist und ehemaliger preussischer Offizier sich lange Zeit eine Wiederherstellung der Monarchie in Deutschland erhoffte.

Aber das hatte nicht das geringste mit Ascona zu schaffen. Dorthin war von der Heydt auf Umwegen gekommen: über Engelberg, wo die Skisaison zu Ende ging und sein Hotel geschlossen wurde, über das «Esplanade» in Locarno, das man ihm in Engelberg empfohlen hatte, über den internationalen Flaneur André Germain, dessen Vater die Bank «Crédit Lyonnais» gegründet hatte, und durch die Malerin Marianne von Werefkin, die ihm, von Germain vorgestellt, die Umgegend Asconas, insbesondere den verwilderten Monte Verità gezeigt hatte. Er war begeistert, vergass das aber alles wieder, bis er knapp drei Jahre später eine Anfrage des damaligen Besitzers, des Belgiers William Werner erhielt, ob er den Monte Verità nicht kaufen wolle. Die Hypothekengläubiger hatten den begreiflichen Wunsch geäussert, ihr Geld wiederzusehen. Der Preis betrug 320 000 Franken. Weniger aus besonderem Interesse an dem Terrain, als um nicht glattweg abzulehnen, bot von der Heydt die Hälfte – und erhielt den Zuschlag. Aber es dauerte noch einige Monate, bis er Zeit fand, selbst ins Tessin zu kommen. Denn er war ein vielbeschäftigter Mann, und er dachte wohl kaum daran, dass er mehr als ein paar Wochen im Jahr auf Monte Verità verbringen würde.

Eduard von der Heydt war 1882 als Sohn eines Bankiers in Barmen-Elberfeld geboren. Er studierte Nationalökonomie, arbeitete in einer New Yorker Bank, diente bei den Potsdamer Garde-Ulanen und etablierte sich als Bankier in London, wo er bis zum Weltkrieg blieb. Als Reserveoffizier kam er an die Westfront, wurde aber bald als Legationsrat an die deutsche Gesandtschaft in Den Haag abkommandiert. 1920 gründete er eine Bank in Holland, die eine Filiale in Berlin hatte. Und scheinbar so ganz nebenbei wurde er einer der bedeutendsten europäischen Kunstsammler.

Später amüsierte es ihn, zu betonen, er habe seine Kunstschätze, vor allem die Bilder, spottbillig gekauft, besonders zu Zeiten, da andere verkauften. Aber die wahren Motive waren andere. «Ich kam durch die Philosophie zum Sammeln asiatischer, aber vor allem buddhistischer Kunstwerke», schrieb von der Heydt in seinen Erinnerungen. «Als ich noch zur Schule ging, las ich viel Schopenhauer. Und ganz besonders interessierte mich, was der deutsche Philosoph über die indische Philosophie geschrieben hatte, und dann studierte ich Werke über diese indische Philosophie, und es war nur logisch, dass es mich zu Kunstwerken zog, die zu dieser Gedankenwelt Beziehung hatten. So kaufte ich denn in Holland, wo ein Markt für ostasiatische Kunst bestand, und auch in Paris, wohin ich oft reisen musste.»

Aber es war nicht der Kunstsammler von der Heydt, der sich in Ascona ein Buen Retiro suchte, es war der glänzende Geschäftsmann, der nicht einsah, warum er nicht auch hier ein gutes Geschäft machen sollte. Er selbst liess sich im ehemaligen Haus Oedenkovens, der Casa Annetta, nieder, die meisten übrigen Gebäude wurden abgerissen, und ein neues Luxushotel entstand, kein überdimensionaler Bau, eher ein intimer und äusserst geschmackvoller. Und das war das Einmalige: der Hotelbesitzer schmückte mit zahlreichen Stücken des Sammlers die Räume des Hotels aus, die Halle, das Restaurant, den Garten, ja sogar die Zimmer der Gäste. Die konnten nun die Buddhafiguren, die Negerplastiken, die Bilder von Van Gogh, Cézanne, Degas, Ingres, Picasso bewundern und taten es natürlich auch.

Die Gäste waren recht prominent. Es kam zwar nicht der Kaiser, wohl aber der deutsche Kronprinz, es kamen Richard Strauss und König Leopold von Belgien, der Schauspieler Emil Janflings und Chaim Weizmann, als er schon Staatspräsident von Israel war. Es kamen der Pianist Edwin Fischer und der Geiger Bronislaw Hubermann, Thomas Mann und Gerhart Hauptmann, russische Grossfürsten und Pariser Kokotten und viel englischer Adel. Und zwischen ihnen, mehr Gastgeber als Hotelier, in kurzen weissen Hosen und offenem Hemd, mit einem roten Sonnenschirm, der Freiherr Eduard von der Heydt. Der Monte Verità war fashionable geworden.

Die snobistischste aller Zeitschriften der zwanziger Jahre, der Berliner «Querschnitt» begann regelmässig über Ascona zu berichten. «Was da alles kreuchte und fleuchte oben auf dem Monte Verità, auf dem einmal Gustav Nagel residierte, unten im Café Centrale, im Dome, auf dem Lido und in den Villen am Ufer des Sees und in den Bergen ...», so notierte der Herausgeber, der kluge Kunsthändler Alfred Flechtheim, und ein Mitarbeiter schrieb: «Wer den Monte Verità kennenlernt, beginnt eine neue Erkenntnis. Er erfährt am eigenen nackten Leibe, dass unser Zeitalter zwar Sport und Körper neu entdeckt hat, aber nicht, wie manchmal Minister fürchten, nur um deren Kultur zu leben. Der Monte Verità ist eines der wenigsten Zentren einer neuen Intellektualität, einer Zeit, die begriffen hat, dass die neuen Malereien in Frankreich eine der gewaltigsten Erscheinungen der Welt sind, einer Zeit, von der die Geheimnisse Asiens anschaulich erfasst werden, einer Zeit, die wieder an sich glaubt.» Chefredakteur H. von Wedderkop liess sich über den neu entstandenen Lido wie folgt vernehmen: «Der Strand ist voll schöner badender Jugend, der einzige Strand von denen, die ich gesehen habe, wo Girls keine Rolle spielen, was zur Abwechslung sehr angenehm ist.»

Ganz Berlin sprach davon, dass auf dem Monte Verità ein Picasso im Lift hinge – ganz Berlin wollte nach Ascona. Aber dieses mondäne, intellektuelle, amüsante Berlin sollte nicht mehr lange existieren. Und auch für von der Heydt, den Lebenskünstler, der für alles vorgesorgt zu haben schien, sollten andere, ganz andere Zeiten kommen.

Wer Augen hatte zu sehen, konnte bedrohliche Anzeichen der kommenden Entwicklung wahrnehmen. 1925 hatte Hitler die NSDAP neu gegründet, «Mein Kampf» war erschienen. 1926 wurde die Hitlerjugend gegründet, Joseph Goebbels zum «Gauleiter von Berlin» ernannt. Aber diese Dinge standen keineswegs im Mittelpunkt des Interesses. Man sprach weit mehr davon, dass Gene Tunney Jack Dempsey schlug und Boxweltmeister wurde, dass Charles Lindbergh als erster den Ozean überflog und dass Johnny Weissmueller im Schwimmen erstaunliche Rekorde errang.

Um diese Zeit lag der junge Dichter Klabund im Sterben. Seit Jahren war er nach Davos verbannt, nur selten erschien er zu der Premiere eines seiner Stücke in München oder Berlin.

Das Ende kam im August 1928. Sein Freund Bert Brecht bereitete im Berliner «Theater am Schiffbauerdamm» die Uraufführung der «Dreigroschenoper» vor, ein Werk, von dem jeder der Mitwirkenden überzeugt war, es würde ein schrecklicher Durchfall werden. Die schöne Carola Neher, Klabunds Frau, sollte die Polly spielen. Wenige Tage vor der Premiere traf aus Davos eine alarmierende Nachricht ein. Frau Neher brach die Proben ab, fuhr hinauf in das Schweizer Bergtal, um Klabund in ihren Armen sterben zu sehen.

Der Mann, der ihn vielleicht hätte retten können, war ein knappes Jahr vor Klabunds Tod in Ascona aufgetaucht, ein Arzt aus dem Kaukasus, der, wenn man dem Schriftsteller Wilhelm Schmidtbonn glauben durfte, geheime Kräfte besass; er selbst war als «aufgegeben» nach Ascona gekommen und durch ihn wieder gesund geworden. Dr. Wladimir Melik, ein gedrungener, schwerer Mann von unheimlichen Kräften, war in Gerussi im Kaukasus geboren. Als Sohn sehr reicher Eltern, deren Ländereien grösseren Umfang hatten als der ganze Kanton Tessin, hatte er 1905 als einundzwanzigjähriger Student in St. Petersburg die Revolte von 1905 mitgemacht, die dem von Russland verlorenen Krieg gegen Japan folgte. Kurz darauf ging er zum Studium nach Belgien, er wollte Bergwerkingenieur werden, um sich für die Gewinnung der ungeheuren Bodenschätze im heimatlichen Kaukasus zu interessieren, fand das Studium aber zu langweilig und reiste nach Bern, um sich der Medizin zuzuwenden.

Als er Bern verliess, befand er sich in der Begleitung eines älteren Mannes, dessen Tochter er zu heiraten gedachte. Die Frage war, wo er sich als Arzt niederlassen sollte.

Während des Kamelienfestes in Ascona wurde ihm ein Grundstück in Moscia offeriert. Er selber konnte es nicht kaufen, er lebte nach der Revolution von seinen Einkünften als Arzt, da Geldsendungen aus Russland nicht mehr möglich waren. Aber sein Schwiegervater konnte das Objekt erwerben. Bald wurde darauf das Kurhaus «Collinetta» gebaut. Und kaum hatte Melik es eröffnet, fanden sich viele Besucher ein, besonders Ausländer, vor allem Berliner.

Dies hatte zunächst wohl weniger mit Meliks ärztlichem Können als mit seiner Persönlichkeit zu tun. Er wurde bald in Ascona ebenso beliebt, wie er es in Bern gewesen war. Dabei liess er die Menschen nur schwer an sich heran, mit Ausnahme der ganz einfachen und armen Asconesen, mit denen er, obwohl er keine Sprache ausser der russischen beherrschte, stundenlang sprach, mit denen er trank und die er in die Geheimnisse der russischen Kochkunst einweihte – er war es, der Schaschlik und am Spiess gebratene Hühner im Tessin einführte.

Ursprünglich war er Spezialarzt für Haut- und Geschlechtskrankheiten, aber in einem Dorf musste man eben alle vorkommenden Krankheiten behandeln können. Was ihn zum grossen Arzt machte, war seine warme, herzliche Menschlichkeit, die jedermann Vertrauen einflösste. Dazu besass er geradezu intuitive Fähigkeiten, wenn es darum ging, eine Diagnose zu stellen. Andererseits schien er Krankheiten nicht immer ganz ernst zu nehmen. So konnte es vorkommen, dass er einem Patienten nach kurzer Untersuchung erklärte, er dürfe nie wieder einen Tropfen Alkohol trinken, dann eine Flasche Kirsch holte, mit den Worten: «Komm!! Zum Abgewöhnen!» einschenkte und zusammen mit dem Patienten die Flasche leerte.

Er selbst konnte beliebige Mengen Alkohol zu sich nehmen, ohne dass sich irgendwelche Nachwirkungen einstellten. Nicht selten geschah es, dass er bis sechs Uhr morgens trank und pokerte, dann eine kalte Dusche nahm und um sieben den ersten Patienten empfing. Wenn einer kein Geld hatte, behandelte er ihn umsonst und zahlte womöglich noch für die verordnete Medizin. Er besass ein goldenes Herz, und das war mit ein Grund für seine mit der Zeit legendäre Beliebtheit.

DER SAGENHAFTE EMDEN

Wer war nun eigentlich der König von Ascona? Der erfolgreiche Dichter Emil Ludwig – oder der an Erfolg so wenig interessierte Menschenfreund Dr. Melik? Der sagenhaft reiche Baron von der Heydt, der sein Leben der Kunst verschrieben hatte, oder der wohl nicht minder reiche Max Emden, der sich in jenen Jahren zu der Auffassung durchrang, das Leben als solches sei eine Kunst?

Der Pianist Edwin Fischer hatte von der Heydt und Emden einmal in folgenden Versen miteinander verglichen:

Während sie in den von der Heydt Klausen
Noch in einem Anflug von Kleid hausen
Zogen sie im Emdenhaus
Noch die letzten Hemden aus ...

Max Emdens Grossvater hatte noch nach Hausiererart seine Waren in einem Koffer von Haus zu Haus zum Verkauf angeboten. Sein Sohn wurde schon Besitzer eines Warenhauses. Max Emden sollte es übernehmen, und sein Vater bestand darauf, dass er in jeder Abteilung des Warenhauses von der Pike auf diente, um den Betrieb genau kennenzulernen. Der Sohn erweiterte das Unternehmen, gründete und kaufte zahlreiche Warenhäuser, nicht nur im heimischen Hamburg, sondern auch in anderen Städten Deutschlands, ferner in Budapest, in Schweden, in Finnland, in Danzig. So besass er schliesslich einen ganzen Konzern und verdiente viel Geld.

Max Emdens Frau war eine sehr schöne Chilenin, die viele Freunde in Adelskreisen besass; er führte in Hamburg ein grosses Haus und gehörte zur besten Hamburger Gesellschaft, spielte Polo, hatte einen Stall von Pferden, ein gutes Leben und war doch nicht glücklich.

Eines Tages warf er das Ganze hin und verkaufte seine Warenhäuser in Deutschland an die Konkurrenz, den Karstadt-Konzern, der ihm ein ausserordentlich günstiges Angebot machte. Damals war er fünfzig. Zu seinen Freunden sagte er: «Ich will ein ganz neues Leben beginnen!» und ging ins Tessin.

Es gab einige Gründe dafür. Einer war, dass seine Frau und er sich auseinandergelebt hatten, sich scheiden liessen, aber Freunde bleiben wollten. Es gab da eine andere Frau, eine Freundin der seinen, in die er sich verliebt hatte und von der er glauben durfte, dass sie ihn heiraten würde. Nicht zuletzt ihretwegen hatte er sich ins Tessin begeben, denn sie liebte diese Landschaft. Aber dann erklärte sie auf einmal, einen Juden würde sie niemals zum Mann nehmen! Die Ablehnung des Heiratsantrags geschah 1926. Emden war verzweifelt. Er kaufte sich einen Revolver, und einige Monate lang ging er nie ohne diesen Revolver in der

Tasche aus. Was sollte er tun? Er hatte sein ganzes Leben auf diese Frau gestellt. Er hatte ihretwegen sogar zwei Inseln erworben, mitten im Lago Maggiore, etwa einen Kilometer von Porto Ronco, die Isole di Brissago.

Die grössere der beiden Inseln, San Pancrazio, hat einen Flächeninhalt von über 50 000 Quadratmeter, die kleinere, San Apollinare, ist knapp halb so gross.

Die Geschichte der Inseln lässt sich bis in die Zeiten des Altertums zurückverfolgen. Es gab dort einst einen Venustempel und später eine Kirche, die von den ersten Christen errichtet war, es gab Klöster für Mönche und Nonnen und schliesslich einen ausgewachsenen Skandal, der den Papst dazu veranlasste, die Klöster zu schliessen; während verschiedener Kriege dienten die Inseln ausländischen Truppen als Stützpunkte. Während des Baus des Gotthardtunnels errichtete man dort eine Pulverfabrik.

Und dann erschien die Baronin Antoinette Saint-Léger. Sie war schon Anfang Vierzig und, wie es heisst, eine ungewöhnlich schöne, imponierende, gerissene und vorübergehend auch reiche Frau. Nur war sie keine Baronin. Wer sie eigentlich war, woher sie kam, das wusste man nicht genau. Dr. Melik glaubte, sie sei in Tilsit als Tochter einer Schauspielerin und eines Kaufmanns zur Welt gekommen, die sich nicht die Mühe genommen hätten, zu heiraten. Abwechselnd wurden ihre Mutter oder ihr Vater als Juden bezeichnet, manchmal war der Vater auch eine «hochstehende Persönlichkeit am Zarenhof», was der Version von Tilsit einigermassen widersprach. Wie dem auch sei, der Vater musste vermögend gewesen sein, er schickte seine Tochter mit einer Gouvernante nach Neapel, wo sie ihre angegriffene Gesundheit wiederherstellen sollte, Italienisch lernte und den deutschen Konsul in Neapel heiratete.

Dann reiste sie mit ihm und auch ohne ihn viel umher, lernte viele Menschen, so auch Franz Liszt, kennen, der damals in Rom lebte und ihr das Klavierspielen beibrachte. Der Konsul, er hiess Jaeger, trat in den Hintergrund, seine geschiedene Frau – oder war sie Witwe geworden? – lernte in Mailand einen Baron Saint-Léger kennen, der angeblich aus altem irischem Adel stammte. Nach einer anderen Version war er ein ganz gewöhnlicher Mr. Saint-Léger, und sie heiratete ihn auch gar nicht, sondern lebte nur eine Zeit lang mit ihm.

Wo? An vielen Orten, zuerst in Dublin, später in einigen europäischen Hauptstädten, schliesslich in verschiedenen Villen am Lago Maggiore. Von dort aus entdeckte die «Baronin» die Inseln und kaufte sie – oder kaufte sie ihr Mann? – für 25 000 Franken, einen um 1885 nicht so geringen Preis.

Sie beschloss, die Inseln mit allen nur erdenklichen Pflanzen auszuschmücken, die sie für viel Geld von überallher kommen liess, brachte ihre Kunstschätze hinüber und lebte dort in grossem Stil.

Sie war auf ihrem Boden gewissermassen souverän. Sogar eine Poststation liess sie einrichten, mit eigenem Stempel und eigenen Briefmarken. Sie hatte ein Heer von Dienstboten, allein in den Gartenanlagen arbeiteten bis zu zwanzig Angestellte. Viele Gäste wurden eingeladen und kamen mit Begeisterung in ihr hübsches altes Schloss.

Das kostete viel, aber sie verdiente auch viel. Sie fuhr auf dem Balkan umher. Noch vor dem Weltkrieg hatte sie Ölfelder für die englische Marine von der rumänischen Regierung gekauft, eine Strassenbahn in Belgrad bauen lassen, später erwarb sie grosse Liegenschaften in Mailand, die sie mit Profit wieder verkaufte, und hatte ihre Finger in zahlreichen Geschäften. Nach dem Weltkrieg kaufte sie grosse Mengen von Waffen für die Griechen, die aber im Kampf gegen die Türken dennoch unterlagen. Sie finanzierte Erfinder, sie finanzierte Ideen.

So herrschte auf den idyllisch gelegenen Inseln immer grosser Betrieb – und das wurde ihrem Mann zuviel. Eines Tages verschwand er, angeblich um den Posten eines irischen Vizekonsuls in Neapel anzunehmen. Bald darauf flüchtete auch seine Tochter Joan von den Inseln. «Wenn sie wenigstens mit einem Freund weggelaufen wäre!» schimpfte die Mutter. «Aber mit dem eigenen Vater ...»

Um diese Zeit war die «Baronin» nicht mehr so jung und nicht mehr so hübsch, dafür aber doppelt so schrullig, ja geradezu exzentrisch. Mehr und mehr stellte sich heraus, dass sie nicht mehr so reich war, wie man lange vermutet hatte, viele ihrer Unternehmungen erwiesen sich als Verlustgeschäfte, aber immer glaubte sie, das Opfer von Intrigen und bösen Machenschaften zu sein, überall witterte sie Feinde. Sie war indessen entschlossen, den Kampf mit ihnen aufzunehmen. Der Kampf- das waren zahllose Prozesse. Überall führte sie Prozesse, in Italien und Rumänien, in Irland und England, in Frankreich und Deutschland. Als ihr Arzt riet, diese Prozesse aufzugeben, sie könne sich das gesundheitlich nicht mehr leisten, erwiderte sie: «Wenn ich keine Prozesse mehr führen kann, werde ich tot umfallen!» Ihre Geschäfte wurden immer problematischer. Sie begann sogar, sich mit Schmuggel aus Italien nach der Schweiz und umgekehrt zu befassen – hierfür waren die Inseln ja geradezu ideale Stützpunkte. Sie beschloss, eine Puppenfabrikation einzurichten und liess Tausende von Puppenköpfen herstellen, für die sich dann keine Körper fanden.

Je weniger Geld zur Verfügung stand, je grösser ihre Schulden wurden, umso überzeugter war sie von der Existenz ihrer geheimnisvollen Feinde. Sie liess sich nicht von der Idee abbringen, dass die Feinde bis zum Lago Maggiore vorgedrungen seien. Daher ging sie nicht mehr ohne Revolver aus dem Schlafzimmer, sie bedrohte alle, die versuchten, an einer der Inseln anzulegen, selbst die einheimischen Fischer, die sie seit langem kannte.

Schliesslich war sie völlig bankrott, und ihre Gläubiger drängten auf Zahlung. Da ihr Besitz mit Hypotheken überlastet war und keine Bank ihr mehr Kredit gewähren wollte, kam sie auf eine absonderliche Idee. Vor vielen Jahren hatte sie einem ihrer Freunde in Brissago eine wertvolle Ikone ins Grab mitgegeben. Nun setzte sie alle Hebel in Bewegung, um das Grab öffnen zu lassen und sich in den Besitz der Ikone zu bringen. Es dürfte wohl einmalig sein, dass dies in der Schweiz bewilligt wurde. Als aber auch die Ikone zu Geld gemacht war, musste sie sich mit dem Gedanken befreunden, die Inseln zu verkaufen.

Max Emden machte ihr ein Angebot. Die Idee stammte von dem berühmten Violinisten Bronislaw Hubermann, der die kleinere der Inseln für sich selber haben wollte. Hubermann musste aber abreisen, bevor die Verhandlungen begannen – eine Konzerttournee rief ihn nach Nord- und Südamerika, nach Paris, London, Berlin.

Anfänglich war die «Baronin» bereit, die Inseln demjenigen zu verkaufen, der die Hypotheken und einige ihrer dringendsten Schulden bezahlte. Das waren etwa 500 000 Franken. Aber als die alte Dame erfuhr, wie viel Geld Emden besass, wurden die Inseln über Nacht teurer, sie machte noch neue Schulden, um den Preis hinaufzutreiben, überredete Handwerker, gefälschte Rechnungen einzuschicken und versprach ihnen, den so erzielten Gewinn miteinander zu teilen. Am Ende sollten die Inseln anderthalb Millionen kosten.

Emden legte das Geld hin. Hubermann war ausser sich, als er davon erfuhr. Er warf Emden vor, ihn hintergangen zu haben, die alten Freunde zerstritten sich und sprachen nie mehr miteinander.

Aber die «Baronin» machte immer neue Schwierigkeiten. Als das Geld bezahlt war und Emden die Inseln beziehen wollte, weigerte sie sich auszuziehen, sie musste fast mit Gewalt aus dem Haus gesetzt werden, und auch dies war erst möglich, als Emden ihr noch für rund 55 000 Franken einige Häuser am Ufer kaufte – das grösste sollte sie selbst bewohnen, die anderen konnte sie vermieten. Als sie dann endlich die Inseln verliess, stiess sie – so jedenfalls erzählt man sich in Ascona – fürchterliche Flüche aus gegen denjenigen, der sie «vertrieben» hatte. Noch heute gibt es Leute, die glauben, dass Emdens früher Tod die Folge der schwarzen Magie der «Baronin» gewesen sei.

Das erste, was Max Emden tat, war, das alte Schloss in die Luft sprengen zu lassen. Es war ein gespenstischer Augenblick, als bei dieser Gelegenheit die vielen tausend Puppenköpfe, die irgendwo im Keller gelagert worden waren, zum Vorschein kamen, und unzählige Papiere, zerfetzte Akten und alles nur denkbare Gerümpel zum ersten Mal seit vielleicht vierzig Jahren ans Tageslicht gewirbelt wurden.

Das neue Schloss liess er nach dem Vorbild einer Villa in Lugano errichten, die dem Grafen Knakenhelm gehörte und die ihrerseits die Kopie eines römischen Palazzos war. Über dem Portal des Hauses standen die Worte: «Auch Leben ist eine Kunst!»

Um diese Zeit wusste er bereits, dass die Frau, um derentwillen er die Inseln gekauft hatte, nicht zu ihm kommen würde. Aber seine geschiedene Frau, die einen Grafen Einsiedel geheiratet hatte, kam jedes Jahr. In Ascona machte die Geschichte die Runde, Emden habe sie nach der Scheidung gefragt, was sie sich zu Weihnachten wünsche, worauf sie geantwortet habe: «Ich möchte zu Weihnachten Gräfin sein!» Und Emden habe gesagt: «Dein Wunsch ist mir Befehl!»

Die Besuche der Gräfin waren insofern eine Sensation für Ascona, als die schöne Frau die Tatsache völlig ignorierte, dass man sich dort nie richtig anzog. Sie kam mit Jungfer und Diener und unzähligen

Schrankkoffern. Unter anderem brachte sie einmal nicht weniger als neunzehn braune Hüte mit.

«Und das sind nur die braunen!» murmelten die Asconeserinnen tief beeindruckt.

Die Frau, mit der Emden sich nun zusammentat, war eigentlich keine Frau, eher fast noch ein Kind, erst siebzehn Jahre alt, als Emden sie in Lugano kennenlernte. In Hamburg geboren und aufgewachsen, dem Pass nach aber Brasilianerin, hatte das Mädchen seine ersten Lebensjahre bei den Grosseltern verbracht; ihre Grossmutter war Engländerin, der Grossvater Chilene. Anfangs sprach sie nur Englisch, und sie hatte Mühe, Portugiesisch und Deutsch zu lernen, als sie schliesslich zu ihren Eltern gebracht wurde. Ihr Vater war brasilianischer Konsul. In Hamburg fühlte sie sich gar nicht wohl. Immer hoffte sie, man würde ihr spätestens bei ihrer Konfirmation mitteilen, sie gehöre gar nicht in diese so internationale Familie, sondern sei ein angenommenes Kind.

Emden verliebte sich in dieses Mädchen, doch mochte er anfänglich kaum ernste Absichten gehabt haben. Für sie hingegen bedeutete der Zweiundfünfzigjährige vom ersten Augenblick an die grosse Liebe. Dabei wirkte er nicht gerade imposant, war eher klein von Gestalt, hatte aber einen guten Kopf und herrliche braune Augen. Als die Eltern merkten, wie es um ihre Tochter stand, war es schon zu spät. Sie hatte sich entschlossen, Emden zu folgen, und sei es bis ans Ende der Welt. Das Ende der Welt, das war der Palazzo auf der Insel im Lago Maggiore. Und als sie achtzehn Jahre alt war, konnte sie niemand hindern, sich dort niederzulassen. Brasilianerinnen sind mit achtzehn Jahren volljährig.

Nur wenige Menschen in Ascona haben den Namen dieses Mädchens je erfahren. Für die Asconesen und für alle, die auf die Insel kamen, hiess sie «Würstchen». Das war der Spitzname, den ihr Emden gegeben hatte, eine Abwandlung von Hanswurst. Denn als sie sich kennengelernt hatten und er mit der Idee zu spielen begann, mit ihr zu leben, sagte er: «Wenn du es fertigbringst, mich täglich einmal zum Lachen zu bringen, dann ist alles gut!» Und sie brachte es fertig. Ausserdem war sie sehr attraktiv, gross, aber zart, mit wohlgeformten Beinen und Brüsten und langen schmalen Armen. Das alles war kein Geheimnis in Ascona. Denn im Gegensatz zu der Gräfin zog «Würstchen» sich nie richtig an; meist war sie ziemlich ausgezogen. Man lebte ja, nach Edwin Fischers Vierzeiler, auf der Isola eben nicht gerade angezogen. «Man» – das waren die hübschen jungen Mädchen, mit denen sich Emden umgab.

Das war ein herrliches Haus, das Emden hatte bauen lassen: Das Treppenhaus in Marmor, die weiten Wohnräume, schon mehr Wohnhallen, alle mit erlesenen Kunstwerken ausgestattet. Die Halle zu ebener Erde war mit Marmorplatten ausgelegt, so dass man, aus dem See kommend, klitschnass hindurchlaufen konnte. Der Fussboden des Wohnraums im ersten Stock war nach dem Muster des Bodens im Mailänder Dom angefertigt. Abends konnte man die in die Wand eingelassenen Spiegelscheiben vorziehen, und dann waren alle Wände nur noch Spiegel. Im Esszimmer hingen Bilder von Monet und Sisley. Es gab vierundzwanzig Zimmer, die dreizehn Angestellte in Ordnung hielten. Emden liess nun endlich elektrisches Licht und Telefon auf der Insel einrichten. Die Telefonleitung sollte nach dem Voranschlag 5000 Franken kosten – schliesslich kostete sie 100 000 Franken. Emden liess den Hafen ausbauen und auf dem Bootshaus drei Wappen anbringen, die Architektur, Malerei und Dichtung verkörperten. Er kaufte Motorboote, insgesamt dreizehn, eine ganze Flotte.

Emden liess auch eine grosse Volière bauen, in der er Singvögel aus fernen Ländern unterbrachte. Ferner gab es einen Swimmingpool – das war damals noch eine Sensation und eigentlich überflüssig auf einer Insel, die vom Lago Maggiore umgeben ist.

Und dann begann ein Leben, wie es die Asconesen bisher allenfalls aus Romanen kannten.

Das Leben, von dem Emden fest überzeugt war, dass es eine Kunst sein könne, verlief vielleicht etwas eintöniger, als er es sich vorgestellt hatte. Daran war vor allem er selber schuld. Er war nun einmal als Kaufmann gross geworden, und das bedeutete für ihn Pünktlichkeit, Planung und Einteilung.

Nun lebte er mitten im Lago Maggiore und wollte pünktlich sein Mittagessen, pünktlich sein Abendessen einnehmen. Oder er wollte die Gäste los sein, die schon längst hätten abfahren sollen. Aber der See machte ihm einen Strich durch die Rechnung: der See, der plötzlich bedrohlich anschwellen und Menschen am Kommen hindern konnte oder sogar sträflicherweise verhinderte, dass er seine Post zur gewohnten Stunde erhielt.

Allein war er freilich nie. Da war «Würstchen»; da waren zahlreiche blutjunge Mädchen, die er eingeladen hatte und die ihre Tage am Swimmingpool verbrachten. In Ascona sprach man viel über diese jungen Dinger, man behauptete, Emden dulde keine Gespielin, die älter als sechzehn Jahre sei und deren Taillenweite fünfzig Zentimeter überschreite. Aber das war nun auch wieder übertrieben.

Und doch war es ihm gar nicht unangenehm, wenn man dergleichen über ihn berichtete. Er fand Vergnügen daran, dass andere ihn beneideten. So ist es Tatsache, dass zumindest eine Zeitlang auf dem Kühler eines seiner Wagen ein Gartenstuhl montiert war, damit eines der Mädchen quasi als lebende Kühlerfigur darauf Platz nehmen konnte – zum Erstaunen der Ascoriesen, wenn sie ihn vorbeifahren sahen. Auch raste er gern in einem seiner Motorboote mit den jungen Mädchen um den See – so, dass alle ihn sehen konnten.

Kein Wunder, dass die Asconesen glaubten, diese Fahrten seien nur Vorspiele, und was dann käme, müsse geradezu unerhört genannt werden. Das Wort Orgie war in aller Munde.

Ach, mit den Orgien war es nicht weit her! Emden sah gern hübsche junge Mädchen und besonders wohl auch dann, wenn sie wenig oder nichts anhatten. Aber es musste schon etwas los sein, um ihn dahin zu bringen, nicht um zehn Uhr abends zu Bett zu gehen, und zwar allein. Es musste schon ein unvorhergesehener Sturm ausbrechen, oder es musste jemand da sein, mit dem er sich besonders gut unterhielt. Die meisten Menschen langweilten ihn, vor allem Männer. Wenn er dem einen oder anderen etwas Gutes antun wollte, sagte er ganz naiv: «Nun, besuchen Sie mich doch einmal auf der Insel!», in der Annahme, damit so etwas wie einen Orden verliehen zu haben. Er konnte sich gar nicht vorstellen, dass es Menschen gab, denen der Anblick unbekleideter junger Mädchen nicht so wichtig war.

Es gab natürlich auch den einen oder den anderen, der sich nichts aus Emden machte. Zu diesen gehörte Marianne von Werefkin. Emden beabsichtigte, ein Bild von ihr zu kaufen und wollte sie mit dem

Motorboot abholen lassen. Die Werefkin erklärte dem Diener, Emden müsse persönlich kommen, wenn er ein Bild haben wolle. Emden kam wirklich, aber nachdem er schliesslich etwas ausgesucht hatte, sagte die Werefkin: «Nein, von mir bekommen Sie kein Bild!»

Anderen gefiel Emden wiederum sehr. Nicht nur den Frauen, sondern auch den jungen Männern von Ascona, den Sechzehn-, Siebzehnjährigen, die erst wenig erlebt hatten und gebannt auf die Insel hinüberstarrten, ein wenig neidisch, ein wenig in der Hoffnung, einmal an einem seiner sagenhaften Feste teilhaben zu dürfen. Sie sahen in Emden eine Art Übermenschen. Eines Tages würden sie sein wie er! gelobten sie einander.

Wenn Emdens geschiedene Frau zu Besuch kam, mussten alle Mädchen weg, mit Ausnahme von «Würstchen» natürlich. Dann kamen eine Menge feiner Leute zu Besuch, für die Emden eine willkommene Gelegenheit darstellte, auf fremde Kosten gut zu leben. Sie gingen in die Geschäfte Asconas und kauften von der Zahnbürste bis zur Sandale, von der Badehose bis zum Füllfederhalter, von Zigaretten bis zum Streichholz alles nur Denkbare auf seine Rechnung. Sie gingen zum Coiffeur und liessen sich rasieren und die Haare waschen, kauften Toilettenwasser und Parfüms: alles auf seine Rechnung. Vielleicht war auch der Coiffeur hieran nicht ganz unschuldig, er hatte von Emden eine Hypothek auf sein Haus erhalten, musste natürlich die Zinsen bezahlen und wollte früher oder später einmal die Hypothek wieder los werden.

Die meisten, die Emden so ausnahmen, gehörten zum deutschen Hochadel. Mag sein, dass da ein gewisser nicht eingestandener Minderwertigkeitskomplex bei Emden mitspielte, wenn er immer wieder, ohne zu murren, zahlte und zahlte und zahlte.

Trotz «Würstchen», die ihn immer wieder erheiterte, litt Emden auch weiterhin unter schweren Depressionen. Einmal sagte er zu dem Maler Richard Seewald: «Sie haben es gut, Sie können sich selbst Ihre Jolle flott machen, wenn Sie segeln wollen. Ich muss erst meinen Bootsmann rufen ...»

Schliesslich entschloss er sich zu einem erstaunlichen Schritt. Er kaufte ein Haus in Porto Ronco, das der Insel gegenüberlag, richtete sich dort ein Büro ein und liess sich jeden Morgen um halb zehn hinüberfahren. Dort diktierte er Briefe, telefonierte mit seinen Banken, seinen Börsenmaklern, beriet seine Freunde in der Anlage ihrer Vermögen, obwohl er dabei nicht immer eine glückliche Hand hatte – nicht einmal für sich selbst. Er hatte, seitdem er nicht mehr in täglichem Kontakt mit der Geschäftswelt stand, das früher so untrügliche Flair verloren.

Als sein Sohn, der Ende der zwanziger Jahre bei einer New Yorker Bank tätig war, ihn vierzehn Tage vor dem kommenden furchtbaren Börsenkrach warnte und ihm riet, seine Papiere zu verkaufen, tobte er über den Sprössling, der ihm, dem Vater, Ratschläge erteilen wolle. Und er verlor Unsummen, weil et dem vernünftigen Rat nicht gefolgt war. Allerdings, er konnte es sich leisten.

Aber war es nicht seltsam, dass dieser Mann, der mit Fünfzig entdeckt hatte, er habe bisher zu wenig vom Leben gehabt, und der aus seinem Leben eine Kunst machen wollte, schliesslich wieder dahin gelangte, jeden Morgen in sein Büro zu fahren und dort den Vormittag zu verbringen, weil ihn das Paradies, das er auf der Insel geschaffen hatte, zu langweilen begann? Weil er einen geordneten Bürobetrieb allen «Orgien» vorzog? Hübsche, junge Mädchen zu sehen, das war gelegentlich ganz nett. Aber wie viel aufregender war es doch, was die Depeschen von den Börsen in New York, Paris, London, Berlin meldeten!

RUHE VOR DEM STURM – UND DIE FEDE

Ende der zwanziger Jahre konnte man in der neunten Ausgabe das Baedekers lesen: «Ascona, Dorf mit 1150 Einwohnern. Fischzuchtanstalt. Ascona wird vom Frühjahr bis Spätherbst besucht. Die ursprünglich romanische, in Barockstil veränderte Pfarrkirche enthält unter anderem Gemälde des Giovanni Serodine, einem der bedeutendsten der zahlreichen aus Ascona stammenden Künstler. Neben der Kirche sein Wohnhaus mit prächtiger Fassade. Im ehemaligen Municipio eine Sammlung neuerer Gemälde.»

Das klang idyllisch und beruhigend. Aber wie sah es in der Welt aus! Marschall Tschiang Kai-schek war in Peking eingezogen, Trotzki hatte die Sowjetunion fluchtartig verlassen müssen, in Deutschland hatte

Alfred Hugenberg, Chef eines der grössten deutschen Zeitungsverlage, die Führung der Deutschnationalen Volkspartei übernommen, die von nun an, bewusst und unbewusst, immer mehr für Hitlers Sieg wirkte. Und trotzdem hätte es dazu nicht kommen müssen, wenn nicht gerade jetzt, am 3. Oktobers 1929, Gustav Stresemann gestorben wäre. Seit längerem war er schwer leidend gewesen, ohne sich deshalb Schonung aufzuerlegen. Er hatte sich vollkommen aufgerieben im Kampf für Deutschlands Gleichberechtigung, im Kampf für eine vernünftige Erfüllungspolitik, vor allem aber im Kampf gegen die Parteien der äussersten Rechten, die mit skrupellosen Mitteln arbeiteten.

Ein paar Monate später wurde Heinrich Himmler von Hitler mit der Führung der SS betraut. Arturo Toscanini verliess aus Protest gegen die sich immer wilder gebärdenden Faschisten sein Heimatland Italien und übersiedelte nach New York. Hugo von Hofmannsthal starb. Thomas Mann erhielt den Nobelpreis.

In der Wallstreet kam es am 25. Oktober 1929, dem sogenannten schwarzen Freitag, zu einem sensationellen Kurssturz, der nicht nur in Amerika, sondern auf der ganzen Welt eine Wirtschaftskrise von unabsehbarem Ausmass einleitete. Überall schlossen Banken ihre Schalter, bedeutende Firmen stellten ihre Zahlungen ein, die Zahl der Arbeitslosen stieg sprunghaft.

Auch in Ascona brach Panik aus – nicht unter den Asconesen, aber unter den Fremden, vor allem den Deutschen, die Vermögen verloren, weil sie ihren Banken nicht rechtzeitig Auftrag hatten erteilen können, ihre Papiere zu verkaufen. Jetzt verliessen viele von ihnen fluchtartig Ascona, um zu retten, was zu retten war. Die Grundstückpreise sanken fast ebenso schnell wie die Papiere an der New Yorker Börse. Besitzungen, die eben noch eine halbe Million Franken wert gewesen waren, wurden für 100 000 Franken angeboten. Aber wer besass noch 100 000 Franken?

Auch etwas anderes krachte in Ascona zusammen: die Brücke, die eben erst errichtet worden war, um den Weg nach Locarno zu verkürzen, da die alte Holzbrücke dem wachsenden Verkehr nicht mehr genügt hatte. Eine Zeitlang war die Stromzufuhr nach Ascona unterbrochen, und die Reisenden mussten einen weiten Umweg machen, um von Locarno herüberzukommen.

Die Reisenden? ... An Stelle derer, die so eilig verschwunden waren, erschienen in der Tat neue Gäste, vor allem wieder aus Deutschland, Leute, die sehr früh begriffen, dass sich in ihrem Lande die Weltwirtschaftskrise auch politisch auswirken würde. Es war ja eigentlich nur logisch, dass in Zeiten grosser Arbeitslosigkeit die radikalen Parteien Zuzug erhielten; dass sie indessen so schnell wachsen würden wie die Partei des österreichischen Gefreiten, ahnten wohl nur wenige.

Einer von ihnen war Ludwig Linson, ein kleiner amüsanter Mann von ausserordentlicher Intelligenz, der, wie man so sagt, das Gras wachsen hörte. Er hatte in Berlin einen Pressedienst aufgezogen, der in englischer, französischer, italienischer und spanischer Sprache erschien. Er verfügte über ausserordentlich gute Informationen, nicht nur aus Deutschland, sondern auch aus Frankreich, denn er verbrachte fast die Hälfte des Jahres in Paris. Er wusste, dass die deutsche Schwerindustrie entschlossen war, Hitler zu stützen. Er wusste, dass Hitlers Chancen durch diese Geldzufuhren erheblich steigen wurden. Er vermutete mit Recht, dass auf die deutschen Generale, die erklärten, Hitler werde niemals an die Macht kommen, kein Verlass war. Er begriff, dass in einem nationalsozialistischen Deutschland für ihn kein Platz mehr sein würde, nicht nur, weil er Jude, sondern weil er Europäer war und weil sein Pressedienst nur in freiem, internationalem Rahmen existieren konnte.

Er war Europäer, er war nicht nur ein politischer Kopf und ein glänzender Beurteiler ökonomischer Situationen, er liebte zugleich Musik und Kunst und hatte sich eine schöne Sammlung angelegt. Er kam mit seiner Frau, einer sehr hübschen Polin, nach Ascona und beschloss, dort zubleiben. Er holte seine Kunstschätze in die Schweiz, mietete ein Haus und kaufte es später, pflegte seinen Garten, las die Zeitungen und sah, dass alles so kam, wie er es befürchtet hatte, nur noch schlimmer.

Auch Professor Lucien Hahn, ein Goldtheoretiker von Weltruf, und die gesamte Bankiersfamilie Hahn aus Frankfurt trafen an den Ufern des Lago Maggiore ein und, ungefähr um die gleiche Zeit, der Bankier Franz Dispeker aus Berlin.

Dispeker hatte bei dem grossen Börsenkrach nichts verloren, er war klug genug gewesen, sein Geld schon vorher in Schweizer Franken anzulegen. Wie Linson bedeutete auch ihm Geld nur Mittel zum Zweck, er wollte seinen künstlerischen Interessen leben. Mit seiner Frau war er 1927 zum ersten Mal auf den Monte Verità gekommen, er hatte sich mit Baron Eduard von der Heydt angefreundet, und die Landschaft hatte ihn bezaubert. Er beschloss, dort zu bleiben. In Berlin, wohin er zur Auflösung seines Haushalts zurückkehrte, fragten ihn die Freunde: «Wie kannst gerade du, ein Mann von Welt, und deine elegante Frau, die ohne Grossstadt nicht zu denken ist, in einem Dorf leben? Das wird nicht gut gehen!»

Dispeker, erst vierzig Jahre alt, meinte, es würde vielleicht doch gut gehen. Das hatte auch damit zu tun, dass er damals begann, sich mit indischer Philosophie zu beschäftigen und sich für die Eranos-Tagungen interessierte, deren Gründerin Olga Fröbe war.

Olga Kapteyn, 1881 als Tochter holländischer Eltern in London geboren, war eine in vieler Hinsicht bemerkenswerte Frau. Ihr Vater entstammte einer Gelehrtenfamilie und war selbst ein bedeutender Ingenieur, ihre Mutter eine belesene, allgemein gebildete, eher empfindsame Frau. Als Olga neunzehn war, übersiedelte die Familie nach Zürich, das junge Mädchen sich mit Kunstgeschichte befasste. Ein paar Jahre später heiratete Olga den Musiker Iwan Fröbe, der sich wie sein Schwiegervater für neue Erfindungen interessierte, selbst eine Erfindung machte – es handelte sich um einen Apparat, mit dem man fotografische Aufnahmen aus der Luft machen konnte – und bei deren Ausprobieren abstürzte. Das war 1915.

Wieder ein paar Jahre später erwarb ihr Vater die Casa Gabriella, ein bescheidenes Haus in einem Weinberg in Moscia. Die Tochter zog mit ihm ins Tessin. Sie wurde vor allem von der Anthroposophie angezogen. Vorübergehend beschäftigte sie sich mit Spiritismus. Sie hatte eine Tochter, mit der sie sich merkwürdig schlecht verstand. Zu anderen Menschen fand sie dagegen schnell und gut Kontakt. Als der Vater starb und sie das Erbe antrat, beschloss sie, ihr Geld dazu zu verwenden, die Menschen einander näher zu bringen, um das von den Theosophen erstrebte Ziel, auf der Welt eine geistige Einheit zu schaffen, Schritt für Schritt fördern zu helfen.

Sie begann damit, einen Schauplatz für die ihr vorschwebende neue Bewegung zu schaffen. Sie baute am See einen Saal für künftige internationale Tagungen mit zweihundert Plätzen. 1928 war der Bau fertig gestellt. Erst jetzt ging sie daran, Menschen zu suchen, die auf den geplanten Tagungen sprechen sollten. Entscheidend waren wohl ihre Unterhaltungen mit Professor Rudolf Otto aus Marburg, der die Ziele der künftigen «Begegnungsstätte zwischen Ost und West» näher zu definieren versuchte und ihr den Namen Eranos gab. Was Eranos wirklich bedeutete, wurde niemals gesagt. Olga Fröbe jedenfalls lehnte eine Definition ab: «Weil es keine gibt.»

Eine auf ihre Art kaum minder bedeutende Frau, die, obwohl sie schon lange in Ascona lebte, nur wenige kannten, war Anna Kessa, die acht Jahre lang den Fröbeschen Haushalt führte. Erst nach Ablauf dieser Zeit trat sie gewissermassen an die Öffentlichkeit. Sie war Russin, klein, blond, energisch eigentlich sah sie aus wie eine russische Bäuerin –, in der Nähe von St. Petersburg geboren. Sie hatte 1913 die Heimat verlassen, um die Welt kennenzulernen. Sie mochte ahnen, dass dies bald nicht mehr möglich sein würde. Jedenfalls befand sie sich irgendwo in Westeuropa, als der Krieg sie überraschte, und zwar mutterseelenallein. Die Verbindung zu ihrem Mann brach bald ab. Er konnte natürlich nicht nachkommen. Sie sollte auch nie wieder von ihm hören.

1919 war sie in Ascona gestrandet und dort mit ihrer kleinen Tochter, die später Malerin wurde und sich journalistisch betätigte, hängen geblieben.

Sie mietete ein kleines Haus am Ende der Piazza, mitten in einem grossen Garten. Einen Pass besass sie nicht, und sie konnte auch keinen bekommen, denn die Beziehungen zwischen der Sowjetunion und der Schweiz waren abgebrochen. Da sie ohne Geld war, musste sie sich nach einem Verdienst umsehen. Das verstand sich ja nun keineswegs für alle Menschen in Ascona. Aber Frau Kessa, oder Mama Kessa, wie man sie bald nannte, gehörte zu jener Sorte von Menschen, denen es nicht behagte, abhängig zu sein oder Schulden zu machen. Da sie herrlich kochte, eröffnete sie eine Art Mittagstisch. Ihre Spezialitäten stammten aus der russischen Küche: vor allem Borscht, Golubzy (Kohlrouladen mit Fleisch gefüllt und mit saurer Sahne übergossen), Kascha (Buchweizengrütze) und Piroggen (Hefeteigtaschen mit verschiedener Fülle, Leber, Fische, Fleisch).

Ganz besonders berühmt wurde ihr Osterfrühstück. Da gab es um elf Uhr vormittags Schinken in Brotteig gebacken, gebratenen Truthahn und gebratene Ente, kalt aufgeschnitten, Schweinefleisch mit Meerrettich, Sülze, verschiedene Salate und gefärbte Eier, Sirna Pasca (eine russische Quarkspeise), Süssigkeiten, Kaffee, Wodka und süssen Schnaps. Jeder konnte kommen, jeder konnte jeden mitbringen. Jedem fiel sie nach russischer Sitte um den Hals und küsste ihn auf beide Wangen, indem sie auf russisch ausrief: «Christ ist auferstanden!»

Und später, wenn alle ein bisschen getrunken hatten, tanzte sie Krakowiak.

Mama Kessas Haus und besonders Mama Kessas Küche wurde so etwas wie ein gesellschaftliches Zentrum. In Ascona gab es wenig Gaststätten. Linson wunderte sich, dass Frau Müller, die das Hotel gleichen Namens auf der Piazza besass – heute heisst es Albergo al Porto – überhaupt nichts unternahm, um Gäste heranzuziehen. Er schlug ihr vor, doch auf die Piazza, die auch damals noch nicht gepflastert war, zwei Reihen Stühle und Tische zu stellen. Frau Müller war dagegen: «Aber mein lieber Herr Linson, bei diesem Wind! Niemand wird die Piazza betreten!»

Schliesslich liess sie sich doch überreden. Nicht dazu überreden liess sie sich aber, etwas anderes zu servieren als Kaffee. Brötchen? Gebäck? Wenn jemand was essen wollte, konnte er ja zum Bäcker gehen und es sich mitbringen. Was denn auch geschah. Selbst als Linson bereits seinen Stammplatz auf der Piazza hatte, als die Dispekers folgten und dann noch andere kamen, um sich mit Linson zu unterhalten, hegte Frau Müller die ernstesten Zweifel über die Zukunft ihres Experimentes. Denn« Es gehen ja doch alle ins ‹Verbano›!»

Die jungen Asconesen gingen tatsächlich dorthin, weil sie fanden, das «Verbano» sei ein Ort, wo man sich unbedingt zeigen müsse. Das «Verbano» hatte sich, man höre und staune, eine Kaffeemaschine aus Mailand angeschafft! Emden erschien dort regelmässig, trank freilich nur ein Glas Wasser – das war sozusagen eine liebgewordene Gewohnheit. Nicht aus Geiz verschmähte er die anderen, übrigens recht begrenzten Genüsse, die auf der Speisekarte des «Verbano» verzeichnet waren: er gab stets fünf Franken Trinkgeld. Unter Umständen bezahlte er auch für einen Tisch von acht bis zehn Personen.

Ins «Verbano» kamen alle: Emdens prominente Gäste, die Gäste des Monte Verità, die Fremden, die schon viele Jahre in Ascona lebten, ebenso wie die neuen, die eben erst angekommen waren. Es erschienen berühmte Persönlichkeiten, die anderswo Aufsehen erregt hätten, wie Mary Wigman oder der Aga Khan, aber niemand drehte den Kopf nach ihnen um.

Es hiess, in Ascona sei man nie allein. Denn wenn sich einer allein fühlte, dann ging er eben ins «Verbano». Obwohl es eigentlich dort ausser der Kaffeemaschine aus Mailand keine besonderen Attraktionen gab. Denn es war ein sehr kleines Café mit harten Stühlen und kleinen Fenstern, die grossen Fensterscheiben wurden erst später eingebaut. Auch lag es an der damals keineswegs attraktiven Via Borgo, man konnte nicht einmal den See sehen, sondern allenfalls Passanten und die Neuankömmlinge. Aber man war dort eben nie allein. Wenn jemand einen Augenblick lang einsam an einem Tisch sass, konnte es geschehen, dass ein junges Mädchen herantrat, ein paar Worte zu ihm sprach und ihn an einen anderen Tisch holte.

Dieses junge Mädchen war eine wesentlich grössere Attraktion des «Verbano» und darüber hinaus Asconas als jene Mailänder Kaffeemaschine, sie war eine grössere Attraktion als Max Emden mit seinen Inseln, als Baron von der Heydt mit seinem Berg, als die alten Häuser und die Kirchen, über die der Baedeker in Begeisterung geriet. Wir sprechen natürlich von der Fede.

Jeder, der Ascona von früher kennt, kennt die Fede. «Sie war eine echte Tessinerin, klein, flink, sie hatte eine braune Hautfarbe und braunes Haar und braune Augen, sie war bildhübsch …»

«Sie war eigentlich gar nicht so hübsch, aber das merkte man nicht, sie war so lustig, sie hatte so viel Charme …»

«Sie hat als Kellnerin an Trinkgeldern mehr verdient als der Besitzer des ‹Verbano› …»

«Sie war die Nichte des Besitzers, eines Mannes namens Neraldi, damals Bürgermeister von Ascona.»

Ich erzähle das nur, um zu zeigen, dass die Fede aus einer vorzüglichen Familie stammte.

«Nein, wie gesagt, hübsch war sie eigentlich nicht. Sie hatte das Gesicht einer kleinen Maus, einer netten Maus allerdings!»

«Doch, sie war wohl hübsch.»

«Sie hatte so viel Temperament …»

«Sie kannte jeden Gast beim Namen ...»
«Sie gab jedem Gast einen Namen ...»
«Sie war so ungezwungen. Ich sah einmal, dass sie einem älteren dicklichen Herrn auf den Bauch klopfte und ihn fragte: ‹Na Alter, wie geht's denn?› Das war, als der betreffende Herr zum ersten Mal kam.»
«Sie verstand sich mit allen. Sie machte die Leute untereinander bekannt. Sie wusste genau, wer zu wem passte.»
«Sie war witzig ...»
«Sie hatte Köpfchen ...»
«Sie konnte auch mit den Intellektuellen reden ...»
«Wenn ein Automobil mit neuen Leuten die Via Borgo herunterkam, sprang sie auf die Strasse und hielt es an. Sie ging nicht eher aus dem Weg, als bis die Passagiere ausstiegen und sich hinsetzten und einen Grappa tranken.»

Aber lassen wir die Fede selbst sprechen:

«Ich bin in Ascona geboren, im ‹Verbano› selbst. Ich meine, im gleichen Haus. Mein Vater starb, als ich vier Jahre alt war. Ascona war damals ein kleines Dorf und gehörte uns Kindern, auch wenn es nur wenige waren. Das Café ‹Verbano› war, wie alles andere in Ascona, klein, zwei Tische vorn und eine kleine Dumme, die war ich, immer vor dem Hause, um jedes Auto zu begrüssen, das vorbeifuhr. Es kam so weit, dass ich an jedem Autoschild die entsprechende Stadt erkannte, und so rief ich bloss: ‹Berlin!› oder ‹Hamburg!› Und in meinem Spezialdeutsch versuchte ich die Passagiere in Ascona willkommen zu heissen. Das ‹Verbano› wurde zu klein, infolgedessen gab es Veränderungen, und die Tische reichten bald bis zur Strassenmitte und am Abend bis zu dem Geschäft von Pancaldi.

Schade, dass Sie das Ascona jener Jahre nicht gekannt haben! Die Menschen, die ins Café kamen, waren bald meine eigene Familie geworden, ich kannte natürlich auch ihre Spitznamen. Ich habe alle sehr gern gehabt ... Da war Frau Dispeker, ich erinnere mich an den ersten Tag, an dem sie ins ‹Verbano› kam, mit ihrer kleinen Tochter Marion, ich erinnere mich, als sei es gestern gewesen. Ich erinnere mich an Max Emden mit all den hübschen Mädchen, aber wehe, wenn sie nicht zum Begrüssen Halt machten. Ich erinnere mich an die lieben Linsons ... Ich erinnere mich vieler, deren Namen ich vergessen habe. Sie haben mir ihre Bücher geschenkt mit Widmungen ... Sie nannten mich den ‹Engel der Strasse›. Ich weiss eigentlich nicht, warum ich so bekannt war. Einmal bekam ich eine Ansichtskarte, die Emden an mich von irgendwoher geschrieben hatte, die Adresse war eine Schlange mit dem Namen Fede, darunter Ascona, sonst nichts. Aber ich versichere Ihnen, dass ich nie eine Schlange gewesen bin. Den Baron von der Heydt nannte ich den grossen Grossen, und er unterschrieb sich auch mit diesem Namen, wenn er mir eine Karte schickte.»

Vielleicht kann man sagen, dass es alles, was es je in Ascona gegeben hatte, an irgendeinem anderen Ort auch gegeben haben könnte: verrückte Russen, depressive Millionäre, kunstliebende Millionäre, geniale Ärzte, Morphinisten, Theosophen, Anarchisten. Nur die Fede – die gab es eben nur einmal, die gab es nur in Ascona.

Es war zu gut, um dauern zu können. Mehrmals im Jahr überlegten ihre Freunde, wann sie denn wohl heiraten würde, und wen sie heiraten würde. Sie heiratete – wir überspringen ein paar Jahre – einen Mann, der sie von Ascona fortnahm, James Wilson, Golfprofessional. Sie, die kaum je aus der Via Borgo herausgekommen war, lernte nun die weite Welt kennen. 1935 fand die Hochzeit statt. Ein Volksfest, wie es sonst nur in Filmen vorkommt, wie Linson wehmütig schmunzelnd feststellte, eine Hochzeit, an der das ganze Dorf teilnahm, die ältesten und die jüngsten Bewohner. Sie standen am Borgo und warfen Fede Blumensträusse zu, als der Hochzeitszug vorbeikam. Sie hatten alle zusammengelegt, auch die Ärmsten, und machten ihr ein schönes Hochzeitsgeschenk. Eduard von der Heydt liess es sich nicht nehmen, ihr das Hochzeitsessen zu richten.

Und dann verschwand sie aus Ascona. Aber aus dem Gedächtnis der Menschen, die sie geliebt hatten und die sie weiterliebten, verschwand sie nicht.

NELLY'S BAR

Die Fede war keineswegs die einzige junge Frau, von der man damals in Ascona redete und schwärmte. Eine andere, weit über Ascona hinaus bekannt, war Charlotte Bara, eine junge Tänzerin, die oft in Bildern, Skulpturen oder Gedichten gerühmt und besungen wurde.

Charlotte Bara war in Brüssel als Tochter von aus Deutschland stammenden Eltern geboren und aufgewachsen; auch in Holland hatte sie einen Teil ihrer Jugend verbracht. 1919 war sie zum ersten Mal nach Ascona gekommen, blutjung, doch schon ganz dem Tanz zugewandt. Unter Tanz verstand sie jedoch nicht das klassische oder russische Ballett, sie wollte vielmehr den Ausdruckstanz pflegen, wie Mary Wigman oder Rudolf von Laban. Sie unternahm Tourneen durch Deutschland, durch die Schweiz und Italien. In Berlin gastierte sie in Max Reinhardts «Kammerspielen» – der grosse Regisseur interessierte sich sehr für sie –, später im «Theater am Kurfürstendamm» und erhielt eine ungewöhnliche Zustimmung des Publikums wie auch der Kritik. In Italien trat sie mit dem Dichter Gabriele d'Annunzio in Verbindung, der sich stark für sie einsetzte. Auch in Holland und Belgien hatte sie grosse Erfolge, man erblickte in ihr ein Wunderkind.

D'Annunzio nannte ihre Tänze «Sculture vivente» – lebende Skulpturen. Andere sprachen von «heiligen Figuren». In Tat trugen die Motive ihrer Tänze einen stark religiösen Charakter. Dies unterschied sie vor allem von der Wigman. Oder um es mit ihren eigenen Worten zu sagen: «Die Wigman machte hauptsächlich Kulttänze, etwa das, was ich als schwarze Magie bezeichnen möchte, ich mache sakrale Tänze in streng christlichem Sinn, auch wenn ich das manchmal auf die Antike übertrage.» So erinnert ihre Kunst auch an Mysterienspiele.

Mitte der zwanziger Jahre beschlossen die Eltern, denen es in Ascona gut gefiel, sich dort für immer niederzulassen, während die Tochter nur im Sommer in Ascona weilte und im Winter auf Tourneen ging. Der Vater kaufte das «Castello San Materno», ein altes Schloss langobardischen Ursprungs, das unter Denkmalschutz steht. In der Apsis seiner Kapelle befindet sich ein gut erhaltenes Freskogemälde, das aus dem 12. oder 13. Jahrhundert stammt. Das Schloss gehörte damals dem französischen Grafen de Loppinot, der sich geweigert hatte, es einem anderen Interessenten – dem Dichter Gerhart Hauptmann – zu verkaufen, weil dieser ihm – man schrieb das Jahr 1919! – als «boche» nicht genehm war. Seine Überraschung, dass der ihm sympathische Käufer sich ebenfalls als Deutscher herausstellte (die Familie Charlotte Baras hatte zu jener Zeit das Schweizer Bürgerrecht noch nicht erworben), hatte keinen Wutausbruch zur Folge: vielmehr liess der Graf der Mutter der Tänzerin einen Korb mit Pfirsichen überreichen, wobei er sich für den ominösen Ausdruck, mit dem die Franzosen die Deutschen bezeichneten, entschuldigte.

Der Vater entschloss sich ferner, seiner Tochter in Ascona ein kleines Theater bauen zu lassen, damit sie dort regelmässig tanzen konnte. So entstand 1927 das nach dem Castello benannte «Teatro San Materno», ein modernes, anmutig wirkendes Bauwerk, das ausser verschiedenen anderen Räumlichkeiten einen Zuschauerraum mit 160 bis 180 Sitzplätzen aufwies. Neben seiner Bedeutung als Stätte der Kunst Charlotte Baras wurde es von grosser Wichtigkeit für die «Bara-Schule», die die Tänzerin gegründet hatte, um junge, vielversprechende Begabungen zu fördern. Auf einer Probe- und Versuchsbühne vor dem offenen Zuschauerraum sollten sich junge Schauspieler und Tänzer beiderlei Geschlechts an die Wirklichkeit des Auftretens gewöhnen. Als gute Pädagogin betrachtete Charlotte Bara es keineswegs als ihre Aufgabe, die Schüler zur Nachahmung ihrer Darstellungsweise abzurichten, sondern es ging ihr darum, echte Talente zu voller Entfaltung ihrer eigenen Ausdrucksmöglichkeiten zu bringen.

Der Mann, der das «Teatro San Materno» nach den Wünschen des Vaters der Tänzerin baute, war der deutsche Maler Carlo Weidemeyer aus Bremen, der später Architekt wurde. Zunächst kam er nur nach Ascona, um den Bau zu kontrollieren, aber je öfter er sich einstellte, um so mehr sagte ihm der Ort zu, und zudem erhielt er immer mehr Bauaufträge für prächtige Villen, ebenso wie für einfache Mietshäuser, denn schon damals setzte ein immer stärkerer Zuzug ein, wenn auch noch nicht in dem gleichen Ausmass wie fünfundzwanzig Jahre später.

Weidemeyer führte übrigens gegen den lebhaften Protest der Bevölkerung und dann auch der Behörden die moderne Bauweise in Ascona ein. Es hagelte Verbote, er musste prozessieren, gewann aber schliesslich seinen Flachdachprozess vor dem Bundesgericht in Lausanne.

Anfangs der dreissiger Jahre, bald nach den direkt oder indirekt durch den Börsenkrach im fernen New York eingeleiteten Veränderungen, erschien in Ascona eine junge Dame im Dorf, die das Leben dort auf ihre Weise verändern sollte: Nelly, wie sie allgemein genannt wurde, mit bürgerlichem Namen Nelly Marthaler, war in La Chaux-de-Fonds in der Westschweiz geboren und hatte eine Freundin in Locarno, die sich dort langweilte, obwohl sie einen Damenkleidersalon besass, und Nelly gebeten hatte, zu ihr zu kommen.

Zwei Jahre wohnte Nelly, eine schlanke, elegante Erscheinung mit braunem Haar, in Locarno, kam aber öfter nach Ascona, wo es ihr so gut gefiel, dass sie beschloss, sich hier für immer niederzulassen, um nun ihrerseits ihren Lebensunterhalt mit dem Anfertigen von Damenkleidern zu verdienen.

Da geschah es, dass ein gewisser Herr Bolongaro, ehemals Verwalter der Post von Ascona, ein Haus am Borgo kaufte und Nelly das Angebot machte, darin einen Tearoom zu eröffnen. Sie hatte Interesse – aber kein Geld. Bolongaro liess sich nicht von seiner Idee abbringen. «Sie sind bekannt hier, Sie werden das Geld beschaffen können!»

Sie beschaffte es sich. Aber sie wollte nicht nur einen Tearoom leiten: das war ganz gut während des Tages, aber abends sollte es eine richtige Bar werden. Die Bar wurde gebaut. Aber als alles fertig war und die Eröffnung nahte, war Nelly auch mit ihrem Geld zu Ende. Um eröffnen zu können, musste sie sich hundert Franken Wechselgeld borgen.

Es war keine Bar mit Amüsierbetrieb, es gab keine Animierdamen, keine Attraktionen, die meisten Gäste kannten sich seit langem, sie unterhielten sich miteinander, sie brauchten nicht einmal Musik.

Die «Nelly-Bar» war vom ersten Augenblick an ein enormer Erfolg, manchmal waren mehr als hundert Gäste da, obwohl der Raum für weit weniger gedacht war. Ein Problem, das leicht gelöst werden konnte, war die Polizeistunde, die es zwar offiziell gar nicht gab. Indessen wurde Nelly bedeutet, dass sie zu einer bestimmten Stunde schliessen sollte, und zwar um zwei Uhr morgens. Zwei Uhr morgens! Das war für die Gäste Nellys keine Zeit, nach Hause zu gehen. Infolgedessen liess Nelly einfach die Tür schliessen, und die Leute blieben in der Bar sitzen.

Das Auge des Gesetzes in Ascona bestand damals aus einem einzigen Polizisten mit einem langen, ehrfurchtgebietenden Schnurrbart, der nicht schlecht verdiente, vielleicht infolge seines Monopols. Man konnte alles von ihm haben – es kostete freilich etwas.

Wenn der Polizist merkte, dass bei Nelly bis in die Morgenstunden Betrieb war, so merkte jedenfalls niemand, dass er etwas merkte. Das Problem des Polizisten und auch das Nellys wurden dadurch erleichtert, dass die Leute eben das Lokal erst verliessen oder Späterkommende es betraten, wenn der Polizist seinen Rundgang gemacht hatte – natürlich wusste jeder Mensch in Ascona, wann er seinen Rundgang begann und wann er ihn beendete.

Später wurde der Polizist entlassen, und vielleicht nicht ohne sein Verschulden. An seine Stelle traten mehrere Polizeibeamte, und Nelly bedauerte diesen Wechsel sehr – denn es ist ja klar, dass mehreren Augen weniger entgeht als nur zweien und dass in diesem Fall das Verhandeln schwieriger wird. Es gab viele nächtliche Gäste, und sie waren alle Stammgäste. Manche tranken ein wenig zu viel. Da war eine nicht mehr ganz junge Dame, die eines Nachts mit einer Uhr erschien – nicht etwa der Uhr aus der Tasche eines anderen Gastes, sondern mit einem überlebensgrossen Wecker, den ein Uhrmacher als Firmenzeichen neben sein Firmenschild angebracht hatte. Nelly rief die Polizei an und liess wissen, die Dame habe den Wecker «irgendwo gefunden».

Da war ein junger Mann, Maler von Beruf, der mitten in der Nacht auf die Idee kam, im See zu baden. Er trug nur eine weisse Hose und einen weissen Pullover, und als er badete, trug er gar nichts mehr. Die Polizei wiederum suchte einen ganz anderen jungen Mann mit einer weissen Hose und einem weissen Pullover. Sie vermutete – zu Unrecht – jener habe sich in den See geflüchtet, um die ihn kompromittierende Kleidung vorübergehend loszuwerden. Sie verfolgte ihn bis zur «Nelly-Bar» und verhaftete ihn.

Dies betrübte die anderen Gäste. Einer geriet so ausser sich, dass er beschloss, sich für jenen, der doch unschuldig zu sein schien, einsperren zu lassen. Da ihm der Polizist – es war noch der mit dem ehrfurchtgebietenden Schnurrbart – klarmachte, dass man ihn nicht einsperren werde, weil er nichts verbrochen habe, radelte er nach Locarno und stahl einen Sessel aus der Confiserie Ravelli. Hierauf musste man ihn wohl oder übel festnehmen.

Das bekümmerte ihn nicht im geringsten, da er es einzurichten wusste, in eine Zelle zu kommen, die neben der jenes jungen Mannes mit der weissen Hose und dem weissen Pullover lag, die um diese Zeit nicht mehr so weiss waren. Der junge Mann mit dem gestohlenen Sessel kam bald darauf wieder frei und eilte zu Nelly, diesmal natürlich ohne den Sessel, und erzählte ihr, der andere habe durch Klopfzeichen gebeten, dass sie für ihn interveniere. Sie fuhr also zu einem ihr bekannten Richter nach Bellinzona. Und auch dieser junge Mann kam frei, obwohl er doch unschuldig war Ein anderer, der oft bei Nelly erschien, hiess Antognini, war sehr hübsch und ursprünglich Briefträger gewesen, dann nach Amerika ausgewandert, wo er sich als Boxer in San Francisco einen Namen gemacht hatte. Die Damenwelt liess ihn nicht in Ruhe. Eine verheiratete Frau aus Zürich verliebte sich in ihn, liess sich seinetwegen scheiden und heiratete ihn. Sie hatte Geld, und mit diesem baute er den Lido, das erste und bis heute einzige Strandbad Asconas. Seltsamerweise war der Lido nicht zuletzt ein Nachtbetrieb. Die Asconesen fuhren nach einer durchzechten Nacht im Morgengrauen zum Lido und badeten dort im See. Badeanzüge nahmen sie wohl nicht mit. Was tat's? Jeder kannte jeden.

Die Ehe Antogninis gestaltete sich weniger erfolgreich als das Lidogeschäft. Die Frau liess sich nach einigen Zwischenfällen scheiden, und der Lido musste verkauft werden. Aber Antognini kehrte nicht mehr in die Briefträgerbranche zurück, er begann mit Grundstücken zu handeln und wurde ein reicher Mann.

Da war ein Italiener – Italo hiess er –, ein hinreissender Tänzer, nach dem die Frauen ganz verrückt waren, angeblich nur, weil er so gut tanzte. Dabei war er nicht eigentlich hübsch, sondern mit seinem von Narben verunstalteten Gesicht von einer allerdings faszinierenden Hässlichkeit. Eine seiner Wohltäterinnen gab ihm Geld zu einer kosmetischen Operation in Deutschland. Der Arzt erklärte ihm, er müsse, damit die Narben gut abheilen, eine Zeitlang sehr abstinent leben – und das in jeder Beziehung. Aber das war für Italo zuviel. Infolgedessen erwies sich die Operation nicht als erfolgreich; das beeinträchtigte jedoch die weiteren Erfolge Italos nicht im geringsten.

«IM WESTEN NICHTS NEUES»

Einer der treuesten Stammgäste Nellys, der kaum je fortging, bevor die Sonne schien, und zuweilen nicht nur für sich zahlte, sondern für das ganze Lokal, war Erich Maria Remarque.

Dieser blonde, glänzend aussehende und höchst elegante junge Mann führte damals in Ascona ein recht merkwürdiges Leben. Er war stets allein und blieb doch nie allein. Er erschien in einem Lokal – und eine halbe Stunde später drängte sich alles um ihn. Er drückte anderen Gästen Cognacgläser oder ganze Cognacflaschen in die Hand.

Mama Kessa sagte: «Ich kannte ihn kaum; ich bin ein Tagmensch – er war ein Nachtmensch.» In der Tat, man sah ihn meist nur nachts.

Wenn man ihn tagsüber traf, konnte man kaum mit ihm sprechen. Er ging durch die Gassen oder sass im «Verbano» oder auf der Piazza und betrachtete die Menschen und die Dinge.

Darüber sagte er mir später: «Es ist ein Fehler, dass wir die Dinge nicht lange genug ansehen. Sonst würden sie uns mehr geben ...»

Er schlenderte gern im Morgengrauen auf der Piazza umher, die dann völlig menschenleer war, trommelte den Friseur heraus und bat, ihn im Freien zu rasieren oder ihm die Haare zu schneiden. Dazu bestellte er sich Kaffee. Die frischen Brötchen hatte er vom Bäcker Engler mitgebracht. Der war einer seiner Freunde dort holte er nicht nur Brötchen, sondern auch Cognac oder Whisky. Mit diesen Spirituosen hatte es eine seltsame Bewandtnis. Sie stammten nämlich aus den Beständen Remarques, er hatte sie bei dem Bäcker nur deponiert, um sich, wenn die Lokale geschlossen hatten, dort zu verproviantieren.

Das war eine gute halbe Stunde für ihn, wenn der Friseur ihn rasierte oder ihm die Haare schnitt und er auf den Lago Maggiore hinaussah, heissen Kaffee trank und frische Brötchen ass.

«Wenn man die Dinge lange genug ansieht, antworten sie. Wir brauchen Zeit zur Entspannung. Wenn man mit der geballten Faust dasteht, kann man nicht erwarten, dass einem etwas in die Hand fällt. Die geballte Faust – das ist die Jugend, die sich unter allen Umständen durchsetzen will. Wenn man Zeit hat, öffnet sich langsam die Hand, und es fällt einem etwas hinein. Dann fällt etwas von dem Misstrauen gegen die Welt. Die Faust ist geöffnet, und man ist offen und recht zufrieden.»

Er sah die Dinge und Menschen, und er sah, was andere nicht sahen. Einmal erzählte er mir, dass sein erster starker Eindruck die Musikkapelle gewesen sei, die sich bildete, als er nach Ascona kam. Da ihre einzige Verdienstquelle darin bestand, zum Tanz aufzuspielen, konnte sie nur Walzer spielen. Dann sollte eine Beerdigung stattfinden, und die Familie des Verstorbenen wollte, dass die Kapelle mitwirke. Ach, sie konnte ja nur ein paar Walzer! Nun, sie spielte eben einen Walzer, aber in langsamerem Tempo. Niemand schien das absonderlich zu finden, vielleicht war es auch gar nicht so absonderlich.

Remarque war damals schon berühmt, in Deutschland, in Europa, auf der ganzen Welt. Nur in Ascona nahm man ihn, wie man eben in Ascona jeden nahm, der kam: als einen Verrückten, allerdings als einen bezaubernden Verrückten.

Remarque, in Osnabrück geboren und aufgewachsen und noch als halbes Kind Kriegsfreiwilliger geworden, wurde nach dem Krieg Lehrer in einem Dorf, und als ihn dies langweilte, Wärter in einem Irrenhaus, was interessanter war; vorübergehend verkaufte er auch Grabsteine, was ihn noch stärker fesselte. Später wurde er von der Propagandaabteilung einer Reifenfirma nach Hannover geholt, und schliesslich fand er eine Stellung bei der mondänen Berliner Zeitschrift «Sport im Bild». Dort verdiente er ganz gut, seine Stellung ermöglichte es ihm, auch am grossen Berliner Leben teilzunehmen. Aber das Kriegserlebnis liess ihn nicht los, er musste sich davon befreien. In drei Wochen schrieb er das Kriegstagebuch eines Freiwilligen, einen Bericht seiner eigenen Erlebnisse und nannte ihn «Im Westen nichts Neues».

Das Buch war unter seinen Händen – eigentlich ohne dass er sich dessen bewusst wurde – ein Antikriegsbuch geworden: es kam für den Verlag, in dem «Sport im Bild» erschien, gar nicht in Frage, denn der Inhaber dieses Verlags war jener bereits erwähnte Alfred Hugenberg, der mit Hitler liebäugelte.

Der Verlag S. Fischer, dem Remarque das Buch schickte, lehnte es ab. «Wer will heutzutage in Deutschland noch Kriegsromane lesen?», war die Stellungnahme. Der Ullstein-Verlag, dem Remarque das Buch schliesslich und ohne viel Hoffnung anbot, erklärte sich bereit, es herauszubringen. Später würde ein halbes Dutzend Persönlichkeiten für sich in Anspruch nehmen, sie seien die ersten gewesen, die Remarques Talent und die Bedeutung seines Buches erkannt hätten. Wie dem auch sei – bei Ullstein wurde beschlossen, das Werk zuerst einmal in Fortsetzungen in der «Vossischen Zeitung» zu veröffentlichen, obwohl einige Redakteure sich heftig dagegen aussprachen, ein Erstlingswerk von so problematischer Bedeutung im Feuilleton einer altrenommierten Zeitung zu bringen.

Was die Redakteure der «Vossischen Zeitung» nicht begriffen, begriff das Publikum spontan. Die Berlin rissen sich vom ersten Tag an die Zeitungen mit den Fortsetzungen des Romans aus den Händen, die «Voss» musste ihre Auflage um ein Mehrfaches erhöhen.

Die ersten 50000 Exemplare waren bereits vergriffen, bevor das Buch erschien, es verkaufte sich so schnell, dass selbst die grossen Ullstein-Druckereien nicht mehr mitkamen. Innerhalb eines Jahres wurde eine Million Exemplare verkauft, nach achtzehn Monaten dreieinhalb Millionen. Die Buchhändler konnten sich vor dem Ansturm der Käufer kaum retten. Das Buch wurde in alle Sprachen der Welt übersetzt.

Aber schon hatte die Propaganda gegen das Buch eingesetzt. Führend dabei waren die Nationalsozialisten unter ihrem neuen Berliner Gauleiter Joseph Goebbels, der genug von Propaganda verstand, um zu wissen, dass man die Aufmerksamkeit der Öffentlichkeit am besten erringt, wenn man sich an einen grossen Erfolg «anhängt» – gleichgültig, ob im positiven oder im negativen Sinn. Remarque wurde als vaterlandsloser Geselle angeprangert, der sich einen französischen Namen zugelegt hätte. Dabei ist Remark (mit k) sein richtiger Name, und noch sein Grossvater schrieb diesen mit qu. Es wurde auch angezweifelt, dass Remarque den Krieg mitgemacht habe.

Als der in Hollywood gedrehte Film «Im Westen nichts Neues» in Berlin anlief, störten von Goebbels angeführte Nazis die Premiere mit weissen Mäusen und Stinkbomben und mit Sprechchören «Deutschland erwache!» Auf diese Weise erzwangen sie, dass die Behörden den Film verboten. Remarque war zum Prügelknaben der Nationalsozialisten geworden.

Seine Freunde sind besorgt – wäre es für ihn nicht besser, aus Berlin zu verschwinden? Er selbst ist keineswegs besorgt um seine Sicherheit. Aber es gibt einen anderen Grund, den Wohnort zu verlegen: die Steuer. Remarque muss infolge seiner grossen Einkünfte enorme Steuern in Deutschland zahlen. Und nicht genug damit, er muss auch die Honorare der Ausgaben seiner Bücher in England und Amerika, die schon in diesen Ländern besteuert wurden, ein zweitesmal in Deutschland versteuern. Sein Verleger rechnet ihm aus, dass ihm nicht viel übrigbleibt, wenn er seinen Wohnsitz in Berlin behält. Daher entschliesst er sich, nach der Schweiz zu fahren. Er findet in Porto Ronco am Lago Maggiore, unweit von Ascona, eine alte kleine Villa, die er bezieht.

Aber allzu lange hält es ihn nicht dort. Er hat Sehnsucht nach dem Betrieb der Grossstadt, er hat Sehnsucht nach Berlin. So fährt er wieder zurück. Er ist überzeugt, dass niemand sich an seiner Anwesenheit stossen würde. So scheint es auch – wenigstens ein paar Monate. Aber eines Abends wird alles mit einem Schlage ganz anders: Ein Freund findet ihn nach stundenlangem Suchen und flüstert ihm zu, was geschehen ist. Er schliesst mit den Worten: «Die Nazis verhaften links und rechts. Sie morden. Du bist deines Lebens nicht mehr sicher, du musst fort, noch diese Nacht!»

Diesmal folgt Remarque dem Rat. Er setzt sich in seinen Sportwagen und fährt los. Er fährt die ganze Nacht und den darauffolgenden Tag. Er atmet erst auf, als er die Schweizer Grenze passiert hat. Am Nachmittag kommt er mehr tot als lebendig in seinem Haus in Porto Ronco an.

Was war es, was der Freund ihm mitgeteilt hatte? Dies: «Der Reichstag brennt!» Es geschah in der Nacht vom 27. zum 28. Februar 1933. Vier Wochen vorher war Hitler an die Macht gekommen.

Noch 1930 hatte Adolf Hitler im Rahmen eines für ihn peinlichen Prozesses vor dem Reichsgericht in Leipzig geschworen, er würde, falls er zur Macht käme, die Weimarer Verfassung nicht antasten. Ein Jahr später war die sogenannte Harzburger Front gebildet worden, eine Art Schutz- und Trutzbündnis zwischen Hitler und Alfred Hugenberg, während Hitler das Geld der Schwerindustrie und ihrer Zeitungen in die Hand bekam.

1932 hatte Hitler über seine recht fragwürdige Ernennung zum braunschweigischen Regierungsrat die deutsche Staatsbürgerschaft erlangt. Der preussische Ministerpräsident Otto Braun und sein Innenminister Severing verboten für ihr Gebiet die SA und SS, was aber die

Entwicklung nicht mehr aufhalten konnte. Bei jeder Wahl erhielten die Nationalsozialisten mehr Stimmen. Reichskanzler Brüning, von Hindenburg im Stich gelassen, musste zurücktreten. Und dann kam Hitler an die Macht, der Reichstag brannte, das Terrorregime begann, Göring wurde an Otto Brauns Stelle preussischer Ministerpräsident, Goebbels Propagandaminister.

Viele politisch exponierte Persönlichkeiten mussten Deutschland über Nacht verlassen.

Zu ihnen gehörte Otto Braun, der im Frühjahr 1933 in Ascona eintraf. Über ihn spottete man: «Der erste in Preussen, der erste in der Partei, der erste in der Schweiz.»

Man hätte nicht spotten sollen. Otto Braun war ein alter und müder Mann, als er einundsechzigjährig ins Exil ging, begleitet von seiner seit Jahren gelähmten Frau, ohne die er vielleicht in Berlin geblieben wäre und den um diese Zeit allerdings sinnlosen Kampf gegen die Nazis weitergeführt hätte.

Denn er war ein Mann, der sein ganzes Leben lang gekämpft hatte. Er hatte sich im Buchdruckergewerbe emporgearbeitet, war Redakteur eines sozialdemokratischen Blattes geworden, schon vor dem Krieg Mitglied des Parteivorstandes der SPD und Mitglied des preussischen Abgeordnetenhauses gewesen. Nach dem Krieg zunächst preussischer Landwirtschaftsminister, hatte er 1920 die Führung der preussischen Regierung übernommen und diese bis zum Juni 1932 ohne Unterbrechung behalten. Ihm vor allem war es zu verdanken, dass weder die Deutschnationalen noch die Nationalsozialisten in Preussen so entscheidende Fortschritte hatten machen können, wie etwa im damals zu Unrecht als demokratisch geltenden Bayern, wo sie tun und lassen konnten, was ihnen passte.

Nach dem Reichstagsbrand wusste Braun, dass ein längeres Verbleiben in Deutschland für ihn sinnlos und gefährlich war. Er fuhr in seinem Auto ab. Wenig später folgte ihm seine Frau mit der Eisenbahn. Sie war in Berlin noch zur Wahl gegangen, und bei dieser Gelegenheit hatte ein nationaler Jüngling der halbseitig Gelähmten ein Bein gestellt und sie zu Fall gebracht.

Das Ehepaar Braun liess sich in Ascona nieder, weil Otto Braun den Ort von früher her kannte. Er war ein alter Freund von Dr. Friedeberg, von dessen ärztlicher Kunst er sich für seine Frau Hilfe versprach. Zunächst dachte er nur an einen vorübergehenden Aufenthalt in der Schweiz, entschloss sich dann aber, durch die Ereignisse eines Besseren belehrt, zur endgültigen Emigration. «Man hat mir die Heimkehr nahegelegt», schrieb er in seinen Erinnerungen, «doch ich ziehe dem belegten Brot der Knechtschaft das trockene Brot der Freiheit vor. Ein Los, das ich mit unzähligen, nicht den schlechtesten Deutschen, teile.»

In Ascona lebte er still und zurückgezogen in einem kleinen Haus. Jeden Morgen ging er auf den Markt, um die notwendigen Einkäufe zu machen. Er lehnte es ab, sich politisch zu äussern, weil er seinem Gastland keine Unannehmlichkeiten bereiten wollte. Doch arbeitete er insgeheim an einem politischen Rechenschaftsbericht «Von Weimar zu Hitler», den der Schweizer Verleger Emil Oprecht 1940 herausbrachte – trotz schwerer Bedenken der Abteilung für Presse und Rundspruch im Armeestab, Sektion Buchhandel, denn in weiten Kreisen wurde damals der Sieg Nazi-Deutschlands für unvermeidlich gehalten.

Der Nazi-Schriftsteller Hanns Johst lässt in seinem Drama «Schlageter» seinen Titelhelden sagen: «Wenn ich das Wort Kultur höre, entsichere ich meinen Revolver ...» Begreiflich, dass viele Repräsentanten der deutschen Kultur nach Möglichkeiten jenseits der Grenzen suchten, um ihre Existenz über die Zeit der Barbarei zu retten. Thomas Mann, der bei der Machtergreifung in der Schweiz geweilt hatte, kam gar nicht mehr zurück. Stefan George war so entsetzt von dem, was in Deutschland geschah, dass er schwer erkrankte. Als er das Bett verlassen konnte, kehrte er dem Land, das so sehr viel mehr das seine als das Hitlers war, den Rücken. Er kam nach Locarno, fast mittellos und allein. Von Zeit zu Zeit nur konnte sich der eine oder andere seiner Jünger um ihn kümmern.

Einer von ihnen war der junge Graf Klaus Schenk von Stauffenberg. Man sollte noch von ihm hören ... Vielleicht wäre der Entschluss zu jener Tat, die er elf Jahre später, am 20. Juli 1944, vollbrachte, ohne Georges Einfluss nicht in ihm herangereift.

Man sah George zuweilen in Locarno und auch in Ascona spazieren gehen, den grossen Mann mit dem schönen, ausdrucksvollen Gesicht, das nur noch Ekel und Verachtung ausdrückte. Er war von Krankheit gezeichnet und starb, noch ehe das schicksalhafte Jahr 1933 sich seinem Ende entgegenneigte, nicht ohne vorher seine gesamte Korrespondenz vernichtet zu haben. Er fürchtete wohl, dass jeder Deutsche, der sich zu ihm bekannt hatte, im Dritten Reich Schwierigkeiten haben würde.

Zu den bedeutenden Persönlichkeiten, die in Ascona Zuflucht suchten, gehörte auch Professor Kurt Glaser, bis vor kurzem Direktor der Staatlichen Kunstbibliothek in Berlin. Glaser war ursprünglich Arzt gewesen, dann aber unter dem Einfluss seiner ersten Frau Kunsthistoriker geworden und hatte als solcher eine zweite Karriere gemacht. Man sah ihn oft, man hörte ihn nie. Er war zurückhaltend, sehr bescheiden, niemand hätte den international berühmten Gelehrten in ihm vermutet. Später reiste er nach Amerika weiter.

Der Berliner Anwalt Klaus Kristeller kam auf Veranlassung des in Deutschland berühmten und berüchtigten Wahrsagers Eric Hanussen nach Ascona. Kurz vor Hitlers Machtergreifung hatte Hanussen ihm erklärt, er müsse schleunigst aus Berlin fort, sonst sei sein Leben gefährdet; er sehe für ihn einen sicheren Ort an einem See mit Bergen im Hintergrund. Klaus Kristeller schwankte, fuhr aber dann doch. Er tippte auf Lugano. Aber Ascona gefiel ihm besser. Ein paar Wochen später erfuhr er aus den Zeitungen, dass die Nazis, unter Führung des Grafen Helldorf, Hanussen aus dem Variététheater «Scala», wo er auftrat, entführt und ermordet hatten.

Der Naturwissenschaftler Richard Willstetter, der das Chlorophyll entdeckt hatte, war schon ein alter Herr. Er liess sich in Locarno nieder, fuhr aber oft nach Ascona hinüber. Er hatte seine Kunstsammlung mitgebracht, die er für äusserst wertvoll hielt. Sie bestand aber nur aus Fälschungen. Aber auch nachdem ihm das klargemacht worden war, liebte er sie nicht weniger.

Nur vorübergehend hielt sich der Dichter Ernst Toller in Ascona auf. Als nicht ganz freiwilliges Mitglied der Münchner Räterepublik – was ihm viele Jahre Festungshaft eingebracht hatte war er bekannt geworden, noch bekannter freilich als Verfasser expressionistisch-revolutionärer Dramen, die er zum Teil in der Gefangenschaft geschrieben hatte. Er war ein gut aussehender, noch jugendlicher Mann, mit starken Depressionen, der nicht mehr recht wusste, wohin er gehörte.

Der Dichter Leonhard Frank, der in Ascona seine zweite Emigration erlebte, stammte aus Würzburg, aus sehr einfachen Verhältnissen. Die Mutter hatte ihn zu einem Schlosser in die Lehre gegeben. Er wollte aber lieber Maler werden und ging nach München. Später, in Berlin, beschloss er zu schreiben. Das bedeutete für ihn härteste Arbeit. Es kostete ihn Wochen, ein paar Sätze zu Papier zu bringen. Aber als sein Buch fertig war, das in Form eines Romans von seiner Jugend in Würzburg erzählte, von seinen Kameraden, von der Räuberbande, die sie gegründet hatten, stellte sich über Nacht der Erfolg ein. Und nicht nur, dass dieses Erstlingswerk – Frank gab ihm den authentischen Titel «Die Räuberbande» – einen ungewöhnlichen Erfolg hatte – überall, wo man sich mit Literatur beschäftigte, erkannte man auch: dieser junge Mann war nicht irgendein Romanschriftsteller, dieser junge Mann war ein Dichter.

Als der Krieg ausbrach, wurde es ihm klar, wie sehr sich die deutsche Regierung ins Unrecht gesetzt hatte. Da er dies unbekümmert äusserte und einen Journalisten ohrfeigte, der die groteske Behauptung aufstellte, die Versenkung der «Lusitania» sei die grösste Heldentat der Weltgeschichte, konnte er nicht länger in Deutschland bleiben. Seine Flucht bedeutete zugleich seine erste Auslandsreise, und das Ziel war Zürich, wo er beschloss, ein Buch gegen den Krieg zu verfassen. Er nannte es «Der Mensch ist gut» und suchte nach diesem Wort des mit ihm befreundeten spanischen Sozialisten Julio Alvarez del Vayo zu beweisen, der Krieg sei die Schuld der Regierungen, der Mensch an sich sei ganz in Ordnung.

Dieses Buch, obwohl literarisch schwächer als sein erstes, machte viel von sich reden. Es wurde nach Deutschland geschmuggelt und von Sozialdemokraten, auf Zeitungspapier gedruckt und mit irreführenden Umschlägen getarnt, in 500 000 Exemplaren an die deutsche Front gebracht. Es war klar, dass sein Inhalt nicht ohne Einfluss auf die Moral der Soldaten des vierten Kriegsjahres bleiben konnte.

Nach dem Kriege kehrte Leonhard Frank, jetzt als berühmter Mann, nach Deutschland zurück. Die Autobiographie, die er später schrieb, nannte er: «Das Herz schlägt links». Seines schlug ganz links – er war Kommunist. Und daher hielt er es für vernünftig, Deutschland zu verlassen, als das Dritte Reich ausbrach.

Aus Düsseldorf war um 1932 eine Dame nach Ascona gekommen, von der man zunächst nur wusste, dass sie Johanna Blumenfeld hiess. Sie sei, so erzählte man sich später, mit nur einem Koffer und einem sehr viel jüngeren, gut aussehenden Mann angelangt, was darauf hinzudeuten schien, dass sie nicht lange bleiben würde. Der junge Mann verschwand in der Tat bald aus Ascona – aber Frau Blumenfeld blieb, obwohl dem einen Koffer nie andere folgten. Das war eigentlich seltsam, denn Frau Blumenfeld war, das sah ein jeder, eine Dame aus gutem Hause. Warum sie blieb – das konnte nie mit Bestimmtheit angegeben werden, es sei denn, aus dem gleichen Grunde, weshalb so viele andere blieben: Ascona gefiel ihr ganz einfach.

Sie zog in das Haus des Malers Albert Kohler, eines Baslers, der bei Franz von Stuck in München studiert hatte. Kohler war ein Künstler von starkem und eigenwilligem Temperament, über dessen Malerei man schon sprach, obwohl noch niemand vermutete, dass man sich seine Bilder einmal gleichsam aus den Händen reissen würde. Bei ihm lernte Johanna Blumenfeld viele Leute kennen, Maler, Bildhauer, Astrologen, Psychiater und andere «Verrückte», und war entzückt von ihnen, weil sie eine ihr bisher ganz unbekannte Sorte Menschen verkörperten. Es stellte sich heraus, dass sie verheiratet war, ihr Mann lebte in Düsseldorf; aber dass sie sich schon vor Jahren von ihm getrennt hatte, erfuhr man eigentlich nicht.

Johanna Blumenfeld gefiel in Ascona sehr. Dabei war sie klein von Statur und ein bisschen zu rundlich, hatte aber ein sympathisches Gesicht, umrahmt von dunklem Haar, das sie beständig färbte. Bald sah man sie überall, auf jeder Party, überhaupt überall dort, wo man dem Alkohol zugetan war, denn das war sie auch. Sie konnte viel vertragen, sie erschien morgens als erste im «Verbano» und verliess es nicht selten erst in den frühen Morgenstunden eines neuen Tages.

Als die Nachricht eintraf, dass ihr Mann in Düsseldorf gestorben sei, war sie traurig. Irgendjemand kaufte ihr einen Trauerschleier und hängte ihn ihr um. Sie kam freilich auch jetzt ins «Verbano», um mit ihren Freunden zu besprechen, ob sie zur Beerdigung fahren solle. Alle rieten ihr ab, denn jenseits der Grenze galt sie als Emigrantin, weil sie nie nach Deutschland zurückgekommen war. Ausserdem hatte sie schon seit langem von ihrem Manne getrennt gelebt, und Familie besass sie nicht mehr.

Die Emigranten wurden zu ihrer Familie. Sie kamen zu ihr, wenn sie etwas auf dem Herzen hatten, und «Blümchen», wie man sie nun nannte, hörte sich alles an. Sie gab selten einen Rat, aber den meisten genügte es schon, dass sie sich vor ihr aussprechen konnten.

Als die Geldsendungen ausblieben, die bisher in spärlichen Raten für sie eingegangen waren, versuchten die Freunde, für «Blümchen» irgendeinen Verdienst zu finden. Man richtete ihr ein Wäschegeschäft ein, das nach aussen natürlich von einem Schweizer geführt wurde. Aber «Blümchens» Fähigkeiten lagen nicht auf geschäftlichem Gebiet, das Geschäft musste bald wieder schliessen.

Hingegen konnte sie herrlich kochen, was sie auch in dem winzigen Zimmer tat, das sie bewohnte, und das nur eine Mansarde ohne Ofen war. Ihre Freunde legten Geld zusammen und liessen ihr einen Ofen setzen, dessen Rohr durch das Dach geführt werden musste. Da sie von irgendetwas leben musste, als Emigrantin jedoch keine Arbeitserlaubnis erhielt, verfiel die «Weltwoche» auf einen glänzenden Ausweg: sie beauftragte «Blümchen», Kochrezepte zu schreiben! Das galt für die im Süden tolerante Fremdenpolizei als schriftstellerische Arbeit, und die war nicht verboten. Ungezählte Menschen, die damals die «Weltwoche» lasen, waren von ihren Rezepten entzückt und konnten danach die herrlichsten Speisen bereiten. Dabei wusste niemand, wem man diese kulinarischen Freuden eigentlich zu verdanken hatte!

Im Café «Verbano» sah man Else Lasker-Schüler, die Dichterin, die schon während des Ersten Weltkrieges in Ascona aufgetaucht war. In der Zwischenzeit hatte sie sich durchgesetzt, war «anerkannt», nur freilich, als Jüdin, nicht von der Regierung ihres Vaterlandes.

Eine grosse, herrliche Dichterin, die sich von den überlieferten Formen der Lyrik losgelöst hatte, deren Gedichte des Reims, ja des Rhythmus entbehren konnten, die neue Worte prägte und alten Worten neue Bedeutung gab. Eine Zeitlang hatte der Expressionismus sie für sich mit Beschlag belegt. Aber sie war mehr als nur Expressionistin. Man konnte sie überhaupt nicht eingliedern. Sie hatte sich aller Konventionen entledigt, auch der Konvention, unkonventionell zu sein. Ihre Dichtungen wirkten einfach, ja geradezu naiv – aber es war eine gewollte Naivität, eine mit raffinierten Kunstmitteln erzeugte Naivität:

und doch verfuhr sie so streng in der Handhabung dieser Kunstmittel, dass wahre, echte Kunst entstand, dass es niemandem, der sie verstand und liebte – und jeder liebte sie, der sie verstand –, eingefallen wäre, sie als Macherin abzulehnen.

Als Tochter einer orthodox-jüdischen Familie war sie in Elberfeld aufgewachsen. Den heimischen Dialekt konnte oder wollte sie nie verleugnen. Die Familie lebte «am Fusse des Hügels ... wer ein rotes, springendes Herz hatte, war in fünf Minuten bei den Beeren». Die Stadt Elberfeld liebte sie nicht. Sie liebte überhaupt keine Städte, auch Berlin nicht, als sie hinzog, auch Zürich nicht. Doch konnte sie die Städte nicht lange meiden, denn nur in Städten gab es die Stätte, die ihre eigentliche Heimat war, auch wenn dort keine Beeren wuchsen – das Café. «Heimlich halten wir alle das Café für den Teufel, aber ohne den Teufel ist es doch nun mal nichts», schrieb sie einmal. Und Ascona wäre wohl nichts für sie gewesen, hätte es dort nicht das Café «Verbano» gegeben. Sie war seit den früheren Emigrationsjahren älter geworden, sie sah noch etwas hässlicher aus als früher, aber sie war auch amüsanter und schrulliger denn je zuvor.

Dann geschah ihr etwas Schreckliches. Sie wurde sechzig. Zumindest stand es so in den Schweizer Zeitungen, und sie konnte sich nicht einmal beklagen, denn sie hatte immer behauptet, 1876 geboren zu sein. In Wirklichkeit war sie 1869 zur Welt gekommen, also marschierte sie schon auf die Siebzig zu. Aber jetzt wollte sie nicht einmal sechzig sein. Als man ihr gratulierte, bekam sie Tobsuchtsanfälle. Das «Verbano» betretend, schrie sie in den Raum: «Nur mir nicht gratulieren zu einem sechzigsten Geburtstag, das ist ja gar nicht wahr!» Als Frau Linson in das Café hereinkam, stürzte das Geburtstagskind, das es nicht sein wollte, auf sie zu. «Sie sind Polin, Sie sind höflich, Sie werden mir nicht sagen, dass ich sechzig bin!»

Die Lasker-Schüler trug eine entsetzliche Plüschmütze mit Leopardenfellmuster, und sie erwartete, dass jeder sie und diese Mütze bewunderte. Dann sagte sie: «Die hab' ich selbst geschossen!» Und das Wunderbare war, dass sie es in solchen Momenten wohl auch selber glaubte.

Sie war in Leonhard Frank verliebt, aber das waren um diese Zeit viele Frauen in Ascona, und nicht nur dort, und da Leonhard Frank sich für hübschere und jüngere Frauen interessierte und für sie gar nicht, litt sie Höllenqualen. Sie hatte niemals versucht, ihre Gefühle zu unterdrücken, jetzt schrie sie ihren jeweiligen Nebenbuhlerinnen oder denjenigen, die sie dafür hielt, quer durch das «Verbano», die «Nelly-Bar» oder das Tanzlokal «Taverna» die haarsträubendsten Gemeinheiten ins Gesicht.

Die Lasker-Schüler war mit Marianne von Werefkin befreundet. Einmal, als die Russin, wie immer ziemlich aufgetakelt, mit einem grellroten Hut im «Verbano» sass, rief die Lasker-Schüler ihr zu: «Ach ja, so jung müsste man sein, um noch Rot zutragen!» Dabei war die Werefkin mindestens so alt wie die Lasker-Schüler, und jede wusste das Alter der anderen. Aber die Werefkin freute sich trotzdem und machte eine nette Bemerkung über die ewige «Leopardenfell»-Mütze ihrer Freundin.

FLÜCHTLINGE – WOHIN?

Die Schauspielerin Tilla Durieux hatte schwere Jahre hinter sich und noch schwerere vor sich. Sie war nicht eigentlich schön, aber faszinierend, mit dem Gesicht einer Wildkatze und dem geschmeidigen Körper einer Tänzerin. Sie war elegant und ausserordentlich erfolgreich, nicht nur auf Berliner Bühnen, sondern auch bei einigen der bedeutendsten Männer ihrer Zeit. Einer von ihnen war der Kunsthändler Paul Cassirer, der die Bilder der französischen Impressionisten in Deutschland bekannt gemacht hatte; durch seine Vermittlung wurde sie von Renoir gemalt.

Nach seinem Tod heiratete Tilla Durieux den Generaldirektor der Bierbrauerei Schultheiss-Patzenhofer, Ludwig Katzenellenbogen, einen ungewöhnlich tatkräftigen Geschäftsmann, der das Unternehmen mit grosser Kühnheit ausbaute. Sein Pech war, dass er in die Wirtschaftskrise geriet, in eine Zeit allgemeiner Zusammenbrüche. Schliesslich wurde auch Schultheiss-Patzenhofer von der Krise erfasst. Es kam zu einem Prozess, der unter dem Druck der Strasse stattfand – die Nazis waren schon im Kommen. Katzenellenbogen war nichts Unehrenhaftes, geschweige denn Betrug nachzuweisen. Trotzdem erhielt er drei Monate Gefängnis, durch Untersuchungshaft längst verbüsst, und 10 000 Mark Geldstrafe. Eine winzige Strafe, gemessen an dem, was man ihm unterschoben hatte. Aber er war im bürgerlichen Sinne erledigt, er war ein gebrochener Mann.

Trotzdem blieben er und seine Frau in Berlin, denn nur dort konnte sie durch ihr Auftreten genug verdienen. Sie spielte noch, als Hitler die Regierung übernahm, sie spielte bis zum Vorabend des 1. April 1933, dem Tag des grossen Judenboykotts. Tilla Durieux war keine Jüdin, aber im Ensemble gab es eine Reihe von Juden, ihr Partner Albert Bassermann hatte eine jüdische Frau, und der Autor des Stückes, Max Alsberg, der erste Strafverteidiger Deutschlands, war ebenfalls Jude. Das Theater musste schliessen, und die Schauspieler stoben in alle Winde auseinander.

Eine Zeitlang gastierte Tilla Durieux noch in der Schweiz und in anderen vom Hitlerwahnsinn nicht berührten Ländern. Dann ging sie mit ihrem Mann nach Ascona. Die beiden, die in palastähnlichen Villen gewohnt hatten, die von Dienern, Dienstmädchen, Chauffeuren bedient worden waren, lebten nun in einem kleinen Haus zur Miete. Was sie noch an Mitteln besassen, liessen sie sich heimlich aus Deutschland kommen – versteckt in irgendwelche Kunstkataloge und Bücher –, und jede Postzustellung wurde zu einem aufregenden Ereignis.

Ihre abgelaufenen deutschen Pässe wurden nicht erneuert. Und die Schweiz wollte unter solchen Umständen ihre Aufenthaltserlaubnis nicht verlängern. In ihrer Verzweiflung erwarben sie die Staatsbürgerschaft von Honduras, wie in jener Zeit Emigranten häufig die unmöglichsten Ausweispapiere kauften, die ihnen nachher wenig oder gar nichts halfen.

Die Nationalsozialisten, erbost darüber, dass ihnen Katzenellenbogen entgangen war, erliessen einen Steuersteckbrief gegen ihn. Er war gefälscht, es handelte sich um einen rein politischen Akt, und das wusste man wohl auch in Bern. Hätte Ludwig Katzenellenbogen bessere Nerven besessen, wäre er in Ascona geblieben, es hätte sich vielleicht alles irgendwie geordnet. Aber nach seinem Monsterprozess hatte er keine guten Nerven mehr, er hörte im Geiste die Marschlieder der Nazis, die Sprechchöre, mit denen sie vor dem Gerichtsgebäude aufgetreten waren, als man ihn verurteilt hatte. Er wollte weiter. Er besass ein paar jugoslawische Aktien, er hoffte, sich in Jugoslawien eine neue Existenz aufbauen zu können. So fuhr er mit seiner Frau dorthin – und in sein Verderben. Man sah in Ascona die seltsamsten Menschen auftauchen, die man dort nicht erwartet hätte: uralte Engländerinnen, blutjunge indische Prinzen, elegante Mannequins und junge, betont unelegante Maler, Tänzerinnen und undurchsichtige Existenzen, von denen manche behaupteten, sie seien Spione. In der Regel handelte es sich aber um ganz harmlose Leute, die sich in Ascona niedergelassen hatten, um diese Zeit zu überleben.

Sie alle hätten vielleicht anderswohin fliehen, sich anderswohin zurückziehen können. Warum Ascona? Das hatte nicht nur mit dem günstigen Klima zu tun, nicht nur damit, dass Ascona in der Schweiz lag und dass die Schweiz als relativ sicherer Fels im Sturm der Zeit galt, das hatte nicht einmal damit zu tun, dass man in Ascona noch jetzt relativ billig lebte.

Das lag an etwas, das kaum einer hätte in Worte fassen können: dass man einander so nah war und doch keine Verpflichtungen gegeneinander hatte. Es waren die Gespräche, die man im «Verbano» und bei «Nelly» führte und die in nichts den Gesprächen in anderen Bars der Welt ähnelten. Das lag daran, dass Ascona selbst denjenigen ein Zuhause bot, die auch hier kein eigentliches Zuhause hatten, allenfalls ein kleines Hotelzimmer oder einen winzigen Raum in einer Pension. Man war zu Hause, weil man jeden kannte und weil jeder einen kannte, nicht zuletzt der Briefträger, der ins «Verbano» oder zu «Nelly» oder an den Lido kam auf der Suche nach jemandem, für den er einen Brief hatte, besonders wenn der Briefträger wusste, dass der Adressat auf den Brief wartete.

Und schliesslich lag es daran, dass der Frühling in Ascona etwas ganz Besonderes war. Oder wie eine kluge Frau es ausdrückte: «Wenn der Frühling kam, hatte jede Frau einen neuen Mann und jeder Mann eine neue Frau …» Was natürlich nicht wörtlich aufzufassen war. Man lebte in einer Euphorie in diesen so verhängnisvollen und düsteren Jahren. Draussen bereitete sich Fürchterliches vor. In Ascona sprachen die Leute lieber über erfreulichere Dinge. Lediglich ein kleiner Kreis interessierte sich noch für Politik, obwohl doch für alle die politischen Entwicklungen wichtig waren, ja Leben oder Tod bedeuten konnten.

Man las davon, dass Hjalmar Schacht Reichswirtschaftsminister von Hitlers Gnaden geworden war, dass Hitler und Mussolini einen Pakt abgeschlossen hatten, dass die SA eine zweite Revolution forderte und Hitler seinen besten Freund, den Hauptmann Röhm, ermorden liess. Ermordet wurde auch der kleine österreichische Kanzler Engelbert Dollfuss, selber durchaus kein Verfechter von Freiheitsidealen aber er stand Hitler im Wege. Ermordet wurde Alexander I. von Jugoslawien, als er nach Marseille kam, um mit dem französischen Aussenminister Barthou ein gegen Hitler-Deutschland gerichtetes Bündnis abzuschliessen.

Roosevelt willigte ein, mit den Russen diplomatische Beziehungen aufzunehmen. Italien überfiel Abessinien, im Völkerbund regte man sich darüber sehr auf und verhängte Sanktionen, die aber nichts bewirkten. Die deutschen Truppen marschierten ins Rheinland ein, die allgemeine Wehrpflicht wurde in Deutschland eingeführt, was beides im Widerspruch zu bestehenden Verträgen stand – aber die Westmächte nahmen es hin. In Spanien begann Franco die Rebellion gegen die republikanische Regierung. Wilhelm Gustloff, der Landesgruppenleiter der NSDAP in der Schweiz, den die Nazis als schweizerischen Gauleiter vorgesehen hatten, wurde von einem jungen Juden umgebracht. Nur wenige begriffen, dass es sich hier um einen Warnungsschuss handelte. Die Welt wollte vor Hitler nicht gewarnt werden.

Aus Deutschland kam die Nachricht von dem grauenhaften Ende des Dichters Erich Mühsam. Er hatte in den letzten Jahren Stücke geschrieben, die nur auf Arbeiterbühnen gespielt worden waren, und politische Broschüren mit anarchistischen Tendenzen verfasst. Nach dem Reichstagsbrand nahmen die Nazis ihn fest, und man erfuhr, dass er im KZ aufs grässlichste gequält worden war. Man hing ihn auf und behauptete, er habe Selbstmord begangen.

Seine Frau floh bald darauf in die Tschechoslowakei, einen Koffer mit Mühsams Tagebuch aus dem KZ mit sich führend. Auf Einladung der Sowjetunion reiste sie nach Russland, wurde dort als Spionin festgenommen und zu fünf Jahren Zwangsarbeit verurteilt.

Ein noch schlimmeres Schicksal erlitt Klabunds Witwe, die schöne Schauspielerin Carola Neher. Auch sie hielt es nicht für ratsam, in Berlin zu bleiben, und flüchtete mit einem Freund in die Sowjetunion. Beide wurden verhaftet. Mitte der dreissiger Jahre kam die Neher wieder aus dem Gefängnis. Ihre alten Freunde erkannten sie nicht wieder. Die einstmals schmale, schlanke, sportlich durchtrainierte Frau war dick und fett geworden durch die ständige «Kartoffeldiät». Ihre Freunde von damals wollten sie wohl auch nicht mehr erkennen, es war gefährlich, mit Leuten Umgang zu pflegen, die aus dem Zuchthaus kamen, und lange blieb sie auch nicht in Freiheit, bis sie wieder in einem Lager verschwand, diesmal für immer.

Auch von gustav nagel hörte man wieder in Ascona. Er dachte nicht daran, das Dritte Reich zu respektieren, er war ja ein Gottgesandter, und er gab unter anderem bekannt, dass «got» ihm die Botschaft übermittelt habe: «england, deutschland, frankreich soll sich zum dreibund zusammenschliessen, dann mag kommen was wil. die botschaft gab ich sofort an hitler, hess, goebbels und göring durch einschreibebrief weiter.»

Der zuständige Ortsgruppenleiter nannte es Landesverrat, dass Nagel weiterhin prophezeite, Deutschland werde einen Krieg verlieren. Man brachte ihn nach Dachau. Die dortigen SS-Leute informierte er: «ihr könnt einen deutschen dichter und lidermacher nicht vergewaltigen.»

Das konnten sie wirklich nicht. Nagel, trainierter Vegetarier, sollte die Haft besser überstehen als die meisten seiner Gefährten.

Im August 1933 fand die erste Eranos-Tagung statt. Ein unglücklicherer Zeitpunkt hätte kaum gewählt werden können. 1933! Mit Hitlers Machtergreifung hatte eine Entwicklung von derart zerstörender Kraft eingesetzt, wie man sie seit dem Mittelalter im Abendland nicht mehr gekannt hatte. In Ascona aber ging man daran, eine Brücke zwischen Ost und West zu schlagen.

Nach jahrelangen Vorarbeiten, nachdem sie den grössten Teil ihres Vermögens in die Sache gesteckt hatte, konnte Olga Fröbe, die Initiantin dieser Gespräche, geistige Prominenz aus Ost und West bei sich empfangen. Das Thema der ersten Tagung lautete: «Yoga und Meditation im Osten und Westen.»

Auf dieser und den folgenden Tagungen kamen hervorragende Vertreter des Judentums, der Jesuiten, Ethnologen und Psychologen zu

Wort: wir nennen nur die Namen von Martin Buber, Hugo Rahner, Karl Kerényi und C. G. Jung. Manchmal ereigneten sich amüsante Zwischenfälle, die auf ihre Weise höchst lehrreich waren, etwa als Martin Buber dem Vertreter der «Deutschen Christen», Professor Hauser, Irrtümer und Fälschungen nachwies. Der quittierte sauer lächelnd: «In dieser Welt können und dürfen wir uns nicht sprechen, vielleicht in einer anderen Welt ...»

Längst hätte die Rede sein sollen von der alten Baronin Wrangel, die bald nach dem Ersten Weltkrieg mit ihrem Mann, einem ehemaligen russischen General, nach Ascona gekommen war.

Dieser Wrangel gehörte zu jenen seltenen Generälen, die gegen jeglichen Krieg waren, und seine Frau veranstaltete Anfang der zwanziger Jahre gelegentlich pazifistische Treffen in ihrem Haus in Ascona. Das Haus war übrigens eine Sehenswürdigkeit, ein alter Palazzo, genannt «Il Croce».

Aber schliesslich war das mitgebrachte Vermögen aufgebraucht, und aus Russland konnte kein Nachschub kommen. Was für die Baronin keineswegs ein Anlass war, sich einzuschränken oder gar sich nach einem Erwerb umzusehen. Auch nach dem Tod ihres Mannes lebte sie auf grösstem Fuss weiter.

Womit sie das bezahlte? Die Antwort darauf ist, dass sie nicht bezahlte. Nun wissen wir ja, dass zu Anfang des Jahrhunderts beinahe jeder in Ascona auf Pump lebte, dass es geradezu als Ehrensache angesehen wurde, kein Geld zu haben. Aber die Zeiten hatten sich geändert. Die Lieferanten waren zwar weiterhin geduldig, hofften aber doch, früher oder später zu ihrem Geld zu kommen. Die Baronin Wrangel war so unnahbar, dass ihnen lange der Gedanke nicht kam, es könne sich bei ihrer Schuldenmacherei um etwas anderes handeln als um die Laune einer grossen Dame.

Aber einmal kam ihnen dann doch der schreckliche Verdacht, sie würde überhaupt nicht zahlen, und jeder von ihnen trat klopfenden Herzens den Weg zu dem Haus «Il Croce» an.

Man wurde dann in irgendeinen der zahlreichen Salons geführt, wartete dort, bis die Baronin Wrangel die Freitreppe herabschritt oder den betreffenden Mann bitten liess, in ihr Boudoir – natürlich hatte sie ein Boudoir! – zu treten. Das bedeutete nicht, dass er nun dazu kam, zu sagen, weswegen er gekommen war. Die Baronin nahm ihn beim Arm, trat mit ihm auf die Terrasse oder einen Balkon, wies auf den See hinaus und sprach wie folgt: «Mein lieber Freund, schauen Sie sich um! Ist das nicht wunderbar?»

Und jeder dieser kleinen Tessiner Kaufleute sah sich um und fand es wunderbar, obwohl er doch mit Recht hätte erwidern können, dass er die Gegend seit frühester Kindheit kenne, und dass die Schönheit dieser Gegend kein Grund für die Baronin sei, ihre Rechnungen nicht zu bezahlen. Er kam nicht dazu, solches zu äussern, er kam überhaupt zu nichts – es sei denn, sich die wunderbare Landschaft anzusehen – und schon stand er wieder draussen.

Ob die Baronin, eine kleine, sehr temperamentvolle und inzwischen grau gewordene Dame, eine Vorstellung davon hatte, wie das weitergehen würde, wusste niemand. Vermutlich dachte sie überhaupt nicht darüber nach, vermutlich dachte sie, die Welt schulde ihr, der Baronin Wrangel, ein gutes Auskommen, und da sie nun einmal Ascona zu ihrer Heimat erwählt hatte, schuldete ihr eben Ascona dieses Auskommen.

Dabei hätte sich eine Lösung finden lassen. Da war Edmund Stinnes, der Sohn von Hugo Stinnes, der während des Krieges und vor allem nach dem Krieg ein Imperium in Deutschland aufgerichtet hatte, wie es nirgends ein zweites gab: ein Imperium aus Hotels und Eisenbahnen, Schifffahrtslinien und Warenhäusern, nicht zu vergessen Fabriken, Kohlengruben und Hüttenwerke. Edmund hatte schon früh eine grössere Liegenschaft in Ascona erworben. Das Haus der Baronin Wrangel lag nicht unweit davon, und er hätte es gerne dazugekauft. Er machte ihr ein Angebot. Die Baronin, die das Geld bitter nötig gehabt hätte, lehnte das Angebot empört ab.

Edmund Stinnes glaubte nicht an die Endgültigkeit dieses Entscheids. Früher oder später musste die Baronin, die nun schon recht alt geworden war, das Haus verkaufen. Als hätte sie diese Gedanken geahnt, erschien sie immer am Fenster, wenn man sie davon benachrichtigte, dass Edmund Stinnes vorbeiging, und rief mit ihrer volltönenden Stimme in stark baltisch gefärbtem Deutsch: «Sie bekommen mein Haus nicht!» Schliesslich bekam er es aber doch. Ein Vertrag wurde geschlossen, wie er nur in Ascona zustande kommen konnte; er sah vor, dass Stinnes soviel Geld hinlegen musste, dass die Baronin ihre Gläubiger befriedigen und darüber hinaus noch etwas für sich behalten konnte. Das war aber bei weitem nicht alles. Edmund Stinnes hatte der Baronin eine Lebensrente zu zahlen.

Und weiter wurde vereinbart, dass die Baronin in ihrem Hause, das ja nun gar nicht mehr das ihre war, bleiben durfte – bis zu ihrem Tod. Erst danach durfte der Besitzer das Haus beziehen, vorher nicht einmal betreten.

Leute, die es wissen müssten, behaupten, dass es zur Zeit des Vertragsabschlusses der Baronin gar nicht gut ging. Ihre Ärzte vermuteten, sie würde bald sterben. Aber der unterschriebene Vertrag wirkte auf sie wie ein Lebenselixier. Die Baronin blühte förmlich auf, sie bekam das, was man im Sport den «zweiten Wind» nennt, sie wurde wieder springlebendig. Es gab dafür nur eine Erklärung: sie lebte sozusagen aus Trotz weiter, um den Käufer, den sie nicht mochte, zu ärgern. Es ist kaum anzunehmen, dass Edmund Stinnes sich ernstlich ärgerte, aber es war amüsant zu sehen, wie die alte Dame es darauf anlegte, wie sie auch jetzt noch am Fenster oder auf der Terrasse erschien, wenn er vorbeiging, um zu demonstrieren, dass sie am Leben war und noch lange leben würde.

Oder wie man in Ascona sagte: «Sie machte sich einen Sport daraus, nicht zu sterben!»

Doch 1936 starb sie. Endlich betrat Edmund Stinnes das Haus, das er vor vielen Jahren gekauft hatte – und erlebte eine weitere Überraschung. Es schien, als habe die Baronin Wrangel, die zeit ihres Lebens das Geld aus dem Fenster geworfen hatte, alles andere aufbewahrt, was je in ihr Haus gelangt war. Das Haus war vollgestopft mit alten, verschlissenen Kleidern, mit fein säuberlich ausgespülten Ölsardinendosen, mit Hunderten von Schachteln und Schächtelchen, mit einem Riesenhaufen alter Zeitungen und Packpapiere, mit allem nur erdenklichem Krimskrams, nicht zu vergessen die Socken ihres längst verstorbenen Mannes und natürlich auch seine Uniformen, zaristische Uniformen, versteht sich, die längst in ein Wachsfigurenkabinett gehört hätten.

Es dauerte Wochen, bis das alles ausgeräumt war. Und erst dann konnte man wirklich behaupten, dass die Baronin Wrangel nicht mehr existiere.

Ein wenig später starb auch Marianne von Werefkin.
Sie war schon eine sehr alte Frau. Von Jawlensky hatte sie sich längst getrennt, oder vielleicht sollte man der Wahrheit entsprechend sagen, er war ihr mit einem sehr viel jüngeren Mädchen, einer Angestellten der Werefkin, fortgelaufen. Er wollte sie in Genf heiraten. Die Werefkin fand in ihrer Wut einen Brief, in dem ihr Jawlensky einmal in Liebesglut beteuert hatte, sie sei seine Frau – was wohl dem Sinn, nicht aber dem Gesetz nach stimmte. Diesen Brief schickte sie dem russischen Popen in Genf, der sich daraufhin weigerte, Jawlensky mit dem jungen Mädchen, das um diese Zeit wohl schon ein Kind von ihm erwartete, zu trauen. Jawlensky fuhr darauf nach Wiesbaden, wo sich ein Pope fand, der von jenem Brief nichts wusste und die Trauung vornahm. So geschah es, dass der Maler nach Hitler-Deutschland kam und dort auch blieb, und dass sein Sohn, Russe durch und durch, für Hitler gegen seine alte Heimat in den Krieg ziehen musste.

Die Werefkin aber starb – das war 1938 – und es kam zu einer Beerdigung, wie sie Ascona nie zuvor erlebt hatte. Die nächsten Verwandten, vor allem ein Pope, der in Florenz lebte, sowie zwei Nichten, Konzertsängerinnen, fanden sich ein. Die Beerdigung wurde nach streng russischen Riten durchgeführt. Der Pope schritt, ein etwa 25 Zentimeter hohes Kreuz mit einer Oberfläche aus Gold haltend, dem Sarg voran. Ihm folgten der Diakon mit den beiden Nichten der Baronessa. Der Pope sprach die Gebete, und die Nichten antworteten darauf mit den liturgischen Gesängen. Hin und wieder blieb der Pope stehen, drehte sich um und wandte sich dem Sarg zu, nahm den Weihkessel, den der Diakon trug, und segnete, den Kessel schwenkend, den Sarg. So ging es durch das ganze Dorf, durch die kleinen Strassen und Gässchen, die alle mit Blumen bestreut waren. Die Grabrede hielt der Pope auf russisch, deutsch und italienisch. Das ganze Dorf nahm an der Beerdigung teil, und alle, die die Werefkin gekannt hatten – und wer in Ascona hatte sie nicht gekannt? – weinten.

Ihr letzter Wunsch war gewesen, dass man auf dem Kreuz auf ihrem Grabe ihr Alter nicht vermerke. Er wurde ihr erfüllt.

DIE KINDER – UND ROSENBAUM TAUCHT AUF

Es kam in Ascona selten vor, dass alle dort Lebenden zusammentrafen wie bei der Beerdigung der Werefkin, die Alten und die Jungen, die Einheimischen und die Zugereisten. Für die Einheimischen, die in Ascona Geborenen, blieben die anderen zugereist, auch wenn dies Ereignis vor zwanzig oder dreissig Jahren stattgefunden hatte. Die echten Asconesen wünschten, unter sich zu bleiben.

Das kam ihnen kaum zum Bewusstsein, es war eher so, dass die sozialen und kulturellen Unterschiede engere Verbindungen zwischen den beiden Gruppen erschwerten, wozu die sprachlichen Schwierigkeiten beitrugen. Die Zugereisten sprachen selten Italienisch. Die Geschäfte, die auf ihre Kundschaft Wert legten, stellten daher Schilder in die Schaufenster: «Man spricht Deutsch!» Fünfundzwanzig Jahre später hiess es in den gleichen Schaufenstern: «Man spricht auch Italienisch …»

Natürlich gab es Ausnahmen von der Regel, etwa den Advokaten Pietro Marcionni, den Verbindungsmann zwischen dem Patriziat und den Emigranten, der vorzüglich Deutsch sprach und eine charmante Frau hatte, die jeden kannte. Das Haus der Marcionnis, schräg gegenüber der «Taverna» und ihr Büro im Postgebäude waren Mittelpunkt des Asconeser Lebens.

Da war auch die Jugend. Und mit der hatte es eine ganz andere Bewandtnis. Auf die machten natürlich die interessanten, zum Teil faszinierenden Fremden gewaltigen Eindruck. Eine besondere Attraktion bedeutete Erich Maria Remarque, der die jungen Leute oft einlud.

Da war die «Taverna», die grosse Tanzbar, in der sie die Frauen der Fremden kennenlernten und ein wenig als Gigolos auftraten.

Dazwischen trieben sie alle nur denkbaren Streiche, die die Bürger von Ascona mitunter mit Besorgnis erfüllten. So gingen sie nachts zu dem von Remarque mit Alkohol versorgten Bäcker Engler, vertilgten dort kleine Kuchen und Patisserien und bespritzten die frischen Brötchen mit Rum. Und die Kunden des Bäckers wunderten sich am folgenden Morgen sehr, wenn sie beim Frühstück in alkoholhaltige Semmeln bissen.

Oder sie eröffneten eine Art Privatbar in einem alten halbverfallenen Haus und veranstalteten dort Parties, die diesen Namen noch nicht kannten – der Begriff wurde erst in der Nachkriegszeit populär. Der Club hiess «Fil da fer», und niemand kam hinein, ohne das Geheimzeichen zu geben: man musste einen Nagel berühren, und daraufhin ertönte eine Klingel. Alles recht mysteriös.

Wenn man aber einmal drin war, war alles nur halb so schlimm. Im Wesentlichen wurde getrunken und getanzt. Selbstverständlich beschränkte sich das Nachtleben der jungen Asconesen nicht auf Trinken und Tanzen. Wenn sie vom Trinken und Tanzen heiss geworden waren, entledigten sie sich ihrer Kleider – die Clubkleidung bestand aus einem gestreiften Leibchen, das von ferne an die Kleidung von Sträflingen erinnerte – und sprangen, wie Gott sie erschaffen hatte, in den See, um sich abzukühlen. Und dann ...? Aber dazu brauchten sie keinen Club.

Es gab auch eine andere Jugend in Ascona, die nicht aus dem Tessin stammte und ganz, ganz anders lebte – in einem Heim, das von Lilly Volkart eröffnet worden war, einer kleinen Frau, eher zart, mit einem klugen Kopf, mit warmen, freundlichen Augen. Sie war aus Zürich und hatte ursprünglich Medizin studieren wollen. Eine Zeitlang war sie bei einem Arzt als Erzieherin seiner zwei Kinder in Stellung gewesen. «Das war wohl so 1915 und die folgenden Jahre ...»

Aber dann wurde sie herzkrank. Sie sollte nach Ägypten fahren, um sich dort auszukurieren. Sie fragte den Arzt, ob man sie nicht auch im Tessin kurieren könne. Der Arzt meinte, das ginge schon, aber zwei Jahre müsse sie wohl da unten bleiben.

Damit war sie einverstanden. Dann sagte der Arzt: «Lilly, wenn Sie schon ins Tessin fahren, dann möchte ich Ihnen gern unsere Kinder mitgeben, das täte ihnen auch gut ...»

«Das war etwa 1922, 1923. Und dann liessen Bekannte des Arztes anfragen, wie es wäre, wenn auch sie ihre Kinder ins Tessin schickten? Es gefiel mir gut in Ascona, ich hatte mich schon halb und halb an den Gedanken gewöhnt, hier zu bleiben, und warum eigentlich nicht?»

Sie mietete ein Haus – übrigens das von Hermann Hesses erster Frau – und machte es zu einem Kinderheim. Das Unternehmen erwies sich als erfolgreich. «Es kamen Kinder aus allen Ländern, sie kamen auf ein paar Wochen oder auch für ein paar Monate, um sich zu erholen. Sie fuhren wieder nach Hause, gesünder, vielleicht auch glücklicher.

Und dann kam eine Zeit, da es für die Kinder nicht mehr möglich war, nach Hause zurückzufahren. «Ihre Eltern brachten sie und deuteten mir an, dass sie nicht wüssten, wann sie die Kinder holen könnten. Denn ein Zuhause gab es nicht mehr für sie. Die Eltern selbst waren abgereist, manchmal über Nacht, nach Übersee, um irgendwo wieder Fuss zu fassen. Und da konnten sie die Kinder natürlich nicht mitnehmen. Ja, ich spreche von deutschen Kindern, deren Eltern Grund hatten, das Schlimmste zu fürchten, wenn Hitler erst an die Macht käme. Oder die, nachdem er an die Macht gekommen war, mit gutem Grund sich eiligst aus dem Staube machten, bevor man sie in ein KZ gesteckt hätte. Sozialisten, Schriftsteller, Liberale und natürlich auch Juden.»

Im Jahre 1935 wurde die Sektion Tessin des Schweizer Hilfswerks für Emigrantenkinder – einer Gründung des Jahres 1933 – ins Leben gerufen; Präsident wurde Baron Schey, über den später noch gesprochen werden soll.

Nun gab es also den Begriff der Emigrantenkinder, deren Eltern bei Nacht und Nebel aus Deutschland geflohen waren und in Frankreich, meist in Paris, lebten. Lebten? Vegetierten ... Lilly erklärte sich bereit, 40 bis 45 Kinder aufzunehmen.

Was wusste man denn von den Kindern? Nur, dass sie meist mit ihren Eltern in einem einzigen kleinen Zimmer wohnten, in einem dritt- oder viertklassigen Pariser Hotel, das eine Art Flüchtlingslager geworden war, dass sie auf Strohsäcken schlafen mussten oder auf Pritschen, und dass sie jeden Tag hören und sehen mussten, wie verzweifelt der Vater war, weil er nicht arbeiten durfte, weil das Geld, das er mitgebracht hatte, zur Neige ging, weil er überhaupt keine Chance sah, seine Familie zu ernähren. Kein Wunder, dass die Kinder blass wurden, dass sie recht wortkarg waren, als sie in die Schweiz kamen, dass die Trostlosigkeit, die sie hatten miterleben müssen, in ihren Augen geschrieben stand.

Im Jahr 1936 kam ein Mann namens Rosenbaum nach Ascona, der sehr bald zu einer ebenso zentralen Figur werden sollte wie Baron von der Heydt, Max Emden und Emil Ludwig. Sein Vorname war Wladimir, wie der von Dr. Melik. Dieser Neuankömmling war noch vor kurzem ein prominenter Schweizer Bürger gewesen – jetzt schien er ganz ausgeschaltet zu sein. Nur, er fand sich damit nicht ab. Und wie sich bald herausstellen sollte, zu Recht.

Wladimir Rosenbaum erregte, kaum in Ascona angekommen, erhebliches Aufsehen. Bei jeder Ankunft eines Unbekannten fragte man sich ja, wer er wohl sein möge, was er in Ascona zu tun beabsichtige, ob er bleiben werde oder nur auf der Durchreise sei. Aber Wladimir Rosenbaum interessiere die Asconesen weit mehr als andere Fremdlinge. Denn erstens war er kein Fremdling, war doch sein Name durch alle Zeitungen gegangen. Er hatte gerade seinen «Spanien-Prozess» gehabt. Zweitens aber lag es an seiner Erscheinung. Der stämmige, lässige Mann mit dem scharfgeschnittenen, ungewöhnlich intelligenten Gesicht, mit grossen, warmen und melancholischen Augen, die meistens hinter schweren Lidern verschwanden, erschien in einem weiten Mantel, stets von einem grossen, grauen Hund begleitet, meist ein Rad vor sich herschiebend. Die Leute, die vor dem «Verbano» sassen, an denen er vorbeischritt, offensichtlich ohne sie zu bemerken, tuschelten sich alles mögliche über ihn zu. Er wäre, so wusste es der eine oder andere, ein Anwalt aus Zürich, er wäre der berühmteste Anwalt dort! Nein, er wäre kein Anwalt mehr, er hätte seinen Beruf aufgeben müssen, er wäre im Gefängnis gewesen. Politik wäre im Spiel, grosse Politik! Er wäre reich, er verdiene eine Unmenge Geld! Nein, er sei nicht reich, er lebe in einem Zimmer im Dörfchen Porta, mutterseelenallein, abgesehen von dem grossen Hund, der ihn nie verliesse. Nein, er sei nicht allein, er sei stets von Frauen umringt. Und dergleichen mehr.

Das Eigenartigste an diesem Mann war, dass auch die absonderlichsten Geschichten, die man sich über ihn erzählte, irgendwie stimmten.

Aber vielleicht ist es besser, von vorn zu beginnen, obzwar es uns zweifelhaft erscheint, dass diese so seltsame, so widerspruchsvolle Figur je ganz klar erkennbar wird. Sein Vater war einer der angesehensten Anwälte im zaristischen Russland und was für einen Juden kaum erreichbar schien – Mitglied der Duma, des alten russischen Reichstags. Als Litauen ein selbständiger Staat wurde, wurde der Vater Minister des Auswärtigen und Minister für jüdische Angelegenheiten. Er war auch einer der Mitbegründer des Zionismus und verbrachte seinen Lebensabend in Israel, das damals noch Palästina hiess.

Den achtjährigen Sohn schickte Vater Rosenbaum – es war in der Zeit, als in Russland die Juden-Pogrome wüteten – in die Schweiz. Wer es vermochte, verbrachte seine Kinder ins Ausland. Der behütete und verwöhnte Junge wurde nacheinander Zögling verschiedener Pensionseltern und Schulen in Genf und Lausanne. Von den Zurückweisungen, die der ahnungslos zutrauliche Knabe erfuhr, ist eine besonders haften geblieben. Er war etwa vierzehn, und die Mitschüler durften an einem Tanzkurs teilnehmen, aber Rosenbaum nicht. Er fragte den Pensionsvater, warum er nicht auch in die Tanzstunde gehen könne. «Es ist, weil du nur kurze Hosen trägst», erklärte verlegen der mitleidige Mann. Der Junge erbat sich vom Vater das Geld für eine lange Hose und bekam es sofort. Aber der ersehnte Erfolg blieb aus. Auch vorschriftsgemäss angezogen wurde er nicht zum Tanzkurs mitgenommen. Mit fragenden Augen stand er vor dem Pensionsvater. Der musste sich entschliessen, die Wahrheit zu sagen: «Sie wollen dich nicht dabei haben, weil du ein Jude bist.»

Wann er zuerst nach Ascona kam? Er selbst erzählte darüber später: «Ich war etwa sechzehn. Wir machten eine Schulreise ins Tessin. Ich hörte, in Ascona gebe es Nacktkultur, oben auf dem Monte Verità. Das war ja noch vor dem Ersten Weltkrieg. Ich war natürlich brennend neugierig. Ich lief den anderen einfach davon, eilte auf den Monte Verità hinauf, klopfenden Herzens. Dort konnte ich nur zwei elegant gekleidete Damen entdecken, die aus winzigen Tässchen Mokka tranken. Das war die ganze Nacktkultur von Ascona, soweit ich sie zu sehen bekam!»

Freilich, bevor er für immer nach Ascona übersiedelte, sollte noch viel geschehen. Zunächst einmal kam er zum Militär. Er konnte Englisch, Französisch, Deutsch und Russisch sprechen. Beim Militär aber suchte man gerade Leute, die Italienisch konnten, um sie als Unteroffiziere für die Tessiner Truppen auszubilden. Rosenbaum meldete sich sofort, obwohl er kein Wort Italienisch konnte, weil er hier eine gute Gelegenheit erblickte, auch diese Sprache zu lernen. Er wurde in die Tessiner Unteroffiziersschule versetzt, lernte Italienisch im Handumdrehen und wurde Korporal.

Dann studierte er Rechtswissenschaften.

Während seiner Studienzeit in Bern hielt er einmal an einem Studentenmeeting eine Rede, die ihm selbst nicht besonders wichtig erschien, und war erstaunt über die Wirkung auf seine Zuhörer. Damals begriff er, dass er die Macht des Wortes besass, und vielleicht reifte in ihm schon damals der Entschluss, jenen Beruf zu ergreifen, der ihn als Strafverteidiger berühmt machen sollte.

Er liess sich in Zürich nieder. Er machte eine steile Karriere. Bald war er einer der gesuchtesten Anwälte der Schweiz. Er wurde dadurch bekannt, dass er anscheinend aussichtslose Fälle übernahm und sie zu einem guten Ende für seine Klienten führte. Seine Phantasie, die Einfälle, mit denen er die Beweisführung stützte, waren immer wieder verblüffend. Über Nacht berühmt wurde er durch den Mordprozess Riedel-Guala. Ein junges Mädchen namens Antonia Guala war wegen angeblicher Vergiftung der Frau ihres Geliebten zu zwanzig Jahren Zuchthaus verurteilt worden. Rosenbaum – er war nicht ihr Verteidiger gewesen – hielt sie für unschuldig. Durch ein erfolgreiches Revisionsgesuch wurde der Prozess nach sechs Jahren wieder aufgenommen. Rosenbaum übernahm die Verteidigung. Durch eine höchst originelle Beweisführung, unter anderem durch Einschaltung eines Mediums, das in der Trance wichtige Beweisstücke fand, erlangte er den Freispruch der Angeklagten.

Rosenbaum war nicht nur berühmt, er war auch gefürchtet, und er war alles andere als beliebt. Man beneidete ihn in Kollegenkreisen und fand es nicht richtig, dass ein «Papier-Schweizer» eine solche Rolle spielen konnte. Man fand es wohl auch nicht richtig, dass er soviel Geld verdiente. Es ist vielleicht nicht übertrieben zu behaupten, dass einige seiner Kollegen und vielleicht auch einige Staatsanwälte den Tag herbeisehnten, an dem sie Rosenbaum loswerden konnten.

Es war 1936, zu Beginn des spanischen Bürgerkrieges, als ein geheimnisvoller Mann bei Rosenbaum erschien, der Aussprache nach zu urteilen wahrscheinlich slawischer Herkunft. Dieser Mann erklärte Rosenbaum, dass er Beauftragter der spanischen Regierung sei und unterbreitete ihm folgenden Vorschlag: Die spanische Regierung brauche, in ihrem Kampfe gegen die meuternden Generäle unter Franco, Waffen, unter anderem Flugzeuge. Die Swissair besitze eine Reihe von Flugzeugen älteren Modells, die sie gerne verkaufen möchte. Sie sei auch bereit, diese Flugzeuge der spanischen Regierung zu überlassen, jedoch könne der Verkauf nicht «offiziell» vor sich gehen, weil das vom Bundesrat, gestützt auf seine ausserordentlichen Vollmachten ad hoc geschaffene «Neutralitätsgesetz», welches das Verkaufen von Kriegsmaterial an eine kriegführende Partei verbiete, dem im Wege stehe. Die Transaktion solle daher in der Weise abgewickelt werden, dass die Swissair die Flugzeuge offiziell nicht nach Spanien, sondern an die Air France verkaufen werde. Und was nachher mit diesen Flugzeugen geschehe, sei nicht mehr Sache der Swissair.

So jedenfalls liess sich der Mann vernehmen.

Die Flugzeuge sollten von Piloten der Swissair nach Le Bourget geflogen werden. Dort würden spanische Piloten sie übernehmen.

Und was sollte Rosenbaum in dieser ganzen Angelegenheit? Er sollte Treuhänder sein, Vertrauensmann sowohl der spanischen Regierung wie der Swissair. Den Kaufpreis für die Flugzeuge würde der geheimnisvolle Fremde bei ihm zu treuen Händen hinterlegen. Bei der Übergabe der Flugzeuge seitens der schweizerischen Piloten an die spanischen würde Rosenbaum ein Codewort telegraphiert werden, worauf er das bei ihm hinterlegte Geld an die Swissair bezahlen solle.

Für dieses Treuhändermandat solle Rosenbaum, so sagte der Fremde, ein hohes Honorar erhalten. Das Mandat nahm Rosenbaum an. Das Honorar lehnte er ab. Zu helfen sei er bereit, aus Überzeugung, nicht für Geld. Er stand auf der Seite der Republikaner, der von der Volksvertretung gewählten spanischen Regierung. Später hiess es, es sei eine kommunistische Regierung gewesen, aber das war nicht der Fall, und alle wirklich liberal Gesinnten in Europa und Amerika hofften, die legale republikanische Regierung werde die rebellierenden Generäle zurückschlagen. Hinter denen standen nämlich Hitler und Mussolini.

Der Fremde hinterlegte bei Rosenbaum eine Kiste voll von Tausendernoten. Keine Quittung. Kein Papier. Nur Vertrauen.

Die Spanier bekamen ihre Flugzeuge und die Swissair das Geld.

Verrat! Denunziation! Wer denunziert hatte, wusste man nicht. Bern griff ein, Rosenbaum wurde verhaftet, einvernommen, gegen Kaution freigelassen, wieder verhaftet. Er weigerte sich auszusagen. Er wusste von nichts. Seine stereotype Antwort auf alle Fragen des Untersuchungsrichters lautete: «Fragen Sie nicht mich. Fragen Sie doch die Swissair!» Rosenbaum wurde verurteilt. Er legte Berufung ein. Die Sache ging an das Bundesgericht.

Von den Gerichten wurden Rosenbaum goldene Brücken gebaut. Man fühlte sich nicht ganz wohl bei dem Gedanken, dass dieser Mann, der bei dem Geschäft für sich nichts herausgeschlagen hatte, für die andern den Sündenbock spielen sollte. Man fragte ihn, ob er bereue. Man deutete an, dass er, wenn er bereue, nur bedingt verurteilt würde und die Strafe nicht absitzen müsse. Rosenbaum antwortete, dass er nicht bereue, dass er das Gleiche noch einmal tun würde, allerdings dann nicht von der Schweiz, sondern von einem andern Lande aus. Diese Antwort wurde als allzu frech befunden.

Das Bundesgericht verurteilte ihn schliesslich, mit drei gegen zwei Stimmen, durch Stichentscheid des Präsidenten. Zwei der fünf Bundesrichter waren der Auffassung, dass jenes «Neutralitätsgesetz», auf welches die Anklage sich stützte, verfassungswidrig sei.

Rosenbaum wurde aus der Anwaltskammer ausgestossen. Eben noch war er der vielleicht bekannteste schweizerische Strafverteidiger gewesen, jetzt selbst verurteilt, ruiniert, erledigt – oder so schien es wenigstens.

Der Tag war gekommen, an dem man sagen durfte, man sei Rosenbaum los. Aber war man ihn wirklich los? Wie, wenn er jetzt den Mund auftäte, wenn er die Hintergründe dieses Verkaufs «Swissair-Air France» verriete? Das Bundesgericht hatte nämlich nach der Verurteilung Rosenbaums der Staatsanwaltschaft die Weisung erteilt, eine Untersuchung gegen die Swissair durchzuführen, um zu ermitteln, ob die Swissair bei dem vermeintlichen Verkauf an die Air France gutgläubig war oder ob nicht auch sie gewusst habe, dass die Flugzeuge nicht für die Air France, sondern für Spanien bestimmt waren. Rosenbaum wurde daher neuerdings vor den Untersuchungsrichter geladen. War er bereit, gegen die Swissair auszusagen? Rosenbaum verweigerte die Aussage mit der Begründung, er habe als Anwalt ein treuhänderisches Mandat verwaltet. Er berufe sich auf das Anwaltsgeheimnis!

Der Untersuchungsrichter sprang auf, eilte auf ihn zu, schüttelte ihm beide Hände: «Ich danke Ihnen!» Auch Bern war sichtlich erleichtert. Die ganze Öffentlichkeit war erleichtert.

Und das Erstaunlichste: Rosenbaum selbst war erleichtert. Er zog ins Gefängnis, als gelte es, eine Erholungsreise anzutreten. Er wusste nicht, was danach werden würde, aber er wusste, dass es gut war, einen Strich unter alles zu machen, unter das hektische Leben, das er in Zürich geführt hatte, in dem sich kein Raum zum wahren Leben mehr fand, keine Zeit zum Nachdenken, zu einem Neubeginn.

Der Prozess hatte ihn seinen Beruf gekostet. Er wollte das nicht tragisch nehmen, denn er hatte beruflich ein gutes Gewissen. «Als Anwalt habe ich schliesslich alles erreicht, was zu erreichen war.»

Eines stand nach seiner Freilassung für ihn fest: in Zürich wollte er nicht bleiben. Er wollte irgendwohin, wo es sich zu leben lohnte und wo man billig leben konnte. Denn nachdem die Schulden bezahlt waren, besass er noch genau dreitausend Franken.

Auf der Suche nach einer neuen Heimat erinnerte sich Wladimir Rosenbaum eines kleinen Dorfes im Tessin, Porta, wo es ihm gefallen hatte. In einer Osteria in Porta fanden sich zwei recht verwahrloste Räume. Dreihundert Franken sollten sie kosten – pro Jahr. Rosenbaum sagte, er würde die Zimmer für zehn Jahre mieten und die Miete im voraus bezahlen, unter der Bedingung, dass ein Badezimmer eingebaut und der Fussboden gerichtet werde. Beide Wünsche wurden erfüllt.

Als Rosenbaum auf diese Weise seine Barschaft losgeworden war, besass er noch einen Franken. Mit diesem Franken erwarb er in einem Bauernhaus unweit des Dorfes einen zerbeulten Kupfertopf. Rosenbaum beulte ihn aus, putzte ihn und verkaufte ihn an einen Antiquitätenhändler für fünf Franken. Mit diesen fünf Franken erwarb er bei einem anderen Bauern einen alten Rahmen. Er säuberte ihn und bot ihn einem ihm bekannten Antiquitätenhändler in Basel zum Kauf an. Er bekam die Antwort, der Händler würde den Rahmen gerne kaufen, aber höchstens hundertachtzig Franken dafür bezahlen können.

So besass Rosenbaum nun hundertachtzig Franken, und mit diesem Grundkapital begann er einen schwunghaften Antiquitätenhandel, der ihn in ein paar Jahren zu einer Asconeser Berühmtheit machen sollte. Jeder glaubte, es sei nur eine Frage der Zeit, bis Rosenbaum seine Tätigkeit nach Zürich, vielleicht gar nach Paris oder New York verlegen würde. Gerade dazu verspürte er aber nicht die geringste Lust. Er wollte nie wieder zurück in den grossen Betrieb. Und Geld? Das interessierte ihn überhaupt nicht, und das hat sich in dem Vierteljahrhundert, das seither verflossen ist, auch nicht geändert.

Er mochte die Menschen in Ascona, und sie mochten ihn. Was ihn störte war, dass sie in ihm etwas Besonderes sahen. Er wollte aufgehen in ihnen, er wollte – und das sagte er auch oft – ein durchschnittlicher Bürger sein. «Die meisten Menschen überschätzen mich masslos!», meinte er. «Es gibt allerdings auch Leute, die mich unterschätzen ...»

Ascona tat ihm schliesslich den Gefallen, ihn zu nehmen, wie er war. Aus dem betriebsamen Strafverteidiger war ein stiller, allerdings durchaus nicht resignierender Mensch geworden. Bei der Scheidung von seiner ersten Frau frug ihn der Richter: «Na, Herr Rosenbaum, wie ist es? Geht es nicht mehr? Habt ihr Streit?» Witzig und schlagfertig wie immer antwortete Rosenbaum: «Nein, Herr Präsident, es ist viel schlimmer! Wir haben keinen Streit.»

Heute kennen die meisten Rosenbaum nicht mehr als den sprachgewaltigen, grossen Anwalt. Man kennt ihn nur noch als den freundlichen, friedfertigen Antiquar. Hat wohl die Luft Asconas mit dieser Friedfertigkeit etwas zu tun? Kommen hier nicht viele zu dem Schluss, den Rosenbaum, nicht ohne schwere Erlebnisse, für sich selbst getroffen hatte: dass im Grunde genommen das Leben gar nicht so wichtig sei? Vielen von ihnen schien ihr Schicksal gar nicht von ihnen selbst abzuhängen, sondern von irgendwelchen Dingen, auf die sie keinen Einfluss hatten. Viele schienen begriffen zu haben, dass sie Marionetten waren im grossen Weltgeschehen.

MARIONETTEN – SO ODER SO

Es war «Köbi» Flachs Idee, in Ascona ein Marionettentheater aufzumachen. Später sagte er allerdings, es habe sich um eine Art kollektiven Einfall gehandelt von Malern, Bildhauern, Schriftstellern und Musikern, die ein Unternehmen auf die Beine stellen wollten, an dem jeder von ihnen mitarbeiten könnte. Wie dem auch sei: auf diesem Gebiet war Flach ein Fachmann. Er hatte am ersten schweizerischen Marionettentheater in der Zürcher Kunstgewerbeschule Regie geführt, das Gordon Craig, der um 1910 bei der Internationalen Theaterausstellung in Zürich eine Rolle spielte, angeregt hatte. Es dauerte immerhin sieben oder acht Jahre, bis es während der Werkbundausstellung in Zürich zu den ersten Aufführungen des von Flach betreuten Marionettentheaters kam. Das Unternehmen hätte Zukunft gehabt, wäre die Stadt Zürich interessiert gewesen. Wie die Dinge standen, wurde aus dem städtischen Marionettentheater ein privates, das bald seinen Geist aufgeben musste.

In Ascona meldeten sich 1937 als freiwillige Mitarbeiter die Maler Fritz Pauli, Ignaz Epper und Richard Seewald; der Bildhauer Werner J. Müller und die Bildhauerin Mischa Epper; die Schriftsteller Jakob Bührer und Richard B. Matzig. Leo Kok – von ihm werden wir noch zu erzählen haben – komponierte die Musik, die von den anderen Mitwirkenden schlecht und recht vorgetragen wurde. Carlo Weidemeyer, der Maler-Architekt, gehörte zu den beliebtesten Sprechern.

Was wurde gespielt? Es war nicht ganz einfach, das Passende zu finden, es musste alles bearbeitet und vieles neu geschrieben werden. Flach und seine Leute waren recht ehrgeizig; man hatte ein klassisches Repertoire, Moliere etwa oder Cervantes, ja sogar Shakespeare. Im Laufe der Jahre wurden über siebzig Stücke herausgebracht.

Es galt viele Schwierigkeiten zu überwinden. Wo sollte man spielen? Ein passendes Lokal wurde schliesslich gefunden, ein Kellergewölbe unweit der Piazza, wo am Sonntagvormittag der evangelische Gottesdienst abgehalten wurde. Aber die Abende – das Marionettentheater spielte zwei- bis dreimal wöchentlich – waren frei. Nicht ganz hundert Zuschauer konnten Platz finden – mehr als sich für gewöhnlich einstellten.

Die Einnahmen waren dementsprechend gering. Aus ihnen konnten nur die Miete und die notwendigen Anschaffungen gedeckt werden. Die Mitwirkenden wurden nicht bezahlt. Am Schluss jeder Saison sollte ein Festessen sie entschädigen – und so geschah es auch.

Es war nicht so einfach, ein Marionettentheater zu führen: für jede Marionette benötigte man zwei Personen, eine, die sie agieren lässt, und eine, die für sie spricht oder singt. Flach drückte das so aus: «Also müssen diese beiden Personen eins werden oder anders gesagt, der Charakter der Puppe ist ein Gemisch aus den beiden, die sie führen und für sie sprechen. Aber manchmal läuft die Puppe einfach davon und führt ihr selbständiges Leben ... Wir hinter der Bühne spürten das oft ganz deutlich und nicht ohne Bestürzung ...»

Die eingeborenen Asconesen zeigten wenig Interesse, an dem neuen Unternehmen mitzuwirken. Zur ersten Probe erschienen sie, auf der zweiten Probe fingen sie an, ungeduldig zu werden, auf der dritten zeigten sie sich gelangweilt, zur vierten kamen sie gar nicht mehr. Ein weiterer erschwerender Umstand: Tessinerinnen durften abends nicht ausgehen, auch nicht, um eine Rolle im Marionettentheater zu spielen.

Also blieb nur übrig, das Theater deutschsprachig zu führen. Aber manchmal, wenn einer nach Ascona kam, der gut Englisch sprach, wurde schnell eine Rolle für ihn eingefügt. Leo Kok sprach einmal eine ganze Rolle Chinesisch, zumindest behauptete er, es sei Chinesisch. Wer wollte ihm widersprechen?

Das Spiel musste sich also auf die Deutschschweizer und die Emigranten stützen. Die Emigranten hatten ja Zeit. Es machte ihnen auch wenig aus, dass es keine Gagen gab. Sie durften ja ohnehin in der Schweiz kein Geld verdienen.

Marionetten, das war genau das, was zu Ascona passte. Denn waren nicht fast alle Menschen, die hier lebten, wie Marionetten aus irgendeinem anderen Spiel, irgendwo in der Welt herausgerissen und mehr oder weniger zufällig nach Ascona verpflanzt worden? Waren sie nicht Figuren ohne das Recht oder die Möglichkeit, über ihre Bewegungen frei zu entscheiden? Hingen sie nicht alle an unsichtbaren Fäden? Mussten sie nicht tanzen, wie andere es wollten?

Hier in Ascona waren sie in Sicherheit. Aber wie sicher war diese Sicherheit?

Nach Hitlers Einmarsch in Österreich, im März 1938, kamen von dort neue Emigranten, besonders jüdische, die unter immer grösseren Schwierigkeiten in die Schweiz gelangten. Es waren nur wenige, die sich bis Ascona durchschlugen.

Der Einmarsch in Österreich liess die Stimmung, wie in allen freien Ländern, auch in Ascona auf den Nullpunkt sinken. War man hier noch sicher? War man überhaupt in der Schweiz noch sicher? Sass man in Ascona, nur wenige Kilometer von der italienischen Grenze, nicht geradezu in einer Falle?

Die in Ascona lebenden Emigranten mussten an einen Fall zurückdenken, der sich genau drei Jahre vorher abgespielt hatte, und dessen Hauptakteur in Ascona verhaftet worden war. Es war der Fall des Berthold Jacob, eines deutschen Journalisten, der in Basel Asyl gefunden hatte und von dort aus über die deutsche Wiederaufrüstung schrieb – zu einer Zeit, da Hitler es noch nicht für opportun hielt, die Welt in seine Remilitarisierungspläne einzuweihen. Jacob wurde den Machthabern in Berlin um so unbequemer, als es ihm durch raffinierte Auswertung von Zeitungsnachrichten gelang, mit erstaunlicher Präzision zu enthüllen, in welchem Tempo die Nazis, natürlich unter Missachtung der bestehenden Verträge, für Deutschland aufrüsteten.

Da man Jacob nicht zum Schweigen bringen konnte, beschloss die Gestapo, ihn zu entführen. Durch den in der Schweiz lebenden Agenten Hans Wesemann, der sich als Antinazi ausgab, gelang es, Kontakt mit Jacob aufzunehmen. Unter falschen Vorspiegelungen wurde Jacob in ein Auto gelockt, über die Grenze gebracht und noch in der gleichen Nacht nach Berlin spediert, wo er im Hauptquartier der Gestapo von Heydrich persönlich vernommen wurde.

Wesemann aber, der alles mögliche unternommen hatte, um seine Spuren zu verwischen, war nach Ascona zu einer jungen Dame gefahren, bei der er sich auszuruhen gedachte. Er sollte nicht lange der süssen Ruhe pflegen. Die Schweizer Polizei funktionierte mit einer Perfektion, wie man sie sonst nur aus Spionagefilmen kennt. Innerhalb weniger Tage war der Sachverhalt geklärt und Wesemann in Ascona verhaftet worden, was gewaltige Aufregung unter den Emigranten und der übrigen Bevölkerung hervorrief.

Das Unwahrscheinliche geschah: die Schweizer Behörden brachten es durch ihre unerschütterliche Haltung fertig, Hitler seine Beute wieder zu entreissen. Jacob wurde an die Grenze zurückgestellt, nachdem man in Berlin vergebens geleugnet hatte, überhaupt etwas über ihn oder gar seine Entführung zu wissen. Wesemann wurde vor ein Schweizer Gericht gestellt und, weit über den Antrag des Staatsanwalts hinaus, zu drei Jahren Zuchthaus verurteilt. Seine angeblich patriotischen Motive wurden nicht anerkannt.

Die mutige, entschlossene Haltung der Schweizer Behörden in dieser Angelegenheit wirkte natürlich beruhigend auf die Emigranten.

Trotzdem machten sich nur wenige Hoffnungen darüber, dass die Schweiz auf die Dauer dem Druck des viel grösseren und stärkeren Dritten Reichs zu widerstehen vermöge. Die Schweiz ihrerseits stellte sich auf den Standpunkt, es sei das Beste, wenn die Emigranten das Land möglichst bald wieder verlassen würden. Es wurde ihnen immer schwerer gemacht, Aufenthaltsgenehmigungen zu erhalten.

Schliesslich gab es solche Bewilligungen nur noch «zwecks Vorbereitung der Auswanderung» – was Weiterwanderung in ein anderes Land bedeutete. Dass hierbei manches getan wurde, um Härten zu vermeiden und sich viele Beamte durch eine weitherzige Auslegung der Bestimmungen als ausserordentlich menschlich erwiesen, soll hier nicht unerwähnt bleiben.

Natürlich versuchten die deutschen Behörden, das Leben der Emigranten zur Hölle zu machen. Sie verweigerten die Verlängerung von Pässen oder verlängerten sie nur kurzfristig. Zuweilen wurde bei nichtjüdischen Antragstellern ein Druck ausgeübt, um sie zum Eintritt in die Partei zu zwingen. Die meisten lehnten entrüstet ab.

Beängstigend wirkte auch, dass Nazigrössen jederzeit in die Schweiz und so auch ins Tessin kommen konnten. Beispielsweise erschien Hjalmar Schacht, Minister von Hitlers Gnaden, in Ascona und nahm auf dem Monte Verità Wohnung. Begreiflicherweise gab er sich als Weltmann, als internationaler Bankier, er hätte sogar sehr gern mit einigen emigrierten jüdischen Bankiers Fühlung genommen. Die aber schnitten ihn.

Es gab in Ascona, Locarno und Lugano Leute, die mit den Nazis sympathisierten, aber man darf wohl sagen, dass es nur wenige waren. So existierte zum Beispiel in Locarno eine Konditorei, deren Inhaberin ganz auf Seiten Hitlers stand. Wer in Ascona auf sich hielt, betrat ihr Lokal nicht.

Mussolini konnte in der Schweiz auf wesentlich mehr Sympathien zählen als Hitler. Das hatte wohl auch damit zu tun, dass Bundesrat Motta, dem die auswärtigen Angelegenheiten unterstanden, mit dem italienischen Diktator befreundet war. Aber in Ascona gab es nur ein knappes Dutzend Menschen, die sich offen zu Hitler bekannten. Als das Dritte Reich Frankreich überrannte, begannen zwar einige, sich zu demaskieren, und nach dem Einfall in Russland, im Juni 1941, konnte man Sätze hören wie «Spätestens im Oktober sind wir im Ural» – ja, diese Leute sprachen schon von «wir»! Aber das waren die Ausnahmen, die Tessiner Bevölkerung war weit überwiegend antinationalsozialistisch und auch antifaschistisch. Denn die Tessiner waren vor allem Menschen.

Ein Mann, der die Sache Hitlers zu der seinen gemacht hatte, war nicht etwa der deutsche Konsul in Lugano, sondern der ehemalige Baurat Dr. Ammer, der von sich behauptete, er sei als künftiger Gauleiter des Tessins vorgesehen, weswegen die Asconesen scherzhaft meinten, eigentlich müsse Ascona umgetauft werden in «Ammergau». Ammer war ein grosser dürrer Mann mit einem Spitzbart und trug sich betont korrekt und steif. Er unterhielt eine ganze Reihe von Spionen, die in Cafes sassen oder auf der Piazza, in der «Taverna», im «Verbano» und sich Notizen machten über das, was gesprochen wurde und wer was gesagt hatte. Viele Deutsche, die sich vorübergehend in Ascona aufgehalten und dort mit Emigranten verkehrt hatten, wurden bei der Rückkehr an der deutschen Grenze verhört. Man las ihnen vor, was sie gesagt haben sollten. Es stimmte fast immer.

UND SCHON WIEDER KRIEG!

Und dann war der Krieg da. Jeder, der die Ereignisse der internationalen Politik verfolgt hatte, konnte ihn kommen sehen. Und doch hatte fast jeder geglaubt, irgendetwas würde geschehen, um das Verhängnis in letzter Minute aufzuhalten. Niemals waren die Menschen mit so wenig Begeisterung in einen Krieg gezogen wie in diesen, und dies galt für alle Länder.

Die Grenzen der Schweiz wurden geschlossen. Die Hotels in Lugano und Locarno, und auch diejenigen in Ascona, standen plötzlich leer. Denn alle Ausländer, die jenseits der Grenze noch ein Domizil besassen, waren abgereist, und die Emigranten, die nicht abreisen konnten, weil sie keine Heimat mehr besassen und kein Land sie aufnehmen wollte, konnten sich das teure Hotelleben in der Regel nicht leisten.

Zu denen, die sich zur Abreise aus Ascona entschlossen, gehörten auch bekannte Persönlichkeiten, die schon seit Jahren dort ansässig waren.

Emil Ludwig begab sich zu Kriegsbeginn in die Vereinigten Staaten, was von vielen nicht verstanden wurde. Er hatte das Schweizer Bürgerrecht erworben, aber er war in diesem Augenblick ein für die Schweiz recht unbequemer Eidgenosse geworden. So hatte man ihm aus Bern zu verstehen gegeben, es sei vielleicht gut, wenn er aufhören würde, gegen Hitler zu schreiben, die Schweiz sei ein neutrales Land. Emil Ludwig war fassungslos. Er sollte aufhören, gegen den Mann zu schreiben, den er für den grössten Verbrecher der Gegenwart hielt? Und so stellte er sich auf den Standpunkt, es sei auch im Interesse der Schweiz notwendig, gegen Hitler zu kämpfen. «Meine einzige Waffe ist die Feder!», erklärte er, «wenn ich sie in der Schweiz nicht mehr benutzen darf ...»

Ein Brief des amerikanischen Präsidenten erreichte ihn. Roosevelt hatte seine Lincoln-Biographie gelesen und war auch einmal von Emil Ludwig interviewt worden. Er schlug ihm vor, nach Amerika zu kommen. Ludwig liess sondieren, wie man sich in Bern dazu stelle. Von dort wurde ihm bedeutet, dies sei ein guter Vorschlag.

So fuhr er nach den USA, um für die Idee der Demokratie kämpfen zu können, nicht zuletzt auch, um damit dem Land zu nützen, dessen Bürger er geworden war. Später sollte man die Dinge ganz anders darstellen.

Auch andere fuhren aus Ascona ins Ausland, soweit sie noch Pässe hatten und Visa bekamen, beispielsweise Dr. Magnus Hirschfeld, der weltbekannte Sexualwissenschaftler, dessen Institut in Berlin, eine einmalige Einrichtung, von den Nazis geschlossen worden war. Nicht nur dies, die «Säuberer» hatten auch die wertvollen Bestände an Büchern, Akten und Gemälden vernichtet – oder zu privatem «Gebrauch» geraubt.

Aus Ascona verschwand auch Leo Kok, der vielseitige Musiker, der das Kurorchester in Locarno geleitet und Charlotte Bara zu ihren Tänzen begleitet hatte. Man munkelte, er habe seit geraumer Zeit im Dienst des britischen Geheimdienstes gestanden und sei nun beauftragt worden, sich schnell in seine Heimat, Holland, zu begeben. Sein Land stand vor der Kapitulation. Der Kampf gegen Hitler wurde für ihn eine höchst persönliche Angelegenheit und wie in jenen Tagen nicht anders zu erwarten war, zu einer lebensgefährlichen Aufgabe.

Auch Erich Maria Remarque verliess Ascona – recht ungern und erst nach langem Zögern. Dabei war es nicht unbekannt, dass Goebbels den «arischen» Remarque besonders hasste. Er hatte ihm verschiedentlich angeboten, ins Reich zurückzukehren, aber Remarque war überhaupt nicht darauf eingegangen.

Marlene Dietrich, die sich gegenüber den Avancen des deutschen Propagandaministers genau so verhalten hatte, glaubte Remarque, mit dem sie befreundet war, ernstlich in Gefahr und gab keine Ruhe, bis er die «Mausefalle» Ascona verliess und nach Paris fuhr. Dort war er zwar viel gefährdeter, als er es im Tessin gewesen wäre. Aber Marlene Dietrich erreichte es, dass er knapp vor dem Einmarsch der Deutschen ein Sondervisum des amerikanischen Präsidenten erhielt und nach drüben abdampfen konnte.

Ein anderer, der Hamburger Bankier Franz Dispeker, wäre um ein Haar in die Hände der Deutschen gefallen. Ja, auch die Dispekers hatten plötzlich Platzangst bekommen. Visa, für die Vereinigten Staaten beantragt, trafen nicht rechtzeitig ein. Sie beschlossen also, nach Chile auszuwandern und von dort in die USA. Sie bestiegen ein italienisches Schiff, das aber in Marseille angehalten wurde. Sämtliche Deutsche – für Frankreich waren auch deutsche Emigranten feindliche Ausländer! – mussten von Bord; Dispeker kam in ein Gefangenenlager, seine Frau und Tochter wurden in ein Frauenlager gebracht. Eine Zeitlang schien die Situation ausweglos, Dispeker geriet, wie so viele andere Flüchtlinge, in Gefahr, den einmarschierenden deutschen Truppen in die Hände zu fallen. In letzter Minute wurde er freigelassen und konnte mit seiner Familie nach Chile und später von dort nach Nordamerika weiterreisen.

Die meisten Emigranten blieben freilich, weil sie weder das Geld noch die nötigen Papiere zur Ausreise besassen. Sie kamen sich vor wie in einer belagerten Festung. Bisher hatte die Abgeschiedenheit den Reiz Asconas ausgemacht. Jetzt war es nicht mehr abgeschieden, sondern abgeschnitten – und das wirkte, zumindest in der ersten Zeit, etwas beängstigend.

Eines schönen Morgens stellten die Asconesen fest, dass sich das italienische Schiff, das täglich gekommen und gegangen war, nicht mehr zeigte. Eines der Motorboote von Emden wurde stattdessen «mobilisiert» und hielt den Verkehr zwischen den Ufern notdürftig aufrecht. Die Autos verschwanden von den Strassen. Das Benzin für den privaten Verkehr wurde rationiert.

Die Strasse nach Brissago zur italienischen Grenze wurde gesperrt. In Moscia wurden spanische Reiter quer über die Landstrasse gestellt. Porto Ronco war eine Art Niemandsland geworden, es lag sozusagen zwischen den Fronten.

In Ascona hielt man den Atem an. Wann würden «sie» kommen?

Das Frühjahr 1940 gab sich besonders strahlend. Der Ginster blühte so leuchtend wie selten in den letzten Jahren. Die Azaleen, die Hyazinthen, Mimosen und wilden Rosen liessen sich früher sehen als sonst. Das Parfüm aus Millionen Blüten hätte einen trunken machen können. Die Birkenwälder schienen wie frisch gewaschen. Die Vögel sangen, als herrsche tiefster Friede. Es herrschte ja auch tiefster Friede in Ascona.

Nur spürten die Menschen das nicht. Sie dachten an ihre Freunde in Berlin und Paris, in London, Brüssel und Amsterdam. Sie sprachen von Schiffen, die sie versäumt hatten, von Affidavits, die sie erwarteten, von Visa, die sie noch immer erhofften, von Geld, das morgen oder übermorgen eintreffen müsste, und das dann doch nicht eintraf.

Nur langsam begriffen sie, dass sie hierbleiben würden für den Rest des Krieges, wie lange er auch immer dauerte, vorausgesetzt, dass man sie bleiben liess. Sie rührten sich auch nicht, als im Mai 1940 die ganze Schweiz von Panik ergriffen wurde, als man in Zürich, in Basel, in Bern, in Genf glaubte, die Deutschen würden jeden Augenblick einmarschieren, als die Grossstädter ihre Wohnungen verliessen und mit ihren Autos die Strassen verstopften, ziellos irgendwohin rasten, wo sie ebenso gefährdet gewesen wären. Wohin hätten die Asconesen denn fliehen sollen?

Als die Nachricht kam, die Deutschen seien in Belgien und Holland einmarschiert, ging ein spürbares Aufatmen durch das Dorf. Man war noch einmal davongekommen. Der Blitz hatte im Haus des Nachbarn eingeschlagen.

In diesem Mai starb Emden. Er war einige Wochen krank gewesen, doch hatte kaum jemand mit einem so schnellen Ende gerechnet. Zuletzt war er fast allein. Der Kriegsausbruch hatte dem fröhlichen Leben auf der Insel ein Ende bereitet, die jungen Mädchen waren in alle Himmelsrichtungen zerstoben. Die Behörden bewilligten Emden nur wenig Benzin – er war überhaupt der einzige Privatmann, der eine Sonderzuteilung erhielt –, und es reichte bei weitem nicht, um die notwendigsten Vorräte für die Insel zu holen. Die Verproviantierung wurde so schwierig, dass Emden in Ascona ein Haus mietete, um für die Dauer des Krieges dorthin zu übersiedeln.

Kein Benzin, keine jungen Mädchen, natürlich auch keine «Orgien» mehr. Seine geschiedene Frau, an der er bis zuletzt gehangen hatte, lebte in der Umgegend von München. Nach dem Fall der Tschechoslowakei hatte Emden sie beschworen, in die Schweiz zu kommen. Aber sie glaubte nicht an einen Krieg, sie war überzeugt, dass Chamberlain die Wahrheit gesprochen hatte, als er das Wort vom «Frieden für unsere Zeit» prägte. Und dann: «Ich kann unmöglich fort! Ich habe den besten Masseur in München!» Das war typisch für sie und die Welt, in der sie lebte.

Emden ging mit der Idee um, die Frau zu heiraten, mit der er die letzten Jahre verbracht hatte. Aber als das Aufgebot im Rathaus angeschlagen war, lag Emden bereits in der Klinik. Dr. Melik riet zur Eile, aber «Würstchen» wollte nicht drängen. Emden sollte nicht erfahren, in welcher Gefahr er schwebte. Sie war bereit zu warten, bis er wieder gesund war – wenn er überhaupt noch gesund werden konnte.

Warum hatte Emden eigentlich solange mit diesem Entschluss gewartet? «Würstchen» war Arierin, er selbst Jude. Hätte er sie geheiratet, wäre er nach den «Nürnberger Gesetzen» das Geld, das er in Deutschland noch besass, mit einem Schlag losgeworden. Er hätte – schrecklicher Gedanke! – mit den in der Schweiz befindlichen rund dreizehn Millionen auskommen müssen. Vielleicht wären die Inseln nicht zu halten gewesen.

Inzwischen hatte «Würstchen» einen Schweizer geheiratet, eine reine Formalität, die verhindern sollte, dass man sie auswies, und die Emdens eigener Initiative entsprang. Die Scheidung dieser Ehe, die im Sommer 1939 eingeleitet wurde, zog sich hin, sie wurde erst zehn Tage vor Emdens Tod ausgesprochen.

Er hatte zwar verschiedene Briefe diktiert, aus denen hervorging, dass «Würstchen» zumindest einen Teil seines Vermögens erben sollte, aber diese Briefe waren entweder nicht mit vollem Namen oder überhaupt nicht unterschrieben.

Das schien unverständlich, unverantwortlich. Er hatte dieses Mädchen, das sechsunddreissig Jahre jünger war als er, zu sich genommen. Auf seine Veranlassung hatte sie ihren grossväterlichen Erbteil ausgeschlagen, weil sie, um ihr Erbe anzutreten, nach Deutschland hätte zurückkehren müssen.

Unverantwortlich – aber ganz unverständlich vielleicht doch nicht. Emden schien unter dem Gedanken gelitten zu haben, dass er eines Tages nicht mehr leben und dass sie noch da sein würde.

Die Gräfin Einsiedel, Emdens erste Gattin, verstand «Würstchens» Schmerz nicht ganz. Warum trug sie Schwarz? Sie war doch schliesslich nicht mit Emden verheiratet gewesen! Und warum weinte sie, als sie die Insel für immer verliess? «Queen Mary hat ja auch den Buckingham Palace verlassen müssen, als König Georg starb», sagte sie mit leicht hochgezogenen Augenbrauen.

Gräfin Einsiedel war nun einmal dafür, die Formen zu wahren.

Mit lebhafter Genugtuung erfuhr die Baronin Saint-Léger vom Tode des Mannes, der ihre Schulden bezahlt, aber sie auch von ihren Inseln vertrieben hatte.

Sie war im Grunde die gleiche geblieben. Sie hatte weiterhin Prozesse geführt und verloren, sie hatte auf die Inseln geblickt und Emden gehasst und verflucht. Sie war schliesslich finanziell derart ruiniert, dass sie sogar das Haus, das Emden ihr gekauft hatte, verlassen und auf Kosten der Gemeinde ins Altersasyl ziehen musste. Sie liess sich dadurch nicht beirren, nahm ihre früheren Interessen wieder wahr, führte Korrespondenzen, interessierte sich für neue Erfindungen und versuchte Geld aufzutreiben, um sie zu finanzieren. Acht Jahre nach ihrer erzwungenen Übersiedlung ins Altersasyl starb sie, von den meisten schon vergessen; fremde Menschen trugen sie zu Grabe.

Immer mehr Kinder strömten in Lilly Volkarts Kinderheim. Nach den organisierten Pogromen im November 1938, der Kristallnacht, begriffen auch diejenigen Juden, die in Deutschland hatten ausharren wollen, dass es auf Tod und Leben ging. Über Nacht standen die internationalen Hilfsorganisationen vor der Frage, was mit 36 000 jüdischen und halbjüdischen Kindern werden sollte. Fast alle westlichen Staaten halfen oder versuchten zu helfen. Holland war bereit, 1850 Kinder aufzunehmen, Frankreich 700, England 10 000, die Schweiz 300. Aber nicht einmal von denen konnten alle ins Land kommen, bevor es zu spät war, bevor der Krieg begonnen hatte ...

Es soll den Schweizer Behörden nie vergessen werden: Als es im Mai 1940 schien, als würde Hitler jeden Augenblick in die Schweiz einfallen, taten sie alles, um diese gefährdeten Emigrantenkinder zu retten. Lilly bekam Nachricht aus Bern, sie müsse sich darauf gefasst machen, von einer Stunde zur anderen mit ihren Kindern ins Réduit evakuiert zu werden.

Glücklicherweise war dies nicht nötig.

Insgesamt hundert Kinder kamen zu Lilly Volkart, aus Frankreich, aus Polen oder aus Griechenland und natürlich vor allem aus Deutschland. Manche kamen aus dem berüchtigten Flüchtlingslager Gurs in der Nähe der Pyrenäen, unweit der spanischfranzösischen Grenze, wo sie Hungers gestorben wären, hätten die Schweizer Hilfsorganisationen nicht Milch und Mehl geschickt.

Es kamen Kinder aus der besetzten oder unbesetzten Zone Frankreichs, die eben noch mit ihren Eltern zusammengelebt hatten. Plötzlich erschien die Gestapo oder ein SS-Kommando, die Eltern sahen, dass sie verloren waren und riefen ihren Kindern zu: «Lauft! Lauft! Lebt wohl!»

Die Kinder nahmen einander bei der Hand, die älteren kümmerten sich um die jüngeren, sie liefen einfach los, sie übernachteten bei mildtätigen Bauern, sie schlugen sich durch bis zur Schweizer Grenze.

Einem in dem Buch «Jugend auf der Flucht 1933-1948» von Nettie Sutro abgedruckten Bericht entnehmen wir: «Allein, zu zweit, in kleinen und grösseren Gruppen, mit und ohne Begleitung Erwachsener, kommen sie daher, mühselige, lange und gefahrvolle Wege hinter sich, bis das Ziel ihrer seltsamen Reise, die Schweizer Grenze, erreicht ist. Wochenlang sind die Flüchtlingskinder oft unterwegs, unter falschen Namen, um der Gefahr der Verschickung zu entgehen, am Tage versteckt, nachts weitergeschoben, von helfenden Menschen unterstützt. Und so treffen sie bei uns ein: trotzige Jungen, die sich von allen erlittenen Demütigungen nicht unterkriegen lassen, kleine Mädchen, die zittern, wenn sie angeredet werden, und viele, deren Ausdruck sich in eine Maske verwandelt, sobald man eine Auskunft von ihnen haben will. Es sind apathische Gesichter, bleich, schmal, müde, nervös zuckend, voll von Angst und Misstrauen. Allen gemeinsam aber ist der traurige Blick, den man nicht wieder vergessen kann, denn in ihm spiegelt sich unermessliches Leid und die stumme Klage um Unwiederbringliches ...»

Diese Kinder waren keine Kinder mehr. Sie wollten nicht mehr spielen, auch die kleinsten nicht. Sie fanden das einfach zu «dumm», etwa Verstecken spielen, wo sie sich hatten verstecken müssen, um am Leben zu bleiben!

Das Leben in Ascona ging weiter. Es war Krieg. Die Rationierung war im ganzen Lande eingeführt worden, nur in Ascona kümmerte man sich nicht darum. Natürlich gab es auch anderswo einen schwarzen Markt, besonders in der Gegend des Genfersees, wo für Fleisch und Mehl hohe Preise bezahlt wurden. In Ascona war das nicht nötig, man konnte am helllichten Tag zum Metzger gehen und beliebige Mengen Beefsteak, Kalbsbraten und Schweinefleisch kaufen – und zahlte den regulären Preis. Lebensmittelkarten gab es zwar, aber wer kümmerte sich schon darum?

In anderen Schweizer Städten wurden nach neun Uhr abends keine warmen Mahlzeiten mehr serviert. In Ascona konnte man mitten in der Nacht alles zu essen bekommen. In der «Taverna» wurde jede Nacht getanzt.

Flüchtlinge, die aus Frankreich hereinkamen, waren schockiert: «Ihr tanzt ja auf einem Vulkan!»

Die Leute, die in Ascona den Krieg überstehen wollten, lebten nicht wie auf einem Vulkan, sondern wie in einer Sommerfrische. Da die Schweizer Zeitungen spät und spärlich eintrafen und überdies in ihren Berichten aus Gründen der Neutralität sehr vorsichtig waren, regten sich die Asconesen nicht sonderlich auf. Sie gingen spazieren, sie fuhren auf ihren Rädern umher und besuchten einander, sie lagen in der Sonne.

ROLF LIEBERMANN

Es war eine Lust zu leben, die alten und die neuen Bewohner des Dorfes gestanden es sich nicht ohne Scham ein: obwohl es doch eigentlich nicht statthaft war, sich des Lebens zu freuen, nicht statthaft in einer Zeit, in der so viele Menschen so grausam sterben mussten.

In dieses so seltsam erregte und vergnügte Ascona kam ein junger Mann, der bald aus dem Dorf nicht mehr fortzudenken gewesen wäre: Rolf Liebermann.

Gross, schlank, von blendendem Aussehen, dunkelhaarig, sportlich gestählt, auf den ersten Blick wie der sprichwörtliche jugendliche Liebhaber vom Theater wirkend, dabei intelligent. Er war ein Grossneffe des Malers Max Liebermann, der 1934 in hohem Alter aus dieser Welt schied, nachdem er über das Dritte Reich die unsterblichen Worte geäussert hatte: «Man kann gar nicht so viel essen, wie man kotzen möchte!»

Rolf Liebermann hatte ursprünglich Jura studiert, aber im siebenten Semester aus mangelndem Interesse damit aufgehört. Um diese Zeit war ein entfernter Verwandter gestorben, der ihm eine bedeutende Summe hinterliess. Er hatte sich schon immer für Musik interessiert, nun war er entschlossen, ihr sein Leben zu widmen. Das begann damit, dass er ein halbes Jahr hinter Toscanini herfuhr; wo immer der Maestro ein Konzert gab, war der junge Liebermann anwesend. Er fand auch andere Mittel und Wege, das ererbte Vermögen schnell zu verbrauchen – sehr zum Ärger seiner Familie, die, als er es ablehnte, Anwalt zu werden und erklärte, sein Leben als Komponist verdienen zu wollen, zu der Überzeugung gelangte, Rolf sei nicht mehr ganz normal. Man warf ihn aus dem Haus.

Nun musste der junge Herr, der eben noch in Saus und Braus gelebt hatte, etwas unternehmen, um nicht zu verhungern. Er schrieb ein paar Chansons für dieses oder jenes Kabarett; Lieselotte Wilke, die spätere Lale Andersen, brachte sie heraus. Er reiste mit einem Mann umher, der alte Stummfilme vorführte, und improvisierte dazu Begleitmusik am Klavier. Was das Komponieren anging, so konnte er sich keinen Lehrer und keine Schule leisten. So studierte er in einem möblierten

Zimmer für sich allein. Als er hörte, dass der Dirigent Hermann Scherchen, der Deutschland hatte verlassen müssen, weil er sich für «entartete Kunst» einsetzte, in Budapest einen Dirigentenkursus begann, wollte er unbedingt daran teilnehmen. Da er kein Geld hatte, setzte sich Kurt Hirschfeld, damals Dramaturg am Schauspielhaus Zürich, bei dem ihm befreundeten Scherchen für ihn ein. Scherchen verhielt sich zunächst ablehnend und gab Liebermann zu verstehen, er habe die schlechtesten Erfahrungen mit Schülern gemacht, die nichts zahlen wollten. Aber Liebermann liess nicht locker. Die Stadt Zürich gewährte Liebermann ein Stipendium von dreihundert Franken, damit er überhaupt nach Budapest reisen konnte. Scherchen bereute nicht, seinem Prinzip untreu geworden zu sein: schon nach einem Monat engagierte er Liebermann als Privatsekretär und Manager.

Er nahm ihn 1937 nach Wien mit, wo er ein Orchester mit den jüdischen Musikern gründete, die in anderen Orchestern nicht mehr spielen durften. Die Österreicher warteten nämlich nicht erst bis zum Einzug Hitlers, um sich antisemitisch zu betätigen, sie kamen ihm zuvor. Das Orchester «Musica viva», das Scherchen gegründet hatte und das von Liebermann organisiert und zusammengehalten wurde – er dirigierte es auch gelegentlich –, hatte nur noch ein Jahr zu leben. Dann kamen die Nazis. Liebermann, den sein Schweizer Pass schützte, konnte den Jubel miterleben, als der «Führer» im Rathaus einzog. Er blieb noch einige Tage und wurde Zeuge, wie man die Plastiken der Tochter Gustav Mahlers, die Bildhauerin war, aus dem Fenster warf, er half bei der Rettung einiger ihm befreundeter Künstler und Literaten mit und fuhr schliesslich in die Schweiz – in einem völlig leeren Zug. Wer durfte damals schon aus Österreich in die Schweiz reisen? Zehntausende hätten ihr Vermögen für einen Platz gegeben. Liebermann wurde an der Grenze vier Stunden lang verhört, aber die neuen Machthaber wagten doch nicht, ihn zu verhaften. Der Mann, der ihn verhörte und dabei ständig mit dem Knauf seiner Reitpeitsche auf den Tisch hieb, erklärte, den Musiker anglotzend, nur immer wieder: «So habe ich mir die Schweizer immer vorgestellt!» Was er sicher höchst witzig fand.

So war Rolf Liebermann wieder einmal ohne feste Tätigkeit. Er begann ernsthaft mit dem Komponieren. Er erhielt für die schweizerische Landesausstellung in Zürich einige Aufträge, komponierte ein Stück von Ferdinand Schell «Der schweizerische Robinson». An der neugegründeten Zürcher Tageszeitung «Die Tat» wurde er Musikkritiker und befreundete sich mit dem Theaterkritiker dieses Blattes, Bernhard Diebold, der früher Kulturkorrespondent der «Frankfurter Zeitung» in Berlin gewesen war. Zusammen fassten sie den Plan zu einer Oper nach Molières «Eingebildetem Kranken», wobei Diebold das Libretto schreiben wollte.

Mit diesem Plan kam Rolf Liebermann nach Ascona. Warum gerade nach Ascona?

Weil Ascona billig war. Oder, um es mit Liebermanns Worten zu sagen: «Ascona war der einzige Ort der Welt, zumindest der einzige, den ich kannte, wo es keine sozialen Unterschiede gab. Hier war es gleichgültig, ob man Geld hatte oder nicht. Es kam nur darauf an, dass man etwas war, dass man etwas zu sagen hatte, und vielleicht auch darauf, wie man es sagte.»

Rolf Liebermann, der nach seiner Erbschaft jeden Monat Tausende hinausgeworfen hatte, lebte jetzt von zweihundert Franken im Monat. Aber auch die mussten irgendwie verdient werden. Musikkritiken konnte er aus Ascona beim besten Willen nicht schreiben, aber er machte für seine Zeitung Übersetzungen aus dem Englischen und Französischen. Er eröffnete einen Bridgeclub. Er unterrichtete Emigrantenkinder in dem Kinderheim von Lilly Volkart – und hatte fast noch grösseren Erfolg bei den Kindern als bei den Erwachsenen.

Er erlebte etwas an diesen Kindern, was ihn niemals wieder loslassen sollte. Sie wollten nicht in die Pause gehen. Sie wollten im Schulzimmer bleiben und arbeiten und lernen. Wenn er sie nach dem Grund fragte, gaben sie keine Antwort. Später, als sie Zutrauen gefasst hatten, taten sie den Mund auf. Sie wollten von der Möglichkeit, zu lernen, profitieren. Profitieren! Um fit zu werden für das Alleinsein, denn der schöne Traum, in der Schweiz zu bleiben, konnte ja doch nicht ewig währen.

In gewöhnlichen Schulen bestraft man ein Kind, indem man es nach den Schulstunden zurückbleiben lässt. Rolf Liebermann bestrafte seine Schüler, wenn sie undiszipliniert waren, durch Schulverbot. Ein Tag Schulverbot bedeutete die fürchterlichste Strafe! Ein in dieser Weise bestraftes Kind brach in Tränen aus und flehte ihn an, er möge doch bitte das Verbot zurücknehmen. Es sei doch keine Zeit zu verlieren, vielleicht müsse man morgen seinen Lebensunterhalt verdienen, man sei doch schon zwölf oder dreizehn Jahre alt.

Rolf Liebermann hatte einen glänzenden Einfall: er besorgte sich Äpfel und zeigte sie den Kindern. Er sagte: «Die Äpfel bekommt ihr, aber nur draussen, im Garten, während der Pause. Wer drin bleibt, bekommt keinen Apfel.» So schaffte er es.

Der alte Pancaldi, der einen Bücher- und Zeitschriftenladen an der Via Borgo führte, schlug Liebermann vor, die «Banda Municipale» zu übernehmen, die für die Dorfmusik sorgte. Seine Aufgabe sollte darin bestehen, junge Trompeter und Klarinettisten heranzubilden und mit ihnen Stücke einzustudieren. Dafür sollte er das sagenhafte Salär von siebenhundert Franken monatlich erhalten. Er hätte in dieser Funktion natürlich auch Konzerte auf der Piazza geben und vor allen Dingen jeder Prozession taktierend voranschreiten müssen. Aber er konnte sich nicht an der Spitze einer Prozession sehen. «Meine Freunde wären vor Lachen gestorben!»

Für sechshundert Franken mietete er eine leerstehende Fabrik – sechshundert Franken im Jahr, nicht im Monat –, ein riesiges Gebäude mit drei Stockwerken, zwanzig Zimmern und eigenem Hafen. Mit seinem Freund Franz Lappe «renovierte» er diese Baulichkeit, und es entstand ein hübscher Saal für Hauskonzerte. Stühle gab es keine, dafür aber Eisbärfelle, die der sympathisierende Sohn eines Industriellen gespendet hatte. Ein anderer Gönner lieh einen Flügel. Eintrittsgelder wurden nicht erhoben. Wer etwas geben wollte, wurde nicht daran gehindert.

Die Molière-Oper wurde allerdings nie komponiert. Rolf Liebermann fand, dass er noch nicht weit genug sei, um eine solche Oper zu schaffen. Er musste noch lernen und wählte Wladimir Vogel als seinen Lehrer.

Wladimir Vogel war 1896 in Moskau geboren, hatte bei seinem Landsmann Alexander Skrjabin Kompositionslehre studiert und – noch nicht siebzehn – zu komponieren begonnen. Ein Jahr später brach der Weltkrieg aus, und die ganze Familie Vogel – der Vater war deutschstämmiger Lutheraner – wurde im Ural interniert. Nach der

Revolution kamen sie im Austausch mit russischen Kriegsgefangenen nach Deutschland. In Berlin nahm Vogel bei Ferruccio Busoni sein Studium wieder auf. Der junge Komponist, klein, drahtig, mit einem markanten Gesicht und ungemein beweglichen Augen, schrieb neue Werke in rascher Folge. Hermann Scherchen, aber auch Furtwängler und Kussewitzky, führten sie auf. Vogel wurde Lehrer am Klindworth-Scharwenka-Konservatorium.

Aber nach Ausbruch des Dritten Reiches musste er Berlin verlassen. Die Emigration führte Vogel über Strassburg, Brüssel, Paris, London und Spanien in die Schweiz. Da Scherchen sich im Tessin niedergelassen hatte, suchte sich auch Vogel dort eine Bleibe. Aber erst zu Beginn des Krieges liess er sich für dauernd in Ascona nieder.

Nur eine Handvoll Musiker kannte ihn und wusste um die Bedeutung seines Schaffens. Es ging Vogel um neue Tonfarben und neue Ausdrucksmöglichkeiten, in seinen Chorwerken suchte er die Einbeziehung des gesprochenen Wortes als «Sprechmelodie». Er setzte Busonis «Neuen Klassizismus» fort und brachte Schönbergs Zwölftontechnik höchst eigenwillig zur Anwendung. In jenen Jahren steckte er mitten in der Arbeit zu seinem Oratorium «Thyl Claes».

Wladimir Vogel war auch als Mensch eigenwillig und durchaus nicht konziliant. Er kümmerte sich wenig darum, was andere von ihm dachten. Seinem Schüler, Rolf Liebermann, war er ein strenger, aber guter Lehrer. Liebermann sagte: «Er machte mich überhaupt erst mit den Techniken der Modernen vertraut.» In zweijähriger Arbeit entstanden jetzt Liebermanns erste symphonische Werke, seine «Polyphonen Studien», die «Giraudoux-Kantate», die ihre Uraufführung in der ehemaligen Senffabrik erlebte. Später dirigierte sie Scherchen in Winterthur, während die «Polyphonen Studien» in einer Audition des Schweizerischen Tonkünstlervereins in Bern gespielt wurden.

Eines Tages erschien der Chef der Wiener Universal-Edition, eines bedeutenden Musikverlages, in Ascona, liess sich von Liebermann ein paar seiner Kompositionen vorspielen und zeigte Interesse. «Wir wollen Sie gern vollständig haben!», sagte er. «Natürlich können wir Sie jetzt nicht herausbringen ... aber schicken Sie die Noten unserem Freund Kurt Hirschfeld ans Schauspielhaus in Zürich, er wird sie nach Wien weiterleiten. Auf diese Weise haben wir, sobald der Krieg und

der ganze Naziwahnsinn zu Ende ist, ein paar Sachen von Ihnen und können daran gehen, sie herauszubringen ...»
Was in der Tat auch geschah.

Da wir gerade vom Schauspielhaus Zürich reden: Die Schauspieler, Regisseure und auch die Leiter dieser Bühne, die zu einem Kampftheater gegen Hitler geworden war, wurden jetzt häufige Gäste in Ascona. Wohin sonst hätten sie gehen können, um sich zu erholen? Italien war den zum grossen Teil rassisch verfolgten Künstlern, die auch politisch in der Opposition zu den Diktaturen nördlich und südlich der Alpen standen, versperrt, desgleichen das besetzte Frankreich. Ein fashionabler Kurort kam für die meisten schon aus finanziellen Gründen nicht in Frage. Also fuhren sie nach Ascona: Der Präsident des Schauspielhauses, der Verleger Dr. Emil Oprecht, mit seinem Freund, Rechtsanwalt Kurt Düby, einem prominenten Mitglied des Verwaltungsrates, zu denen sich der Dramaturg – und heutige Direktor des Schauspielhauses – Kurt Hirschfeld gesellte. Auch die Schauspielerinnen Maria Becker und Therese Giehse stellten sich ein und ihre männlichen Kollegen Emil Stöhr und Wolfgang Heinz, der Bühnenbildner Teo Otto und der Regisseur Leonard Steckel. Gelegentlich gastierte das Schauspielhaus im Kurhaus von Locarno, so mit Goethes «Iphigenie auf Tauris», und dann schwangen sich auch die Asconesen, die seit Jahren kein Theater mehr gesehen hatten, auf ihre Fahrräder, um während ein paar Stunden wenigstens zu glauben, wieder in einer grossen Stadt zu leben.

Es erschien häufig für ein, zwei Tage der Herausgeber der «Weltwoche», der Publizist Karl von Schumacher, der allwöchentlich mutige Artikel gegen Hitler schrieb – die Nazis hätten ihn, wären sie in die Schweiz eingerückt, am ersten Laternenpfahl aufgehängt. Das Erstaunliche an diesem Mann war die Klarheit, mit der er die Entwicklung voraussah. Von der ersten Stunde des Krieges an war er unbeirrbar in seinem Optimismus, unbeirrbar in seiner Vorhersage, Hitler würde den Krieg verlieren, Hitler würde zugrunde gehen.

Ein Freund Karl von Schumachers, Dr. Walter Feilchenfeldt, eine grosse, schlanke, vorzügliche Erscheinung mit viel Charme, kam schon seit langem als Besucher nach Ascona. Er hatte dort viele Bekannte, vor allem war er mit Erich Maria Remarque befreundet. Diese Freundschaft hatte in Berlin begonnen, als Remarque gerade berühmt wurde. Die Bekanntschaft war von der Schauspielerin Ruth Albu vermittelt worden. Für Walter Feilchenfeldt, den seine Freunde «Feilchen» nannten, war Remarque auch insofern recht attraktiv, als er viel Geld verdiente in einer Zeit, da die meisten Menschen keines hatten – die Wirtschaftskrise war gerade ausgebrochen –, und weil er an Kunst interessiert war. Denn «Feilchen» war Kunsthändler.

Remarque interessierte sich damals besonders für Teppiche, chinesische Teppiche, grosse Raritäten und exquisite Kostbarkeiten. Teppiche müssen, um ihren Wert zu behalten, «begangen» werden. Infolgedessen war es durchaus keine Seltenheit, dass Remarque sieben oder gar zehn solcher Prachtstücke übereinanderlegte, denn seine Wohnräume in Berlin waren nicht allzugross.

«Feilchen» fand, er solle endlich mit den Teppichen aufhören und sich lieber mit Bildern beschäftigen. Er zeigte Remarque Gemälde der französischen Impressionisten, vor allem von Van Gogh und Renoir, die zu jener Zeit relativ billig waren. Das wertvollste Bild, das «Feilchen» Remarque verkaufte, es kostete achtzigtausend Mark, war ein Van Gogh aus dem Besitz der Schauspielerin Tilla Durieux, die das Geld für ihren Mann, Ludwig Katzenellenbogen, benötigte, der sich damals, wie wir berichteten, in einer schwierigen Situation befand. Heute ist dieses Bild eine grosse Kostbarkeit.

«Feilchen» war 1894 in Berlin als Sohn eines bekannten Arztes und mütterlicherseits Enkel eines ebenfalls bekannten Arztes sowie als Enkel des Landesrabbiners von Mecklenburg-Schwerin geboren worden. Er besuchte das Französische Gymnasium, das in Berlin einen besonderen Namen hatte, machte sein Abitur und studierte in Heidelberg Literatur und Philosophie. Eine Zeitlang dachte er daran, zur Bühne zu gehen, aber dann kam der Krieg, er musste ins Feld. Nach dem Krieg kehrte er nach Heidelberg zurück, machte seinen Doktor, wurde aber weder Schauspieler noch Schriftsteller, sondern entschloss sich dazu, in die Industrie zu gehen. Er war überzeugt, Kaufmann sei der rechte Beruf für ihn, und er wurde ein äusserst gewissenhafter Kaufmann.

In Berlin lernte er den Kunsthändler und Verleger Paul Cassirer kennen, der ihn gleich engagierte. Es schien nicht möglich, Cassirer hatte bereits einen Mitarbeiter namens Blumenreich. Trotzdem trat

«Feilchen» bei Cassirer ein und begann seine Karriere. Nach einiger Zeit machte ihn sein Chef zum Teilhaber, und als er sich 1926 das Leben nahm, sah sich «Feilchen» zusammen mit der anderen Teilhaberin Grete Ring vor die Aufgabe gestellt, eine der bedeutendsten europäischen Kunsthandlungen zu leiten und den Verlag weiterzuführen. Er war damals erst zweiunddreissig Jahre alt.

Er führte eine Neuerung ein: gross aufgezogene Auktionen, wie es sie bisher in Deutschland nicht gegeben hatte, und für diese entfaltete er eine ausserordentliche Propaganda. Noch heute werden seine Auktionskataloge von Kunsthändlern herangezogen.

Es lag ganz auf Walter Feilchenfeldts seriöser Linie, dass er gegen die vielen Bilder problematischer Abstammung, die zu jener Zeit den Markt überschwemmten, auftrat. So gelang es ihm Ende der zwanziger Jahre, die in ihrer Art berühmten Van-Gogh-Fälschungen eines gewissen Herrn Wacker zu entlarven, was eine Sensation hervorrief. Vor Gericht sagte «Feilchen», er könne verstehen, dass dieser Mann die Bilder gefälscht habe, um die reichen Leute davor zu warnen, sich mit «berühmten» Gemälden zu versehen, statt gute Bilder junger, unbekannter Maler zu kaufen. Aber Wacker beschritt diese goldene Brücke nicht und wurde verurteilt.

Bald danach setzten schlimme Zeiten ein, die Weltwirtschaftskrise zog herauf und wirkte sich auf «Feilchens» Kundenkreis aus. Mit guter Nase für das, was im Dritten Reich tatsächlich kommen würde, hatte er die Leitung seiner Firma nach Holland verlegt. Eine Zeitlang reiste er zwischen Berlin und Holland hin und her, bis er es ratsam fand, nicht mehr nach Deutschland zurückzukehren. Er heiratete Marianne Breslauer, die Tochter des bekannten Architekten, der Max Emdens Haus auf der Insel im Lago Maggiore gebaut hatte, die sich trotz ihrer Jugend als Fotografin schon einen Namen gemacht hatte. Eigentlich wollte er mit seiner jungen Frau nach England oder nach Amerika auswandern, aber der Kriegsausbruch überraschte das Paar in der Schweiz.

«Feilchen» hatte bisher nie in Ascona gewohnt, sondern stets im Grandhotel Brissago. Dort erreicht ihn ein Telefonanruf Remarques, der gerade in Hollywood angelangt war und ihm vorschlug, in sein Haus am See zu ziehen. Aber das wollte «Feilchen» nicht, denn seine

Frau hatte vor kurzem einen Sohn zur Welt gebracht, und der Gedanke lag nahe, dass das lebhafte Baby bei erster Gelegenheit ins Wasser fallen würde. So zog die Familie schliesslich in das «Teatro San Materno», wo oberhalb des eigentlichen Theatersaals einige Wohnungen mit Bad und Küche freistanden.

Mit der Zeit lebte sich Familie Feilchenfeldt in Ascona ein. Sie wurde ein Teil der grossen Asconeser Familie. In den schlimmsten Kriegsjahren, als es so aussah, dass Hitler nie zum Stillstand gebracht werden könnte, erwarb «Feilchen» ein Haus mitten im Dorf, ohne Garten, ohne Blick auf den See, aber ein echtes, altes Asconeser Haus mit einem bezaubernden Innenhof, mit dem ganzen Charme alter Häuser, der nicht kopiert werden kann.

WOVON LEBT DER MENSCH?

Ein Jahr vor Kriegsbeginn kam ein Mann nach Ascona, der aus Libau in Lettland stammt; aber schon in früher Jugend nach Deutschland ausgewandert war, um Musik zu studieren: Alexander Chasen. In Deutschland konnte er sich, obwohl Jude, wegen seiner ausländischen Nationalität bis 1936 halten – so paradox waren die Zustände! – und im Rahmen des Jüdischen Kulturverbandes musizieren.

Dann aber musste er nach Italien ausreisen, wo er bei seinem Bruder eine Zeitlang Unterschlupf fand. Nach 1938 war auch das nicht mehr möglich. Hitler hatte gelegentlich eines Besuches bei Mussolini darauf gedrungen, dass dieser sich der ausländischen Juden entledige. Chasen, der 1934 sein Diplom als Pianist, aber noch keinen Ruf, erworben hatte, wusste nicht, wohin sich wenden. Da lernte er in Florenz eine Emigrantin kennen, die in Ascona lebte. Die beiden heirateten, und er zog ebenfalls dorthin.

Vom Klavierspielen sich zu ernähren, war in Ascona ganz unmöglich. Es war eigentlich überhaupt unmöglich, sich irgendetwas zu ernähren; jede Emigrantenarbeit bedeutete illegale Arbeit. Als Chasen bei einem Wohltätigkeitskonzert des Roten Kreuzes spielte, wurde er von lieben Nachbarn denunziert. Einmal bekam er von einer Firma den Auftrag, bei Bauern Kastanien, später auch Trauben zu kaufen. Dies tat er eine Zeitlang. Er musste zu diesem Zweck bei Morgengrauen mit einem Lastwagen losfahren, um anderen Einkäufern zuvorzukommen. Zum Klavierspielen blieb keine Zeit, so sehr es ihm auch fehlte. Aber er war viel zu müde dazu, wenn er von seinen Einkaufstourneen zurückkam.

Dann schlug ihm ein Briefmarkenhändler vor, ihm bei diesem Geschäft zu helfen. Davon verstand er nicht viel, lernte aber schnell. Dieser Erwerbszweig florierte damals in erstaunlichem Masse. Das hatte mit den Zuständen in den kriegführenden Ländern zu tun, mit dem verzweifelten Versuch der Bevölkerung, sich Sachwerte anzuschaffen. Eine Marke, die in der Schweiz etwa zweihundert Franken kostete, konnte man dort für tausend verkaufen. Chasen, der immer nur der Musik hatte leben wollen, arbeitete auch für eine Importfirma, die Bastschuhe aus Italien einführte. Vom Büro in Ascona aus leitete er schliesslich den ganzen Schweizer Vertrieb.

In dem Haus, wo sich Magazin und Büro befanden, lebte auch der Polizist, jener Beamte mit dem ehrfurchtgebietenden Schnurrbart, von dem wir schon gesprochen haben. So ergab es sich, dass er und Chasen sich sehr häufig trafen. Endlich wurde der Polizist es müde, Chasen immer wieder zu «erwischen» und liess gemeinsame Bekannte wissen: «Sagen Sie ihm doch, dass er erst um fünf Minuten nach acht Uhr ins Büro kommen und fünf vor sieben verschwinden soll, damit ich nicht immer mit ihm zusammenstosse.»

So hätte Chasen den Krieg überstehen können, aber er war nun einmal Musiker, und so warf er eines Tages alles hin, zog aus dem Bungalow, den er im Saleggi gemietet hatte, aus und richtete sich in einer äusserst bescheidenen Wohnung ein. Seine Frau strickte und übernahm andere Arbeiten. Manchmal ging es recht hart zu. Aber wenn sie auch gelegentlich Hunger litten, sie brauchten nicht zu verhungern. Da war der Angestellte eines Fleischers, der ihnen die Rechnungen jahrelang stundete. Es wurde Chasens nie klar, wie er es fertigbrachte, die offenen Rechnungen von einem Jahr aufs nächste zu übertragen, ohne dass sein Chef es merkte.

Bei Pancaldi bekam man Zeitungen, Tabak und Papierwaren auf Pump – sogar Briefmarken. Später konnte Chasen durch einen Zufall ein ziemlich grosses Haus in Porto Ronco für geringe Miete erhalten.

Dort veranstaltete er auf Drängen musikhungriger Emigranten kleine Konzerte. Natürlich durfte er kein Eintrittsgeld erheben, aber die wohlhabenden Emigranten bezahlten trotzdem etwas, und die anderen brachten Naturalien. Als mit der Zeit zu viele Menschen kamen, half der Besitzer des Hotels «Tamaro», Dr. Witzig, indem er seine Räume zur Verfügung stellte. Einmal gelang es Chasen, sage und schreibe zweihundertfünfzig Leute in den verschiedenen Gesellschaftsräumen des «Tamaro» unterzubringen – normalerweise wären sie schon mit der Hälfte überfüllt gewesen. Bei dieser Gelegenheit wandte sich der Anwalt Ressiga Vacchini an ihn. Er äusserte – mitten im Krieg – Besorgnis über die Zukunft Asconas nach dem Krieg. Wohin würde der Fremdenverkehr strömen, wenn die Grenzen sich wieder öffneten? Möglicherweise mehr nach Locarno und Lugano und nicht nach Ascona, das nichts zu bieten hatte.

Da Chasen ein so grosses Publikum ins «Tamaro» gezogen hatte, rief er übermütig aus: «Geben Sie mir ein halbes Jahr und ich stelle Ihnen ein Festival auf die Beine!» Ein Wort, das sich später bewahrheiten sollte.

Ein anderer Musiker, der nach Ascona kam, war der in Schwerin als Sohn eines Hamburgers geborene Rolf Langnese, dessen Familie nach Zürich übersiedelte, als der Knabe zwei Jahre alt war. Er war hochbegabt und schon während der Schulzeit entschlossen, Kapellmeister oder Pianist zu werden. Auch eine schwere Lähmung, die sich nach einer Diphtherieerkrankung einstellte, konnte ihn nicht davon abhalten. Er studierte am Zürcher Konservatorium, erwarb 1926 sein Konzertdiplom für Klavier und setzte seine Studien zunächst in Paris bei Robert Casadesus, später in Berlin bei Arthur Schnabel und schliesslich wieder in Lugano und Schloss Berg im Thurgau bei Frau Anna Langenhan, einer Freundin von Clara Haskil, fort. Dann kam er mit Hermann Scherchen zusammen, arbeitete mit ihm 1936 und 1937 in Neuchâtel, beteiligte sich sowohl künstlerisch wie finanziell an dem «Musica viva»-Orchester, das Scherchen gegründet hatte, machte mit diesem eine Tournee durch Italien und kam nicht zu einem geplanten Konzert nach Wien, weil in diesen Tagen Hitlers Truppen in die österreichische Hauptstadt einrückten.

Die Nazis traten an Langnese heran, sie hofften ihn für ihre Sache zu gewinnen, einen Schwager von Göring hatte er in Salzburg kennengelernt. Aber Langnese enttäuschte ihn, er lehnte es ab, sich dafür einzusetzen, dass die Schweiz ein deutscher Gau würde, und kehrte in die Heimat zurück. Als Rolf Liebermann, mit dem er sich über die «Musica viva» befreundet hatte, nach Ascona ging, folgte Langnese bald nach, wohnte mit ihm zusammen und setzte seine Klavierstudien fort, um nach dem Krieg Konzerte zu geben.

Unglücklicherweise wurde er zum Militärdienst einberufen, und zwar nach Giubiasco, einem Ort an der Bahnlinie Locarno-Bellinzona. Die Gruppe, die da zusammenkam, umfasste nach Langneses eigenen Angaben die «Untersten der Untersten», Männer, die bisher als untauglich zurückgestellt waren und von den anderen mit dem Spottnamen «Bourbaki-Armee» belegt wurden. Das war jene französische Armee, die sich während des Deutsch-Französischen Krieges 1870 in der Schweiz entwaffnen liess, nachdem sie mit erfrorenen Füssen, halb verhungert und mit zerrissenen Uniformen über die Grenze geflüchtet war.

Diese Einheit bekam Uniformen, die sich nur wenig von jenen der ursprünglichen Bourbaki-Armee unterschieden, abgelegte Sachen, die niemandem passten. Die Beschäftigung der Leute bestand im wesentlichen darin, militärisches Grüssen und Stillstehen zu lernen und Benzin in die Tanks zu füllen. Es waren vor allem Garagenbesitzer und Automobilverkäufer, die in dieser Einheit erfasst wurden, auch Gemüsehändler und Hausierer, die nur Tessiner Dialekt verstanden. Man gab ihnen Waffen, die eigentlich ins Museum gehörten und bei denen man nie wissen konnte, wo die Kugel landen würde. Langnese war niemals sicher, ob sein Nebenmann ihn nicht aus Versehen treffe.

Rolf Liebermann hatte mehr Glück. Er war diensttauglich und hätte eingezogen werden müssen. Aber er stand ganz unten auf einer Liste, sein Name war nicht recht lesbar, und der Durchschlag, auf dem er lesbar gewesen wäre, war verlorengegangen.

So gab es ihn lange Zeit überhaupt nicht beim Militär. Erst ganz zuletzt wurde er zum Luftschutz in Aarau eingezogen, aber auch das nur vorübergehend.

Die Menschen in Ascona kamen einander durch die besonderen Umstände immer näher. Sie hatten schon früher eine Art Gemeinschaft gebildet, aber nun wussten sie, dass sie zumindest für die Dauer des Krieges nicht voneinander loskommen würden. Den meisten war es nicht einmal erlaubt, auch nur vorübergehend nach Zürich, Basel oder Bern zu reisen, denn selbst dazu bedurfte es einer besonderen Genehmigung. Sie wollten auch gar nicht reisen. Sie waren es zufrieden, unter sich zu sein. Sie kamen sich nun wirklich wie eine einzige grosse Familie vor.

Da war der bemerkenswerte Baron Philipp von Schey, ein gutaussehender, ungewöhnlich eleganter Mann und typischer österreichischer Aristokrat, der allerdings vier nichtarische Grosseltern besass. Er hatte in Londoner und Pariser Banken gearbeitet, in Berlin ein Bankgeschäft gegründet und in der Nähe von Bratislava ein Gut bewirtschaftet. Seine erste Frau war eine geborene von Goldschmidt aus Frankfurt, seine zweite die Schauspielerin Else Eckersberg, die später einen Mann ehelichte, der zu dem Kreis der Verschwörer des 20. Juli 1944 gehörte.

Auch Schey heiratete noch einmal, eine Baltin, und zog sich, nachdem die Nazis sowohl sein Vermögen in Berlin geraubt als auch sein Gut bei Bratislava an sich gebracht hatten, nach Ascona zurück. Hier war er sehr tätig für die Emigrantenkinder, die im Heim von Lilly Volkart untergebracht waren. Dort fehlte es an allem, vor allem an Geld.

Schey hatte nicht die geringsten Hemmungen, die reichen Leute im Tessin wie auch in Zürich und Basel um finanzielle Beihilfe zu bitten. Er wandte eine eigene Technik an, indem er den Damen des Hauses den Hof machte und ihnen dann ganz beiläufig erklärte, er hätte für annähernd hundert Kinder zu sorgen. Wenn die Damen sich von dem Schock erholt hatten, fügte er hinzu, es handle sich leider nicht um seine eigenen, sondern um Flüchtlingskinder.

Er erhielt grosse Summen – einem so eleganten Mann wie ihm konnte man einfach nichts abschlagen. Seine Eleganz war nicht mehr ganz frisch, er trug die unzähligen Anzüge auf, die seidenen Hemden und Massschuhe, die er sich vor dem Kriege hatte machen lassen, aber er war eben ein Herr und wirkte stets als Verkörperung des perfekten Gentleman.

Ein anderer, der aus der grossen Asconeser Familie jener Zeit nicht hinwegzudenken ist, war Bernhard Mayer, allgemein etwas respektlos «Pelzmayer» genannt, klein, vital und gelegentlich höchst explosiv, ein Pelzhändler, wie schon der Spitzname sagte, der ursprünglich in Belgien und Deutschland seine Geschäfte betrieben hatte und schon seit 1909 regelmässig nach Ascona gekommen war. Damals sah er im Vorübergehen ein Grundstück, das ihm gefiel – es war malerisch über der Strasse gelegen, die nach Ronco und Brissago führte – und kaufte es unverzüglich. 1924 baute er sich ein Haus, in dem es ständig Gäste gab, in dem auch monate –, sogar jahrelang Leute untergebracht waren, die sonst auf der Strasse hätten nächtigen müssen. Das hatte mit dem guten Herzen von Bernhard Mayer zu tun, aber auch etwas mit seiner politischen Einstellung. Er stand nämlich politisch sehr weit links, war ursprünglich Anarchist gewesen, später Kommunist geworden, oder vielleicht sollte man lieber sagen: er glaubte Kommunist zu sein. Seine Frau, eine witzige Aachenerin, nahm ihn in dieser Beziehung nie ganz ernst. Sie nannte ihren Mann einen «Symbolschewik» und erklärte, wenn von seinen neuesten umstürzlerischen Ideen die Rede war, er befinde sich trotz seiner weissen Haare noch in den «Entwicklungsjahren».

Ein Gast, der längere Zeit bei den Mayers wohnte, war Slatan Dudow, mittelgross, gedrungen, dunkelhaarig, mit einem breiten Gesicht, das wie aus Erz gegossen schien, ein echter Kommunist und ein sehr bemerkenswerter Künstler. Als Sohn eines Eisenbahners in Sofia geboren, erlebte er vierzehnjährig den Zusammenbruch Bulgariens, das im Ersten Weltkrieg an der Seite Deutschlands und Österreichs gekämpft hatte. Aber das alles machte vorläufig nicht den sogenannten «starken Eindruck» auf ihn, über den seine linientreuen Biographen später so oft und ausführlich faselten. Mit neunzehn Jahren, das war 1922, fuhr er nach Berlin, denn er gedachte sein Leben dem Theater zu widmen. Er besuchte eine Schauspielschule, es gelang ihm, gelegentlich Proben von Max Reinhardt beizuwohnen.

Künstlerisch entscheidend war für ihn eine Reise nach Moskau, die Bekanntschaft mit dem russischen Filmregisseur Eisenstein, die Besichtigung russischer Theater – und die Begegnung mit dem jungen Bert Brecht. Von diesem Augenblick an gehörte er zu Brechts Team und arbeitete an einer ganzen Anzahl von Lehrstücken mit, die Brecht herausbrachte, unter anderen «Die Massnahme», das, 1930 in Berlin uraufgeführt, überall wo Leute von links Theater machten, Aufsehen erregte.

Da ihn vor allem die Erziehung der Massen beschäftigte und er um diese Zeit schon Mitglied der Kommunistischen Partei und zahlreicher ihrer Unterorganisationen war, begann der Film ihn mehr als das Theater zu interessieren, das, wie er fand, doch nur den privilegierten Schichten offenstand. Fritz Lang erlaubte ihm, im Atelier zu hospitieren, als er seinen Film «Metropolis» drehte. Dudow drehte einen Dokumentarfilm «Wie der Berliner Arbeiter wohnt», der sogleich von der Zensur verboten wurde.

Er liess sich dadurch nicht beirren, beschloss vielmehr, einen zweiten Film über die Lage der Berliner Arbeiterschaft zu drehen, diesmal mit Handlung. Es entstand das Exposé «Kuhle Wampe». Dies war der Name einer Zeltkolonie an einem See in der Umgebung von Berlin. Hier lebten Arbeiter – nach dem Drehbuch Dudows –, die nur noch selten Arbeit fanden. Leben, lieben, ein bisschen Glück, ein bisschen Unglück – einer stürzt sich aus dem Fenster, weil er arbeitslos ist –, aber das Leben geht weiter.

Bert Brecht arbeitete an dem Drehbuch mit, die Aufnahmen begannen im Sommer 1931, mussten aber schnell wieder gestoppt werden, weil die rechtsgerichtete «Ufa» alles unternahm, um das Projekt zu Fall zu bringen und der mit der «Ufa» verbundene Filmverleih die Zahlungen einstellte. Die schweizerische Filmgesellschaft «Präsens» sprang ein, der Film konnte zu Ende gedreht werden mit dem kommunistischen Schauspieler Ernst Busch in der Hauptrolle. Seine Partnerin war Herta Thiele – die herbe junge Blondine, die in «Mädchen in Uniform» aufgefallen war.

Die Zensur machte abermals Schwierigkeiten, Dudow musste diese und jene Stelle herausschneiden, aber schliesslich kam der Film 1932 zur Uraufführung. Er wurde ein grosser Erfolg, die Linksorientierten sprachen vom «ersten sozialistischen Film überhaupt», die künstlerisch Interessierten von einer Fortsetzung der «Panzerkreuzer Potemkin» Tradition. Es war kein Zweifel, dass Dudow vor einer grossen Karriere stand. Dann kamen die Nationalsozialisten.

Im Gegensatz zu den meisten seiner Freunde verliess Dudow Deutschland nicht, er war ja Bulgare, sein Pass schützte ihn zumindest vorübergehend. Er brachte einen englischen Verleiher auf die Idee, einen Antinazi-Film in Deutschland zu drehen. Er selbst trat nicht in den Vordergrund, Strohmänner deckten ihn. Lange wussten die nationalsozialistischen Behörden gar nicht, dass er noch in Berlin lebte, geschweige denn, dass er einen Film drehte und welche Art von Film. Als ihm das Propagandaministerium auf die Spur kam, gelang es ihm, in letzter Minute das Negativ des Films nach Paris zu schaffen und dem Film nachzureisen.

In Paris musste er sich darauf beschränken, für Vereine Stücke von Brecht zu inszenieren und Drehbücher zu schreiben, die niemals verfilmt wurden.

Er versuchte, ein Visum für die Vereinigten Staaten zu bekommen, als der Krieg ausbrach und er in ein Lager musste. Er kam nur dadurch heraus, dass er sich bereit erklärte, zusammen mit seiner Frau nach Bulgarien zurückzukehren. Er verspürte indessen nicht die geringste Lust dazu, sondern beschloss, unterwegs «hängenzubleiben». Mit Hilfe von Jean Renoir und eines ärztlichen Attestes konnte er in der Schweiz Halt machen. Und kam schliesslich nach Ascona.

«Pelzmayer» nahm ihn auf, er durfte in seinem Gästehaus logieren; das war Mayer seiner sozialistischen Überzeugung schuldig.

Übrigens gab es noch einen Kommunisten in Ascona, Otto Müller, einen Schriftsteller, der sich damit ernährte, dass er für die «Kapitalisten» Gartenarbeiten und auch Botengänge und ähnliches ausführte. Dudow erklärte, solch Verhalten sei eines Kommunisten unwürdig. Warum Müller nicht etwas Vernünftiges schreibe? Müller konnte nichts Vernünftiges schreiben, er war viel zu deprimiert über das, was auf der Welt vor sich ging. Dudow hingegen schrieb eine Anzahl Dramen: «Der Feigling», «Der leichtgläubige Thomas» und «Das Narrenparadies», obwohl er nicht wusste, ob diese Dramen je aufgeführt werden würden.

Nicht nur mit dem verängstigten Müller verkrachte sich Dudow schliesslich, sondern auch mit Mayer, von dem nicht gesagt werden kann, dass er zur Ängstlichkeit neigte. Dudow erklärte ihm, die Sowjetunion würde zweifellos siegreich aus dem Krieg hervorgehen und dann Europa besetzen. Auch die Schweiz? Ja, auch die Schweiz! Das hörte Mayer nicht gern. Immerhin, ihn, der so viel für die Kommunisten getan hatte, ihn würde man doch ungeschoren lassen.

Man würde ihn keineswegs ungeschoren lassen! erklärte ihm Dudow kategorisch, im Gegenteil, man würde ihm alles wegnehmen. Wenn er glaube, die Sowjets liessen sich durch milde Gaben an Kommunisten beeinflussen oder gar bestechen, so irre er gewaltig. Dudow fand ein gewisses sadistisches Vergnügen darin, dem nunmehr doch bestürzten Mayer auszumalen, was aus ihm, seinem Vermögen, dem Haus in Ascona werden würde.

Mayer war ein grundanständiger und gutmütiger Mensch, aber seine Geduld hatte Grenzen. Er fand, dass er sich solche unangenehmen Prophezeiungen in seinem eigenen Haus nicht bieten lassen müsse. Er warf Dudow kurzerhand hinaus.

Der stand buchstäblich vor dem Nichts. Hinzu kam, dass ihn die Schweiz jetzt auswies. Wo sollte er hin? Wovon würden er und seine Frau ihr Leben fristen? Er hätte vermutlich mit Mayer Frieden machen können. Aber das lehnte er ab. Mayer war für ihn von nun an ein Trotzkist – ein Schimpfwort, mit dem gute Kommunisten alle belegten, die ihnen aus irgendwelchen Gründen unsympathisch waren.

Als das Ehepaar Dudow sich nur noch zweimal in der Woche sattessen konnte, machte sich die Frau, bereits hochschwanger, auf den Weg nach Zürich und brachte das Evangelische Hilfswerk dazu, ihren Mann zu unterstützen. Sonst fand sich niemand dazu bereit. Natürlich wusste man beim Evangelischen Hilfswerk, wer Dudow war und wofür er kämpfte. Aber es war in christlicher Grundsatz, keinen Menschen verhungern zu lassen und schon gar nicht die unschuldige Tochter, die Frau Dudow bald zur Welt bringen sollte.

SCHMUGGEL RESPEKTABEL UND POLITISCH

Ein Phänomen, das die Kriegszeit mit sich brachte, war der Schmuggel, der in grossem Ausmass ganz offiziell betrieben wurde.

Besitzer von Häusern am See und in dessen Nähe wachten am Morgen auf und fanden in ihren Gärten Ballen von Stoffen, Säcke mit Reis, riesige Salami und andere Würste, oft nur unzureichend verpackt. Sie sahen schnell wieder weg. Sie wussten nicht, wem diese Waren gehörten, sie wollten es auch gar nicht wissen. Nach wenigen Stunden waren sie verschwunden.

Es wurde alles geschmuggelt. Von der Schweiz nach Italien Saccharin, Kaffee, Tabak, Zigaretten und Suppenwürfel; von Italien nach der Schweiz Reis, Salami, Butter, Seide, Seidenstrümpfe, auch Pelzwaren und Autoreifen.

Es gab kleine Schmuggler und es gab grosse Schmuggler. Es gab solche, die nur zu ihrem eigenen Bedarf schmuggelten, und andere, die sich ein Vermögen damit machten. Die kleinen Leute holten sich Mais und Reis für ihren Bedarf, verkauften davon wohl auch ein wenig, um ihre «Unkosten» zu decken. Die grösseren Schmuggler benutzten vor allem Schiffe. Gelegentlich deponierten sie ihre Waren auch auf den Inseln – es war ja keine Baronin Saint-Léger mehr da, um sie zu vertreiben.

Erheblicher Schmuggel wurde mit Goldstücken getrieben, die als deutsche Kriegsbeute, aus Frankreich und Belgien stammend, über Deutschland in die Schweiz kamen. Die Schmuggler verdienten bis zu einem Franken pro Goldstück.

Die halbe Schweiz lebte von dem Reis, der über Ascona hereinkam. Er wurde in kleine Päckchen umgepackt und überallhin verschickt. Es dauerte ziemlich lange, bis die Postbehörden daraufkamen, dass die Zahl der aus Ascona abgeschickten Pakete ständig wuchs. Und es dauerte noch länger, bis dagegen eingeschritten wurde.

Die Unternehmer des Super-Schmuggelbetriebes waren reiche Griechen, von denen nur einige und nur vorübergehend in Ascona lebten. Sie zogen es vor, ihre Gewinne etwas weiter vom Schuss einzustreichen.

Die kleinen Leute des Schmuggels, die ausführenden Organe sozusagen, waren fast durchwegs junge Burschen aus Ascona oder der Umgegend. Wie einer von ihnen, Emanuele Bianda, Lello genannt, später sagte: «Man musste doch schliesslich leben!»

Dieser Lello war der bemerkenswerte Spross einer alten Bauernfamilie aus Losone. Der Vater wanderte nach Italien aus, der Onkel nach Amerika, aber Lello wollte es in der Heimat zu etwas bringen. Er lebte mehr schlecht als recht von der Landwirtschaft, bis er fünfzehn, sechzehn Jahre alt war. Dann, Ende der zwanziger Jahre, wurde er Mechaniker, eröffnete eine Garage und wandte sich dem Fremdenverkehr zu. Das heisst, er tanzte mit den hübschen Frauen in der «Taverna» und reparierte die Autos ihrer Gatten und Freunde.

Im Krieg wurde er vorübergehend als Flugzeugmechaniker in der Nähe von Bern eingesetzt. Aber der Soldatenberuf sagte ihm nicht zu. Nach seiner Entlassung ging er nach Ascona zurück, pachtete eine Alm und hütete dort das Vieh der Bauern und erzeugte Käse. Denn mit der Garage war vorläufig kein Geld zu verdienen; wohl aber mit dem Schmuggel aus Italien in die Schweiz.

Sein Freund Gottardo Bacchi gehörte ebenfalls zu den begeisterten Schmugglern. Er spricht noch heute davon, obwohl er längst, genau wie Leib, ein ehrenwerter Bürger Asconas geworden ist, und ein sehr wohlhabender dazu. Bevor er sich mit Schmuggel befasste, gab er Tanzstunden, arbeitete auch vorübergehend als Strassenkehrer, wurde ebenfalls Soldat, kam mit italienischen Partisanen zusammen, die seit Jahren gegen die deutschen Truppen in Italien kämpften, und so konnte es nicht ausbleiben, dass er, wenn auch natürlich inoffiziell, sozusagen auf eigene Rechnung, zu einem leidenschaftlichen Kämpfer gegen die Macht der Diktatoren wurde.

Das galt nicht nur für ihn, das galt für alle die jungen Männer aus Ascona, die sich in den Kriegsjahren dem Schmuggel ergaben. Gewiss, sie wollten damit Geld machen, um zu leben. Aber ihr Hauptmotiv war nicht das Geldverdienen, sondern der Wunsch, den Kämpfern gegen den Faschismus zu Hilfe zu kommen.

Um bei Gottardo zubleiben: Nach seiner Entlassung aus dem Militärdienst schlug er sich zu den Partisanen in die Berge, für die er Aufträge übernahm. Ein Weg dauerte gewöhnlich acht Stunden. Er brachte den Partisanen gewisse Dokumente in einer versiegelten Tasche und holte bei ihnen andere ab.

Das konnte auf die Dauer nicht gut gehen. Im Sommer 1944 wurde er von der SS in Italien geschnappt und ins Gefängnis geworfen. Er durfte im Garten des Gefängnisses arbeiten, wurde aber mit der ihm aufgetragenen Arbeit niemals fertig, und zwar aus gutem Grund, denn diese spielte sich unter den meist geöffneten Fenstern der höheren SS-Offiziere ab, und es war nicht uninteressant für ihn zu erfahren, was dort gesprochen wurde. Er war verschiedentlich auf die Probe gestellt worden, ob er Deutsch verstehe, hatte aber den Unwissenden gespielt.

Zum Glück dauerte seine Gefangenschaft nicht allzu lange. Kommunistische Partisanen überfielen die deutschen Truppen, die sich aus dem Staube machten, und Gottardo war frei. Als er zurückkehrte, erwartete er, von seinen Landsleuten vor ein Kriegsgericht gestellt zu werden. Aber sie dachten nicht daran. Da begriff er, dass man auch in Bern für die jungen Leute aus Ascona, die den Partisanen halfen, Sympathie hatte.

Wie konnte man den italienischen Freiheitskämpfern sonst noch helfen? Vor allem, indem man ihnen Nachrichten zukommen liess. Ferner wurden Ärzte zu den Partisanen gebracht, auch Agenten der Alliierten und neben Medikamenten und Zigaretten sogar deutsche Uniformen.

Solche Verproviantierungen erfolgten manchmal durch Abwürfe aus der Luft – daran waren die Asconesen nur indirekt beteiligt, indem sie angaben, wo die Waren oder Personen abzusetzen waren. Das meiste aber wurde zu Fuss über das Gebirge transportiert.

Es kam auch vor, dass italienische Partisanen in die Schweiz flüchteten. Diese wurden von Lello in einem Haus empfangen, das unter recht geheimnisvollen Umständen von einem Amerikaner gemietet worden war. Der Vermieter aber war kein anderer als Baron von der Heydt, der wohl kaum etwas davon gewusst haben dürfte, was in dem Hause vor sich ging. Partisanen, meist am Ende ihrer Kräfte, konnten sich hier erst einmal ein paar Tage ausschlafen. Dann wurden sie aufgepäppelt und neu ausgerüstet, um eines Nachts wieder spurlos zu verschwinden.

Mit der Zeit vermochten die gemieteten Räumlichkeiten nicht mehr zu genügen. Emigranten wurden befragt, ob sie ein oder zwei Zimmer abgeben würden. Sie sagten stets zu. Die Bedingung war, dass sie nicht wissen wollten, wer kam, wer ging und das durften sie auch gar nicht wissen. Sie gaben einen Schlüssel, hörten jemanden die Treppe heraufkommen, sahen wohl auch den einen oder anderen, aber niemand wusste genau, wer es war, und niemand wollte es wissen.

Neben Lello trat der junge Giacomo Thommen als Organisator auf, ein kleiner, blondhaariger Bursche, der 1939 nach Ascona gekommen war, wo er sich eine Zeitlang mit Brief- und Devisenhandel beschäftigte. Schon mit achtzehn Jahren machte er die gewagtesten Spekulationen, verdiente ein Vermögen und verlor es fast ebenso schnell wieder. In den letzten Kriegsjahren interessierte es ihn aber überhaupt nicht mehr, Geld zu verdienen. Jetzt wollte er nur noch kämpfen.

Er war Mitglied einer geheimen Organisation, dem Centro di Collegamento No. 24. Die Nummer war übrigens nur fiktiv, damit die Faschisten und Nationalsozialisten eine falsche Vorstellung von der Grösse der Organisation bekommen sollten. Die Nummern 1 bis 23 gab es überhaupt nicht.

In Italien hatte der König Mussolini abgesetzt und gefangen nehmen lassen und am 25. Juli 1943 Marschall Badoglio mit der Regierungsbildung beauftragt. Am 8. September 1943 schloss dieser einen Waffenstillstand mit den Alliierten, worauf die Deutschen Italien militärisch besetzten. Die Schweiz unterhielt mit der legalen Regierung in Rom diplomatische Beziehungen; nicht aber mit der neofaschistischen Regierung, die Mussolini sofort nach seiner Befreiung durch die Nazis und mit deren Hilfe in Norditalien bildete. Der italienische Generalkonsul in Lugano unterstand der Regierung Badoglio, respektive dem italienischen Befreiungskomitee – das gleiche galt für die anderen konsularischen Vertretungen, für die italienische Gesandtschaft in Bern und für das Centro No. 24. Es wurde ausser von den Amerikanern und den Engländern auch von der regulären italienischen Regierung und einigen schweizerischen Privatpersonen finanziert, und es hatte auch, inoffiziell natürlich, sogar die Sympathien des Generals Guisan.

Die Leiter des Centro No. 24 waren italienische Offiziere mit schweizerischen Ausweisen. Sie standen in Verbindung mit den antifaschistischen Partisanen in Oberitalien und bildeten deren einzigen Kontakt mit der Regierung Badoglio in Rom. Ihre Aufgabe bestand in Waffenlieferungen. Die deutsche Gesandtschaft in Bern wusste hiervon und protestierte mehrfach dagegen. Aber in Bern nahm man von diesen Protesten keine Kenntnis.

Die Waffenlieferungen, die durch Ascona über den See und die Berge gingen, waren beträchtlich. Es handelte sich nicht nur um Gewehre und Revolver, sondern auch um Maschinenpistolen, von denen manchmal in einer Nacht fünfzig oder hundert Stück weitergeschafft werden konnten.

Das Centro No. 24 gab alle vierzehn Tage sogenannte Informationsbulletins heraus, die Mitteilungen militärischer Art als auch solche über das Verhalten der Faschisten gegenüber den Angehörigen der Partisanen enthielten. Ferner gab es Berichte über Verluste der Partisanen bei Zusammenstössen mit den Faschisten und Berichte über militärische Operationen aus den Gebieten um Intra und Pallanza. Ein grosser Teil des Inhalts der Bulletins behandelte die Frage des Schmuggels – Schmuggel war die ideale Tarnung für viele Widerstandskämpfer und nicht zuletzt auch ein Weg zur Finanzierung der Aktionen.

So fanden sich in den Informationsbulletins Mitteilungen wie: «Achtung, Schiffe unten! Es wird ... ohne Haltrufe geschossen!» Aber auch: «Es wurden ... fünf Kilogramm Reis beschlagnahmt, die für den Schmuggel bestimmt waren.»

Es wurde vor einem Bäcker in Minusio gewarnt, der aus Canobbio stammte, weil er Faschist sei. Andererseits gab es auch Partisanen, über die Klage geführt werden musste. «Ich bitte Dich, Bill zu sagen, mir ein anderes Mal eine andere Sorte Leute zu schicken. Die letzten haben geglaubt, sich in einem Grandhotel zu befinden und hatten tausend Ansprüche ... Die Leute sollen ausgerüstet sein, nicht wie die letzten, die alles nötig hatten; es würde zwei Tage dauern, sie auszustatten.»

Da war ein Brief an einen Agenten, der sich als Koch getarnt hatte. «Deine neue Beschäftigung als Koch hat mich zum Lachen gebracht, und ich bedaure die Unglücklichen, die bei Dir essen müssen. Im Ernst: Deine Aufgabe beim Posten R ist von grösster Wichtigkeit, wie Du sehen wirst. Besonders wenn man in Betracht zieht, dass das Hauptproblem von heute ist, unsere Leute wieder zurückzuführen.»

Oder es gab Bestellungen der Partisanen auf: «Tabak, Zigarettenpapier, Salz, Druckpapier.»

Oder: «Wir haben die Möglichkeit, sofort zu erwerben: 300 Dutzend Damenstrümpfe, reine Seide, welche allerdings in Schweizer Franken zu drei Franken das Paar bezahlt werden müssen. In einigen Tagen werden wir die Möglichkeit haben, 2000 bis 3000 Reifen für Fahrräder zu erwerben. Man verlangt zwölf Franken pro Stück. Auch für diese Ware wird Zahlung in Franken und nicht in Lire verlangt.»

Fünfzehn bis achtzehn Nähmaschinen wurden aufgetrieben, «denen allerdings das Tischchen und die Spule fehlen, und dann haben wir elektrische Motoren, von denen wir glauben, dass sie zu den Maschinen gehören. Wollt Ihr den betreffenden Betrag der 2. Division Garibaldi gutschreiben?»

Oder: «Wir brauchen Wolldecken, da einige unserer Leute keine haben. Bitte mindestens ein Dutzend zu schicken. Es ist kalt hier oben auf den Bergen.»

Ein Partisan, der die Verpflegung einer Gruppe unter sich hatte, stellte folgende Rechnung auf:

«Kost und Logis 430.–
Lebensmittel für Reisen 500.–
Autoreisen 66.25
Spesen der Garibaldi im Spital 200.–
Tabak und Saccharin 349.75»

Aus dem Tagebuch eines Partisanen: «Der Pfad zeichnet sich dunkel gegen den Schnee ab ... Es herrscht eine Kälte, die die Lungen schmerzen macht ... Wir sind müde ... Die Faschisten müssen irgendwo in der Nähe sein, und wir sind zu wenige, um uns verteidigen zu können, wenn sie uns aus dem Hinterhalt überfielen ... Nun haben diese Teufel, die zu einer Patrouille gehören dürften, doch Feuer eröffnet ... Jetzt herrscht wieder Ruhe, nur eine unerträgliche Kälte, welche die Füsse bis zur Gefühllosigkeit absterben lässt ... Der vierte in der Reihe bewegt sich nicht mehr, ich kenne ihn nicht, es kann aber nicht sein, was ich befürchte ... Ich beuge mich zu ihm, ohne erst die Wunde zu suchen. Er atmet noch und röchelt: ‹Ich glaube, dieses Mal haben sie mich erwischt.› Wir bedecken sein Gesicht mit einem Tuch, und die Kameraden beginnen, Zweige für die

Bahre zu schneiden ... Wir haben zwei Tage lang ein Feuer unterhalten, um die gefrorene Erde aufzutauen, und dann haben wir ihn begraben und ein Holzkreuz auf sein Grab gepflanzt. Und haben uns im Kreis gestellt und haben gesungen, nachdem kein Geistlicher da war, um den Segen zu geben.»

Oder: «Am gleichen Abend, an dem nach Brenscino telefoniert wird, mit dem Auto genau um 19.15 zu erscheinen: Es sind Nachrichten gekommen, die ich nicht wiederholen kann. Müssen im Hause abgeholt werden. Brückengegend. Gefahr droht. Sich nicht sehen lassen.»

Natürlich versuchten auch die Deutschen, im Tessin Spionage zu treiben. So hatten sie in Lugano das Dachgeschoss des Hauses gemietet, in dem der amerikanische Generalkonsul residierte, und versuchten jeden zu fotografieren, der dort aus- und einging. Der ehemalige faschistische Generalkonsul in Lugano besuchte Baron von der Heydt und schlug ihm vor, den Monte Verità italienischen Fliegern zur Erholung zur Verfügung zu stellen. Von der Heydt sah wohl sofort, was das bedeutete. Er wollte keine Agenten in seinem Hotel haben, er meinte, es gebe wohl auch in Italien genügend Berghotels mit guter Luft für Flieger, die erholungsbedürftig seien.

Je länger der Krieg dauerte, umso unübersichtlicher wurde die Situation. Es gab ja auch unter den Deutschen Widerstandskämpfer, die nach jeder Gelegenheit suchten, um mit den Partisanen oder dem Centro No. 24 in Verbindung zu treten. Wem durfte man trauen, wem nicht? Ein Fehler in der Beurteilung eines Menschen konnte vielen hundert Partisanen das Leben kosten. Auf der anderen Seite konnte die Anwerbung eines guten Mannes in deutscher Uniform für die antifaschistische Sache doch von grösstem Nutzen sein.

Die Verantwortung war in jedem Falle ausserordentlich.

Der Begriff des Flüchtlings hatte sich für die Asconesen grundlegend geändert.

Früher wurden diejenigen als Flüchtlinge bezeichnet – mit Recht natürlich –, die Deutschland oder die von den Deutschen besetzten Gebiete als Verfolgte verlassen hatten und schliesslich, aber sozusagen auf üblichem Wege, vor allem mit der Bahn, ins Tessin gekommen waren.

Jetzt sah man Flüchtlinge ankommen, zu Tode erschöpft, mit nichts als dem, was sie auf dem Leibe trugen, die eben noch um ihr nacktes Leben gelaufen waren. Sie kamen in immer grösserer Anzahl seit jenem 25. Juli 1943, an dem Mussolini befreit worden – oder sollte man sagen, seit er der Gefangene Hitlers geworden war? Sie erzählten Schreckliches von den italienischen Neofaschisten, die sich viel übler benahmen als die deutschen Soldaten.

Ganze Familien trafen ein – italienische Familien sind ja meist zahlreich: Brüder mit ihren Gattinnen, mit ihren Kindern, mit Grossmüttern, Grossvätern, Onkeln und Vettern. Eine Familiengruppe von fünfzig bis sechzig Mitgliedern bildete keine Seltenheit. Sie kamen über den Berg Giridone durch Schnee und Eis, sie erreichten Brissago mehr tot als lebendig; viele, insbesondere die älteren, musste man von den Bergen herunterholen, wo sie erschöpft zusammengebrochen waren, mit erfrorenen Gliedern, aus vielen kleinen Verletzungen blutend.

Auch in diesen Fällen bewiesen die jungen Leute aus Ascona, die in den Vorkriegsjahren ein vergnügtes und meist leichtsinniges Leben geführt hatten, oft heldenhaften Mut. Einer holte unter eigener Lebensgefahr Flüchtlinge aus Italien, ein anderer hatte sich vorgenommen, die ungleiche Behandlung von reich und arm wenigstens bei den Flüchtlingen zu verhindern. Er verlangte von den reichen Italienern viel Geld, um sie in Sicherheit zu bringen, und rettete dafür arme jüdische Flüchtlinge, ohne etwas dafür zu nehmen. Warum nicht auch ihnen helfen? Man hat doch kein Recht, Menschen zu töten oder sie zu jagen, nur weil sie einer anderen Religion angehören.

Die Bevölkerung von Ascona benahm sich überhaupt grossartig den Flüchtlingen gegenüber. Diese konnten ja nicht, wie jene in den Schweizer Städten, untertauchen. Sie waren überall zu sehen, man erzählte sich von ihrer Flucht, ihren Verfolgungen; Mitleid mit ihnen ergriff alle, jeder wollte ihnen die Hand drücken.

Manche Gruppen blieben beieinander, zum Beispiel jene italienischen Juden, die, zum Entsetzen des ehemaligen faschistischen Generalkonsuls in Lugano, in das Hotel Monte Verità einzogen, darin haushielten, kochten, saubermachten. In dieser Gruppe befanden sich der ehemalige Chefredakteur des «Corriere della Sera» und namhafte Bankiers.

Es entstanden auch viele Lager in der Umgebung von Ascona und an anderen Orten im Tessin. In Losone gab es Lager für Inder, Polen und Kongolesen. Die Behandlung war im allgemeinen human, in einer Zeit, in der anderswo die Menschen in Lagern gepeinigt und getötet wurden.

Als immer mehr Flüchtlinge über die Berge kamen, entschloss sich die Polizei, sie nach Italien zurückzuschicken. Da man sich im Tessin befand, wollte man nicht unmenschlich sein, die Flüchtlinge sollten sich ausruhen, sattessen und erst dann den Rückmarsch antreten.

Davon hörten die Frauen, die in der Zigarrenfabrik von Brissago arbeiteten. Sie stürzten heraus, stellten sich vor die Flüchtlinge und riefen der Polizei zu: «Schiesst auf uns, wenn Ihr wollt! Schweizer auf Schweizer! Es wird niemand zurückgeschickt die Flüchtlinge bleiben hier!»

Das war wohl einmalig in der Geschichte des Zweiten Weltkrieges. Zu Ehren der Polizei muss gesagt werden; die natürlich in der folgenden Nacht oder am nächsten Tag die Flüchtlinge hätte abtransportieren können, dass sie nichts dergleichen tat. Im Grunde dachten die Tessiner Polizisten wohl nicht anders als jene Arbeiterinnen.

Das Erstaunliche war, dass die Asconesen den Krieg, der sich, namentlich in seiner letzten Phase, bis nahe an die Schweizer Grenze heranschob, nie als eine Bedrohung empfanden. Die Kriegsereignisse waren für sie weit weg, sie spielten sich für sie ab wie auf einem anderen Stern. Sie selbst lebten wie in einem verwunschenen Schloss. Das zeigte sich in vielem.

Eines späten Abends kamen zwei Schweizer zu Fuss aus Locarno herüber, es war schon alles dunkel, die ein Hotel suchten und schliesslich auch fanden. Sie klingelten, aber niemand öffnete. Sie versuchten, die Haustür zu öffnen – sie war nicht verschlossen. Sie fanden den Knopf für das elektrische Licht und stiegen in den ersten Stock hinauf. Sie öffneten ein Zimmer, es war leer. Sie legten sich zu Bett.

Auch am nächsten Morgen, als sie aufstanden, war niemand da. Sie wuschen sich, zogen sich an, aber es war immer noch niemand zu sehen. Dann fuhren sie ab. Acht Tage später erhielt der Inhaber des Hotels einen Brief aus Bern mit einem Scheck über zehn Franken, als

Bezahlung für die Übernachtung jener beiden Reisenden. Auf diese Weise erfuhr er, dass sein Hotel Gäste gehabt hatte.

Übrigens besserte sich das Geschäft während der Saison ein wenig. Im Krieg wurde Ascona nämlich in steigendem Masse von einer bestimmten Schicht von Schweizern besucht, die vor dem Krieg in ihren Ferien nach Frankreich gefahren waren und nach England, nach Deutschland und Italien, und das alles konnten sie jetzt nicht mehr.

Sie mussten also mit jenen Orten vorlieb nehmen, in die seit Jahrzehnten so viele Nichtschweizer gereist waren, vorausgesetzt, dass sie genug Geld hatten: nach St. Moritz und Davos, nach Engelberg und Montreux, nach Lugano und Locarno und nach Ascona. Die Schweizer waren überrascht und entzückt und fanden, hier sei es mindestens so hübsch wie an der Riviera oder in Süditalien.

Auch die Tatsache, dass man in Ascona essen konnte, was man wollte, spielte eine nicht unerhebliche Rolle. Manche, die sich während ihrer Ferien vollstopften, erklärten allerdings nach ihrer Heimkehr, es sei doch wirklich empörend, dass in Ascona vom Krieg überhaupt nichts zu spüren sei!

In Bern war man betroffen darüber, dass die Bevölkerung im Tessin den Verdunkelungsvorschriften so nachlässig nachkam und dass die Rationierung dort wie übrigens auch in Teilen der Westschweiz nicht ernst genommen wurde. Es war die Rede davon, einen eidgenössischen Kommissar ins Tessin zu schicken, der für eine strengere Handhabung der Vorschriften sorgen sollte. Es ist nicht bekannt, ob einer kam. Die Behörden sahen wohl ein, dass mehr als ein Kommissar vonnöten gewesen wäre.

ENTHÜLLUNG EINES SELTSAMEN GESCHÄFTS

Ende 1944 wurde es klar, dass der Krieg nicht mehr lange dauern konnte. Aber nur wenige wussten, dass entscheidende Verhandlungen, die Deutschen zur Einstellung der Feindseligkeiten gegen Italien zu bewegen, in Ascona geführt wurden. Das war das Verdienst von Allen Dulles, der seit Amerikas Eintritt in den Krieg in Bern den amerikanischen

Geheimdienst leitete und Anfang März 1945 mit dem SS-General Wolff in Zürich zusammentraf. Wolff wollte über einen Waffenstillstand verhandeln; Dulles erklärte, die Übergabe müsse bedingungslos erfolgen. Es kam zu weiteren Besprechungen verschiedener Mittelsmänner und schliesslich zu jener Konferenz in einem am See gelegenen Haus in Ascona, die Dulles persönlich leitete, obwohl er in jener Nacht ein sehr kranker Mann war und sich nur mittels Spritzen aufrechterhalten konnte. Der «Frieden von Ascona» hatte zur Folge, dass am 29. April in Caserta die Kapitulation der deutschen Streitkräfte in Italien unterzeichnet werden konnte.

Italienische Faschisten, die nun plötzlich keine mehr waren und nie welche gewesen sein wollten, strömten über die Grenze, passierten Ascona meist bei Nacht und Nebel und wurden von den Schweizer Behörden in anderen Gegenden, vor allem am Genfer See, interniert. Auch Mussolini spielte mit der Idee des Grenzübertritts. Allerdings musste er erfahren, dass die Schweiz nicht die geringste Lust verspürte, ihm Gastfreundschaft zu gewähren.

In der Nähe der Grenze gab es Kämpfe zwischen neofaschistischen und antifaschistischen Italienern. Um die Karnevalszeit nahmen diese Kämpfe solche Ausmasse an, dass man in Ascona ernstlich befürchtete, das jährliche Risottoessen müsse abgesagt werden. Man tat es dann aber doch nicht. Um der veränderten Situation gerecht zu werden, wurde der italienische Taxichauffeur Mario, der so oft Champagner spendiert hatte, wenn Mussolini erfolgreich gewesen war, verdroschen und sein Wagen so zugerichtet, dass er nicht mehr zu gebrauchen war.

Nicht besser erging es dem sogenannten «Gauleiter von Ascona», Dr. Ammer, diesem wilden Nazi, der viele Emigranten in Angst und Schrecken versetzt hatte. Trotzdem hatte man nie gewagt, ihn offen herauszufordern. Nelly zum Beispiel, die ihn gar nicht mochte, pflegte, wenn er ihre Bar betrat, den Emigranten Zeichen zu geben, sie sollten leiser reden. Aber als er jetzt wieder in die Bar kam, erklärte sie ihm kurz und bündig, er werde nicht bedient werden.

Als der Krieg zu Ende war, zog eine grosse Menge Asconesen vor sein Haus und holte ihn mit Frau und Schwägerin heraus. Man machte Miene, das Haus in Brand zu stecken. Man wollte die Frauen auf die Piazza schleppen, um ihnen die Haare zu scheren. Aber sie schrien derartig, dass man sie laufen liess. Ammer wurde an die deutsche Grenze gestellt und dort von den Amerikanern in Empfang genommen. Was aus ihm geworden ist, hat man in Ascona nie erfahren.

Die letzten Tage des Krieges und die ersten des Friedens brachten für Ascona ein unheimliches Durcheinander. Es kamen Faschisten durch die Dorfstrasse und deutsche Gefangene, die in letzter Minute übergetreten waren. Es zogen Menschen vorbei, die sich in Italien versteckt gehalten hatten, vor allem deutsche Juden, und die nun irgendwohin wollten, wo sie nichts mehr an die Vergangenheit erinnerte. Es erschienen andererseits Italiener, die das Ende des Faschismus ausserhalb Italiens hatten abwarten müssen, und die nun in ihre Heimat zurück wollten.

Es kamen auch Flüchtlinge aus dem Balkan, aus Frankreich und Deutschland, Personen, die sich jahrelang versteckt gehalten oder unter einem falschen Namen gelebt hatten. Sie brachten mancherlei Kunde von denen, die bis zum Krieg in Ascona gelebt und sich dann aus Angst, in der Mausefalle gefangen zu werden, in andere Länder geflüchtet hatten. So hörte man, dass viele, die man schon aufgegeben hatte, ja deren Tod bereits gemeldet worden war, am Leben waren.

Dann ebbte der Trubel ab, und es sah so aus, als würde Ascona wieder das kleine verschlafene Dorf werden, das es so lange gewesen war. Aber das sah nur so aus …

Die Kinder aus dem Heim von Lilly Volkart hatten schon während der letzten Kriegsmonate gespürt, dass ihr Exil nun nicht mehr lange währen würde, obwohl es ihnen niemand sagte. Sie begannen wieder an ihre Eltern zu denken und an ihre Geschwister, von denen sie so lange nichts gehört und die sie scheinbar – aber eben doch nur scheinbar – vergessen hatten. Manche Kinder holten jetzt aus bisher wohlgehüteten verstecken Zettel hervor, auf denen mit vergilbter Tinte oder mit Bleistift geschrieben stand, wo sich die Familie wiedertreffen wollte, wenn der Krieg erst vorbei sei … Es war rührend und gleichzeitig gespenstisch.

Aber würde es denn für alle ein Wiedersehen geben? Würden viele Kinder nicht umsonst warten?

Am schlimmsten stand es wohl um die Kinder, die gar nicht mehr wussten, wer auf sie wartete, wenn überhaupt jemand auf sie wartete. Sie waren ihren Familien abhanden gekommen sie hatten keine Ahnung, wo sie lebten, ob sie noch lebten, sie wussten oft nicht einmal ihre eigenen Namen mehr. Sie waren noch so klein gewesen ...

Die Bilanz: Von 4145 Kindern, die in der Schweiz die Kriegszeit überstanden hatten, konnten nur 3425 zu ihren Angehörigen zurück, die meisten davon nach Frankreich zu entfernten Verwandten, wenige nach Polen, und – prozentual gerechnet die allerwenigsten nach Deutschland.

Wie überall verspürten auch in Ascona die Leute unmittelbar nach Kriegsende keine rechte Lust, die Schrecken der Vergangenheit zu diskutieren. Einer, der viel erlebt hatte und der viel hätte erzählen können, aber schwieg, war Leo Kok, der holländische Pianist, der in den zwanziger Jahren mit dem Kurorchester in Locarno Stummfilme begleitet, Opern aufgeführt, Fünfuhrtees inszeniert, zu den Tänzen der Charlotte Bara aufgespielt hatte. Bei Kriegsbeginn war Kok nach Holland gefahren, hatte in der holländischen Armee bis zum Zusammenbruch im Mai 1940 mitgekämpft und war dann nach Frankreich gelangt, wo er sich der Résistance anschloss und später in deutsche Kriegsgefangenschaft geriet.

Bei Kriegsende befand er sich im Konzentrationslager Buchenwald, wo er recht übel zugerichtet worden war, so dass von Klavierspiel nicht mehr die Rede sein konnte. Das Konzentrationslager bot ihm eine Art grausamen Anschauungsunterricht, ihn interessierten die Menschen, die eingeliefert wurden, ihn beschäftigten die anderen, deren Lebensziel es offenbar war, Menschen, die ihnen nichts zuleide getan hatten zu Tode zu quälen.

Kok hatte niemals damit gerechnet, lebend davonzukommen. Später pflegte er zu sagen: «Man verhungerte eben oder man verhungerte nicht ...» Die Tatsache, dass er mit allem abgeschlossen hatte, gab ihm eine gewisse Überlegenheit. So war er einigermassen erstaunt, als eines Tages die Befreier kamen und er das Lager verlassen durfte. Er fuhr nach Ascona. Er ging zu dem Häuschen, das er so viele Jahre bewohnt hatte, und wunderbarerweise war es unversehrt, seine Möbel und anderen Gegenstände waren da und alles so, als wäre er gestern erst fortgegangen. Später erfuhr er, dass das Haus gelegentlich Durchgangsstation für Flüchtlinge gewesen war. Freunde hatten die Miete bezahlt und Ordnung gehalten.

Kok beschloss, sich einen Wunsch, den er sein Leben lang gehegt hatte, zu erfüllen, nämlich ein Antiquariat aufzumachen.

Er besass zwar kein Geld, aber seine umfangreiche und recht kostbare Bibliothek war erhalten. Er begann damit, seine eigenen Bücher zu verkaufen und mietete sich später einen Laden, das heisst, eine Schweizerin mietete diesen Laden für ihn, da er als Ausländer vorerst dazu nicht das Recht hatte. Ein paar Jahre darauf konnte er den Laden selber übernehmen, der bald ein Treffpunkt wurde für Leute, die Bücher und gute Gespräche liebten und die den kleinen, bescheidenen und klugen Leo Kok gerne hatten.

Max Emdens Sohn, Hans-Erich, versuchte mit allen Mitteln, die Inseln des Vaters loszuwerden. Was trieb ihn dazu? Das ererbte Vermögen war zusammengeschrumpft, aber noch immer beträchtlich. Die Warenhäuser, die Emden ausserhalb Deutschlands besessen hatte, in Finnland, Danzig und in Ungarn, waren allerdings durch Bomben zerstört, verbrannt oder enteignet. Das in Deutschland investierte Kapital musste ebenfalls abgeschrieben werden. Trotzdem waren noch viele Millionen vorhanden.

Der junge Hans-Erich hatte zwar das Vermögen, nicht aber die Phantasie seines Vaters in geschäftlichen Dingen geerbt. Er begriff nicht, dass die erste Nachkriegszeit denkbar ungeeignet war, einen solchen Besitz zu einem einigermassen günstigen Preis zu verkaufen. Er inserierte in amerikanischen Zeitungen «A paradise to be sold in Switzerland» – und erhielt keine einzige Antwort. Schliesslich musste er froh sein, dass der Kanton Tessin und die Gemeinde Ascona die Inseln, die mit den Installationen und Gebäuden seinen Vater drei Millionen gekostet hatten, für weniger als eine halbe Million kauften. Auch die Kunstgegenstände und Gemälde, die, hätte er sie behalten, ein Vermögen eingebracht haben würden, wurden zu lächerlichen Preisen verschleudert.

Noch ein anderer prominenter Asconese hatte in dieser Zeit erhebliche Schwierigkeiten, nachdem er während des Krieges sehr gute Geschäfte gemacht hatte, von denen freilich kaum jemand etwas wusste.

Diese Geschäfte sahen so aus: Als die Nazis auf dem Balkan einzogen, verhafteten sie Juden, von denen sie in Erfahrung gebracht hatten, dass sie Konten auf Schweizer Banken besassen. Sie brachten diese Juden nach Frankreich, aber hielten sie dort weiterhin gefangen mit dem Versprechen, sie frei zu lassen, wenn sie ihr Geld den Nazis überschreiben würden. Um jeden Verdacht einer Erpressung auszuschliessen, wurde der Scheck auf jenen Mann ausgestellt, wir wollen ihn X nennen, der in Ascona lebte. Wenn Herr X feststellte, dass der Scheck gedeckt war, wurde der verhaftete Jude freigelassen, und man erlaubte ihm, nach Spanien, Portugal und sodann in die Vereinigten Staaten zu entkommen.

Dies wurde nach dem Krieg aufgedeckt. Herrn X erwuchsen verschiedene Schwierigkeiten. Er wurde verhaftet. Ursprünglich Deutscher, hatte er Mitte der dreissiger Jahre das Schweizer Bürgerrecht erworben, dabei freilich verschwiegen, dass er im Jahre 1933 Mitglied der Nationalsozialistischen Arbeiterpartei geworden war. Bei seiner Vernehmung erklärte er, er sei 1937 aus der Partei ausgetreten. Dann wurde jedoch festgestellt, dass die Nazis ihn ausgeschlossen und er gegen diesen Hinauswurf protestiert, dass das Oberste Parteigericht ihn wieder aufgenommen hatte und er erst danach aus der Partei ausgetreten war.

Er war ständig mit prominenten Nazis in Kontakt geblieben, unterschrieb Briefe an sie mit «Heil Hitler», handschriftlich, da er wohl diese Formel seiner Sekretärin nicht diktieren wollte. Nach Kriegsbeginn liess er es nicht an guten Wünschen für einen «prompten Sieg an der Westfront» fehlen.

In den folgenden Jahren stellte er oft kleinere oder grössere Beträge zur Verfügung, um gewissen Parteimitgliedern von Einfluss behilflich zu sein. Er stand in Verbindung mit dem deutschen Konsulat in Lugano und Dr. Ammer, dem «Gauleiter von Ascona», sowie mit dem Chef des deutschen Spionagebüros in Bern.

Es wurde herausgefunden, dass eine dem Herrn X nahestehende Bank beträchtliche Summen an deutsche Agenten in allen möglichen

Ländern überwiesen hatte; es handelte sich eindeutig um Spione, und über jeden Zweifel hinaus wurde klargestellt, dass Herr X von diesen Überweisungen und ihrem Zweck wusste. Auch er selbst transferierte Beträge an deutsche Agenten – allerdings ohne dass er sich selbst als Absender zu erkennen gab. Ja er eröffnete sogar ein Konto in Lugano für die «Abwehr», wie der deutsche Nachrichtendienst sich nannte.

Trotz dieser schwerwiegenden Beschuldigungen wurde X nach drei Wochen gegen eine Kaution von 20 000 Franken aus der Untersuchungshaft entlassen. Später wurde er formell angeklagt, die «militärischen Informationsdienste einer ausländischen Macht unterstützt zu haben», und knapp ein Jahr nach seiner Entlassung aus der Untersuchungshaft wurde die Annullierung seiner Einbürgerung eingeleitet.

Sein Anwalt protestierte. Wenn man ihm glaubt, war Herr X der Nationalsozialistischen Arbeiterpartei nur beigetreten, weil er mit deutschen Stellen hatte verhandeln müssen. Und wäre, hätte er es bei dem Ausschluss bewenden lassen, sein in Deutschland liegendes Vermögen dadurch nicht in Gefahr geraten? Geldgeschäfte zugunsten der Naziagenten habe X zwar getätigt, als er aber begriffen hätte, worum es sich handelte, habe er nichts mehr unternommen.

Das Eidgenössische Justiz- und Polizeidepartement beschloss am 12. September 1947 die Annullierung der Einbürgerung des Herrn X, die es wie folgt begründete: «Seine Bemühungen, Mitglied der nationalsozialistischen Partei zu bleiben, sein Beitritt zur ‹Eidgenössischen Sammlung›, seine typisch nationalsozialistische Gesinnung, die sich in vielen Briefen äussert, und die guten Beziehungen zu nationalsozialistischen Militanten zeigen deutlich, dass er keine schweizerischen Gefühle hatte, sondern die schweizerische Staatszugehörigkeit einzig aus Opportunismus erworben hatte. Die militärische Spionage zugunsten Deutschland. und gegen die Alliierten, die er wissentlich auf schweizerischem Boden unterstützte, indem er Geld transferierte und Devisengeschäfte für die ‹Abwehr› in Berlin drehte, stellt eine Tätigkeit dar, die den schweizerischen Interessen und dem guten Namen der Schweiz besonders schädlich war und ist, wenn solche Tatsachen ans Licht kommen. X ist ein Mensch, der skrupellos das doppelte Spiel spielt: Spionage für Deutschland einerseits; Freundschaft mit der Schweiz andererseits, um seine künstlerischen Schätze auf neutralen Boden zu retten. Wenn man auch annehmen will, dass er wahre Freundschaftsgefühle für die Schweiz gehabt hat, so hat er doch bewiesen, dass sein Handeln und Denken nicht schweizerisch ist. Er ist der schweizerischen Staatszugehörigkeit unwürdig. In solchen Fällen muss man klar und konsequent sein; man kann nicht mit dem einen streng sein und für den andern andere Massstäbe anwenden, nur weil die Schweiz sich daraus materielle Vorteile verschaffen kann.»

X legte gegen diesen Beschluss Berufung ein. Und dank seinen ausgezeichneten Beziehungen, sowohl im Tessin als auch in anderen Schweizer Städten – er hatte einige grosszügige Schenkungen gemacht – wurde die Ausbürgerung schliesslich wieder aufgehoben.

Das Erstaunliche: Obwohl es sich um einen der prominentesten Bürger Asconas handelte, erfuhren in Ascona kaum ein Dutzend Leute von der Geschichte. Und obwohl immerhin das Justiz- und Polizeidepartement den aufsehenerregenden Beschluss mit ausführlichen Begründungen zur Veröffentlichung freigegeben hatte, entschlossen sich nur wenige Zeitungen, die Sache zu erwähnen – und auch das nur am Rande.

Schon Weihnachten 1945 erinnerte der Sindaco von Ascona Alessandro Chasen an ihr Gespräch während der Kriegszeit: was man tun könne, um den Fremdenstrom nach Kriegsende nach Ascona zu lenken. «Können Sie wirklich ein Festival auf die Beine stellen?», fragte er Chasen erneut.

Chasen konnte und wollte es. Er begann die «Musikwochen von Ascona» zu organisieren. Die ersten fanden in der «Taverna» statt, die zu diesem Zweck ganz ausgeräumt wurde. Chasen und seine Freunde bestritten dieses Festival, indem sie Bach-Konzerte für ein bis vier Klaviere zum Vortrag brachten. Mit dem Verkehrsverein arbeitete Chasen daran, für die nächsten Jahre erweiterte Programme aufzustellen. Er trat mit Volkmar Andreae, Wilhelm Backhaus, Clara Haskil und Steffie Geyer in Verbindung. Die nächsten Festwochen wurden zu künstlerischen Ereignissen.

Die «Taverna» blieb weiterhin vor allem dem Tanz vorbehalten, hingegen erlebte das Nachtleben von Ascona eine schwere Einbusse, als

Nelly Marthaler sich entschloss, ihre Bar zu verkaufen. Die «Nelly-Bar» wurde zwar weitergeführt, aber ohne Nelly war es nicht mehr dasselbe.

Die jungen Leute von Ascona dachten sich etwas Neues aus. Warum Karneval nur im Winter, warum nicht auch im Sommer? So wurde im Juli ein Karneval veranstaltet. Nach Stauffachers Reiseführer gab es: «Umzug mit geschmückten Wagen, kostümierten Gruppen, auf der Piazza Maskenbälle, um Mitternacht Monsterkonzert, um ein Uhr nachts Risottoessen, Krönung der Miss Karneval, Konfettischlacht.»

Die jungen Leute – sie waren nicht mehr ganz so jung wie vor zehn und fünfzehn Jahren. Vor allem zogen sie sich aus der Schmuggelbranche zurück. Das war nicht ganz so selbstverständlich, wie es scheinen mochte. Denn Schmuggelei wurde auch weiterhin betrieben, von Partisanen oder besser von Ex-Partisanen. Aber mit diesen Geschäften wollten die jungen Leute aus Ascona nichts mehr zu tun haben.

Was den schönen Emanuele Bianda anging, so begann seine Garage, die während des Krieges brach gelegen hatte, wieder zu florieren. Aber Emanuele war ein moderner junger Mann, der begriff, dass die Zukunft dem Flugzeug gehörte. Warum sollte Ascona keinen Flugplatz haben? Der Flugplatz, den er mit Hilfe seines Freundes Giacomo anlegte, war allerdings nicht gross genug, um den Maschinen der internationalen Gesellschaften Landemöglichkeit zu bieten. Es bestand wohl auch kein Bedürfnis dafür.

Aber da gab es ein anderes Geschäft, das Emanuele interessierte: nach dem Krieg dekretierten die Siegermächte – aus welchem Grund wird nie herauszufinden sein –, dass Deutsche und Österreicher nicht fliegen dürften. Es gab aber einige «Besiegte», deren Hobby das Fliegen war. Zu ihnen gehörte der Schauspieler Heinz Rühmann, der Dirigent Herbert von Karajan, der Hamburger Druckereibesitzer Gruner, der Industrielle Krupp von Bohlen. Inder Schweiz gab es kein Gesetz, das ihnen verboten hätte, ihr Flugexamen in Ascona abzulegen. Emanuele erteilte ihnen Unterricht, Emanuele arrangierte für sie die Examen.

Viele internationale Sportflieger kamen mit ihren Flugzeugen, und mehr um ihnen das Leben zu erleichtern, als aus irgendeinem anderen Grunde, beschloss Emanuele, auf dem Flughafen ein Restaurant zu errichten. Er war ein erstklassiger Koch und begann zu kochen. Seine

Spezialitäten waren Steaks und Poulets und Mixed Grill vom Holzkohlengrill, dazu gab es Salate und Wein aus der Gegend. Das Restaurant wurde über Nacht ein Erfolg, ein sozusagen mondäner Erfolg. Zahlreiche Amerikaner und Kanadier, Sänger und Tänzer, Schwerindustrielle und Filmdiven stellten sich ein und assen an kleinen Tischen mit roten Decken bei Kerzenbeleuchtung.

Ein anderer der lustigen jungen Leute aus den dreissiger Jahren, Peter Kohler, entdeckte in sich eine neue Fähigkeit. Er hatte in Zürich eine gute Stelle bei einer grossen Firma der Büromaschinenbranche gehabt, warf aber bei Kriegsende alles hin und beschloss, Kunsthändler zu werden. Als Sohn des bekannten Asconeser Malers Albert Kohler brauchte er wohl die Kunstatmosphäre, brauchte er auch das heimische Ascona. Er kehrte hierher zurück, durchstreifte mit dem Fahrrad das Maggiatal und andere Täler der Umgebung und kaufte dort Truhen und Kerzenstöcke – so begann sein Kunsthandel. Am Anfang war das gar nicht so einfach, denn es gab noch nicht viele Kunden, und diese überlegten lange, bevor sie etwas kauften. Doch später wurde das alles ganz anders.

Emil Ludwig, krank und müde aus Amerika zurückgekehrt, wurde nicht wieder gesund. Seine Bücher gingen nicht mehr. Er sah sich von Feinden und Neidern umgeben. Er, der nie mit Geld hatte umgehen können, aber jedem, der Geld brauchte, gegeben hatte, begriff plötzlich, dass er, abgesehen von seinem grossen Haus, fast nichts mehr besass.

Er wusste, dass er sterben würde. Sein Körper besass keine Reserven mehr. Nach einer geringfügigen Erkrankung, einer Muschelvergiftung, erlag er am 17. September 1948 einem Herzkollaps. Niemand erfuhr es. So wollte es seine Frau Elga. Sie selbst wusch den Toten, hüllte ihn in Brokat und wand ihm einen Lorbeerkranz um den Kopf. Nur zwei oder drei Freunde waren bei seiner Beerdigung anwesend.

Erst nachher liess Elga Ludwig die Veröffentlichung der Todesnachricht zu. Das Interesse war gering. Die Nachrufe waren eine Schande für diejenigen, die sie schrieben und für die Zeitungen, die sie veröffentlichten. Die Schweiz, die von Emil Ludwig so heiss geliebt worden war, hatte diese Liebe nicht erwidert.

Die Witwe konnte das repräsentative Haus, in besseren Zeiten errichtet, nicht halten. Es musste an die französische Malerin Verna verkauft werden, die eine Bleibe für ihren kranken Mann suchte und vor allen Dingen für die vielen Tiere, die sie hielt und die ihr zuliefen.

Wäre Ludwig ein paar Jahre später gestorben, hätte seine Witwe für die Besitzung Millionen bekommen. Denn eine neue Konjunktur stand vor der Türe. Sie brachte einen jungen Mann in den Vordergrund, ja, geradezu ins Scheinwerferlicht, von dem schon die Rede war: Giacomo Thommen, der in der Kriegszeit im Centro No. 24 tätig gewesen war und anfangs 1950 mit einem Freund das Reisebüro «Agenzia turistica Lago Maggiore S.A.» gegründet hatte.

Ein paar Jahre später ging Thommen dazu über, sich dem Grundstückhandel zu verschreiben. Das war eine gute Idee, und es war gerade der richtige Zeitpunkt, sie in die Tat umzusetzen. Zwar hatten sich die Grundstückpreise seit Beginn des Jahrhunderts in aufsteigender Kurve bewegt, aber in den ersten Jahren doch recht langsam: um 1910 kostete ein Quadratmeter am See noch dreissig Rappen, im Dorf nicht viel mehr.

Der Boom, der Ende der fünfziger Jahre einsetzte und der den Quadratmeter auf 500 Franken und im Geschäftszentrum an der Via Borgo auf 2000 herauf trieb, war eine direkte Folge des deutschen Wirtschaftswunders. Viele Deutsche verdienten plötzlich sehr viel Geld. Sie waren in der Hitlerzeit, während des Krieges und auch noch in den ersten Nachkriegsjahren in ihrem Lande eingesperrt gewesen. Jetzt wollten sie hinaus, wollten irgendwohin, wo nichts sie an die düstere Vergangenheit erinnerte. Und die Schweiz war kein früheres «Feindesland» und für die meisten Deutschen der Inbegriff der Stabilität.

Sie kamen, um Häuser zu kaufen oder Grundstücke. Sie rechneten nicht mit der Mentalität der Tessiner, die, um etwa siebzig Franken zu erhalten, hundert verlangten. Sie zahlten die hundert Franken, und das sofort. Sie hatten auch gar keine Zeit zum Feilschen. Sie kamen auf wenige Stunden nach Ascona, sie mussten am gleichen Abend noch zurück.

Giacorno Thommen war der richtige Mann für diese raschen Transaktionen. Er engagierte rund drei Dutzend Mitarbeiter für seinen sich ständig vergrössernden Betrieb. Das alles imponierte den Ankömmlingen. Noch mehr imponierte ihnen, dass Thommen ihnen sofort erklärte, er könne ihnen keinen Quadratmeter mehr in Ascona verkaufen. Vielleicht in Lugano? Vielleicht in Brissago? Vielleicht etwas auf der Insel Elba? Er war genau der richtige Mann für die Situation.

Eines Tages eröffnete er im ersten Stock eines neuerbauten eleganten Wohnhauses in der Via Borgo eine Bar, nur für seine Freunde und natürlich auch seine Geschäftsfreunde, sehr zum Verdruss der Besitzer anderer Bars, die ihre Kunden natürlich nicht umsonst bedienten.

Bei Thommen wurden Parties gegeben, wie man sie selbst in Ascona selten erlebt hatte. Das Amüsanteste waren vielleicht die Vorwände zu diesen Parties. Da galt es, eine junge Dame zu feiern, von der man munkelte, Thommen würde sie demnächst heiraten – und die er dann doch nicht heiratete. Ein andermal wurde der Geburtstag einer künftigen Schwiegermutter gefeiert, die jedoch nie die Gelegenheit erhielt, Thommens Schwiegermutter zu werden.

Jedenfalls ging es bei Thommen hoch her. Manche zerbrachen sich den Kopf, wie Thommen es anstellte, die teuersten Getränke umsonst auszuschenken. Aber vielleicht doch nicht ganz umsonst. Denn diejenigen, die bei ihm tranken, kauften auch früher oder später bei ihm. Das Schlagwort vom «Ausverkauf der Heimat» sollte erst geboren werden.

DIMITRI

Das Marionettentheater, Mitte der dreissiger Jahre unweit der Piazza von «Köbi» Flach mit so viel Mühe, Kunstverstand und Freude aufgebaut, stellte in den Fünfziger Jahren seine Vorstellungen ein. Die ursprünglichen Mitarbeiter waren älter geworden, sie hatten auch keine Zeit mehr, einem Hobby – und um etwas anderes handelte es sich ja nicht – mit der notwendigen Hingabe nachzugehen. Resigniert schloss Köbi die Pforten des Unternehmens.

Zurück blieb ein junger Mann, fast noch ein Kind, einer der in den letzten Jahren mitgespielt hatte, einer, der ganz versessen darauf war, zu spielen; im Gegensatz zu den anderen war er kein Fremder, kein Emigrant, kein Flüchtling, sondern ein Einheimischer, nur wenige

Schritte von dem Marionettentheater entfernt geboren. Dimitri hiess er, und er weiss heute noch nicht, warum man ihn so nannte.

Der kleine Dimitri wuchs in Ascona heran, in den Jahren vor dem Krieg und während des Krieges, von dem er nur hörte, wenn der Vater, Bildhauer und Architekt, das Radio empört abstellte, nachdem er einige Augenblicke Hitler gelauscht hatte und ausrief: «Den müsste man siebenmal töten!» Dimitri ging auch in Ascona zur Schule, er ging in alle nur denkbaren Schulen in Ascona und Locarno, später sagte er, er liebe nun einmal die Abwechslung.

Nun, Abwechslung gab es genug. Da waren vor allem die Fremden, die Angehörigen vieler Nationen, deren Sprache er noch nicht verstand, und von denen die einen oder die anderen auch zum Vater ins Atelier kamen. Für Dimitri waren sie Repräsentanten der grossen Welt, und sie imponierten dem kleinen Dorfjungen. Er sah manche von ihnen mit Bedauern scheiden, als der Krieg zu Ende war. Da zählte er gerade zehn Jahre.

Um diese Zeit hatte er sein erstes grosses Erlebnis. Der bekannte Schweizer Zirkus Knie war nach Locarno gekommen. Er sah den Clown Andreff und fühlte sich seltsam angerührt. Andreff war ein höchst moderner Clown, der sich kaum schminkte, der nicht komisch sein wollte und eher melancholisch wirkte. Wie das gemacht wurde, konnte der Zehnjährige nicht ahnen. Aber eines war über jeden Zweifel hinaus klar: die Menschen blickten wie gebannt auf ihn. Er wirkte auf die Einheimischen, auf die Arbeiter und Fischer hoch oben auf der Galerie wie auf die Hotelgäste aus Lugano und Locarno, auf Schweizer und Engländer, Franzosen, Deutsche und Russen.

Da beschloss Dimitri, Clown zu werden. Der Wunsch, etwas «Künstlerisches» zu machen, sowie der Vater als Bildhauer und Architekt und die Mutter, die Figurinen aus Stoff anfertigte, sprach entscheidend mit. Von nun an war sein einziges Problem: wie wird man Clown? Er fragte alle Menschen, die er kannte, seine Eltern, die Nachbarn, die Schulfreunde, sogar die Lehrer. Niemand konnte ihm eine rechte Antwort geben. Der Vater meinte, das werde sich schon finden, zunächst aber müsse er einen bürgerlichen Beruf erlernen. Er entschloss sich zum Töpferhandwerk, ging zu Freunden der Eltern nach Bern in die Lehre, beschäftigte sich aber gleichzeitig mit Musik, lernte am Konservatorium die Klarinette spielen, besuchte eine Ballettschule, um Akrobatik zu üben und nahm Stunden bei einer jungen Schauspielerin. Das Unterrichtsgeld bezahlte er mit selbstangefertigten Keramiken. Er ging nach Frankreich, zunächst nach Aix-en-Provence, in die Schule von Etienne Decroux, der auch der Lehrer von Barrault und Marceau gewesen war. Er nahm Gesangunterricht, beschäftigte sich mit Harmonielehre, schrieb einige Chansons; er nahm Gitarrestunden bei einem Spanier, arbeitete mit Artisten an seiner Bodenakrobatik, besuchte das Ballettstudio, und zur Bestreitung seines Lebensunterhalts sowie des Lehrgeldes für die vielen Stunden fertigte er weiterhin Keramiken an.

Dann ging er nach Paris und von dort nach Schweden, arbeitete als Keramiker bei einer Frau, deren Mann Akrobat war und ihn weiter ausbildete. Er kehrte nach Frankreich zurück und wurde Schüler seines Idols Marcel Marceau, der ihn später in seine Truppe aufnahm.

Damit war die Entscheidung gefallen. Schluss mit der Keramik! Als professioneller Artist oder Clown hatte man zu nichts anderem mehr Zeit. Marceau liess ihn in zwei Mimodramen mitwirken, er lernte eine Menge von ihm und liierte sich mit einem sogenannten «weissen» Clown, dem Franzosen Louis Maisse, einem der besten seines Fachs, dem einstigen Partner von Grock. Er selbst spielte den dummen August, der alle Dummheiten beging. Eine Tournee mit einem Wanderzirkus durch Frankreich schloss sich an, dann arbeitete er im Cirque Médrano in Paris.

1960 erfolgte sein erstes selbständiges Auftreten mit einem Soloprogramm im ehemaligen Marionettentheater in Ascona, das in «Teatro Castello» umgetauft wurde. Der Besuch war nicht überwältigend. Erst ein paar Monate später kam der Durchbruch im Theater am Hechtplatz in Zürich. Auf einer Tournee durch die Schweiz, Deutschland, Österreich, Holland erntete er grosse Erfolge, den grössten in Berlin.

Ascona, das so viele Menschen und Talente an sich gezogen hatte, konnte endlich einen einheimischen Künstler in die Welt hinaus schikken!

SEHNSUCHT NACH GESTERN

Das Hauptgesprächsthema der alten Asconesen während der letzten Jahre: Ascona ist heute nicht mehr das alte. Linson, als ich ihn darüber befragte, meinte: «Ascona hat heute soviel Ähnlichkeit mit dem von einst wie ein Ascona, das von den Lavamassen des Vesuvs verschüttet worden wäre; unser Vesuv heisst Konjunktur!»

Früher: enge stille Gassen, Häuser, in die man nicht hineinsehen konnte, Gärten, die hinter hohen Häusern versteckt lagen, stimmungsvolle Innenhöfe, Menschen, die auch wenn sie reich waren, ihren Reichtum nicht zeigten, die ein ruhiges, unauffälliges Leben vorzogen. Und dazwischen der kleine Kreis der Ausländer, die längst von den Einheimischen akzeptiert waren, fast als ihresgleichen, die sich täglich im «Verbano», auf der Piazza, in der «Taverna» trafen. Sie fühlten sich als eine grosse Familie. Sie waren, selbst wenn es ihnen schlecht ging, nie ganz unglücklich. Marianne Feilchenfeldt hat das einmal sehr hübsch ausgedrückt: «Ascona – das sind Ferien. Überall auf der Welt kämpfen die Menschen um ihre Existenz, um ihr tägliches Brot, um ihren Lebensstandard. In Ascona gibt es das nicht. Die Schwere der Verantwortung ist dort von uns genommen. Und wir fühlen uns erleichtert. Wir haben keine Angst mehr vor dem Leben. Es gibt keinen moralischen Ballast. Wir tun, was wir tun wollen – und sonst nichts. Oder zumindest glauben wir, dass wir nur tun, was wir wollen ... Und eigentlich geschieht ja nie etwas in Ascona ...»

Wo sind sie hin, die Mitglieder dieser grossen Familie, wo sind sie hin, die von gestern?

Viele sind nicht mehr.

Das Grab Stefan Georges auf dem Friedhof in Minusio deckt eine Granitplatte, nur der Name steht darauf. Kein Geburtsdatum, kein Todesdatum, keine Blume ... Die Dichterin Else Lasker-Schüler starb in Jerusalem, vor Heimweh vergehend nach Deutschland, nach Zürich, nach Ascona, nach Europa.

Der Naturmensch gustav nagel, den die Nazis einsperrten, wollte Hitler 1944 wegen Freiheitsberaubung verklagen! Nach Kriegsende lebte er wieder in «Freiheit» in der Sowjetzone, in Kutte und Sandalen, er schrieb noch immer seine seltsame Orthographie: «nagel ist in ordnunk, aber mangel an apfelsinen ist trauerspil.» 1951 liess ihn der sowjetische Kommandant seines Bezirks in eine Nervenheilanstalt bringen, weil er öffentlich die Sowjetunion der Kriegsvorbereitung beschuldigt hatte. Ein knappes Jahr später starb er. Walter Feilchenfeldt starb in Zürich, wo er sich nach dem Kriege niederliess und es erreichte, dass seine Firma in wenigen Jahren wieder eine der führenden des europäischen Kunsthandels wurde.

1955 starb Otto Braun, dreiundachtzig Jahre alt, in Ascona. Er war vorübergehend nach Deutschland gegangen, aber bald darauf wieder in die Schweiz gekommen, wo ihm das Klima in jeder Beziehung – besser zusagte.

Leonhard Frank starb in München, wohin er nach Hitlers Ende zurückgekehrt war. Er hatte noch einiges geschrieben, der Erfolg der früheren Jahre freilich wollte sich nicht mehr einstellen. Lediglich im Osten wurden seine früheren Romane wieder aufgelegt.

Auch Karl Vester starb, nur wenige Monate nach dem Tode seiner Frau, mit der er mehr als sechzig Jahre zusammengelebt hatte. Das neue Ascona konnte ihm nicht mehr so recht gefallen. «Denn man könnte einen Hut voll Geld haben und wäre doch ein armer Mann!» waren fast die letzten Worte, die er zu mir sprach.

Und es starb der Baron von der Heydt, der seit langem nur noch für die Kunst gelebt hatte. Seine bedeutende Sammlung ostasiatischer Kunst hatte er der Stadt Zürich vermacht, seine Grundstücke und Häuser dem Kanton Tessin, mit der Massgabe, dass er dort bis ans Lebensende wohnen dürfe und keine Steuern zu zahlen brauche

Auf dem Friedhof von Ascona liegen sie, einem recht unruhigen Friedhof, der an die Autostrasse nach Locarno grenzt, als sollten auch die Toten erfahren, dass Ascona kein stiller Flecken mehr ist. Hier liegen auch Marianne von Werefkin und Emil Ludwig, der Maler Albert Kohler und in einem Grab ohne Namen «Blümchen». Sie starb vor ein paar Jahren, auf der Heimfahrt vom Kino im Wagen ihrer Freundin «Würstchen». Innerhalb von Sekunden war alles vorbei. Ganz Ascona gab ihr das letzte Geleit. Rosenbaum, der die Grabrede hielt, wurde von einem Riesenhund begleitet, und die Trauernden fürchteten, der Hund könne sich ungebührlich betragen.

«Blümchen» hätte sich köstlich amüsiert.

Und die Überlebenden?

Gräfin Anita Einsiedel ist noch immer eine sehr schöne Frau. Sie wohnt heute in jener kleinen Wohnung in Porto Ronco, die Max Emden seiner Freundin «Würstchen» vermachen wollte. Durch ihre Fenster kann sie, oft zum Greifen nahe, die Insel sehen, auf der ihr erster Mann seine letzten Jahre verbracht hat.

«Köbi» Flach hat längst geheiratet, er hat Familie, lebt in einer ehemaligen Mühle in ziemlicher Einsamkeit, malt und schreibt Bücher.

Elga Ludwig wohnt mit ihrem Sohn in einem kleinen Haus in Ascona. Sie ist eine stille, weisshaarige Dame, aber ihre Augen beleben sich, wenn man mit ihr von Emil Ludwig spricht. In seinem ehemaligen Haus thront die Malerin Verna, malt und füttert ihr zugelaufene Katzen und Hunde. Der einst so gepflegte Park ist völlig verwildert.

Leo Kok, mit braungebranntem und immer noch jugendlichem Gesicht, steht in seinem Antiquariat in der Casa Serodine. Daneben befinden sich die umfangreichen Räume Wladimir Rosenbaums, vollgestopft mit antiken Möbeln, Bauernschränken, venezianischen Kostbarkeiten, Statuen, Bildern, und es gibt Kunden, die am liebsten alles gleich mitnehmen würden.

Erich Maria Remarque ist in sein Haus in Porto Ronco zurückgekehrt. An den Wänden hängen die berühmten Bilder französischer Impressionisten, soweit er sie nicht gerade an ein Museum ausgeliehen hat. Auf den Böden liegen kostbare chinesische Teppiche, bezauberndes venezianisches Mobiliar füllt die Räume. Viele Stunden täglich sitzt Remarque an seinem Schreibtisch und arbeitet. Seine Bücher sind nach wie vor auf den Bestsellerlisten vieler Länder zu finden.

Er hat die reizende Schauspielerin Paulette Goddard geheiratet, die einstmalige Gattin Charlie Chaplins. Niemand glaubte, dass sie es lange in Ascona aushalten würde, sie, die an die Ritz-Hotels in Paris, New York, London und Rom gewöhnt ist. Aber sie hat sich hier eingelebt, wenn sie auch gelegentlich einmal ausbricht, um irgendwo einen Film zu drehen.

Peter Kohler ist ein berühmter Mann geworden, seit er nach Neuguinea ging, um die Kunst der Einheimischen zu studieren und mit einer reichen Beute an Waffen, Haushaltgeräten, Statuen heimkehrte.

Mama Kessa hat ihre Tochter durch eine schwere Krankheit verloren, sie nimmt nur noch gelegentlich einen Gast bei sich auf. Manchmal allerdings geht sie in die Nachbarhäuser und ruft: «Heute wollen wir etwas unternehmen! Kommt alle zu mir, wir machen ein Fest!» Und dann bäckt und brät sie, und es gibt so ein russisches Frühstück wie in den guten alten Zeiten.

Hans-Erich Emden wanderte nach Chile aus. Eigentlich müsste er ein reicher Mann sein. Aber wer weiss, vielleicht sind die ihm von seinem Vater hinterlassenen Millionen längst zerronnen.

Rolf Liebermann wurde ein bekannter Komponist, und die grossen Opernhäuser führen seine Werke auf. Vor kurzem ist er selbst Intendant eines Opernhauses geworden in Hamburg, und es ist wohl nicht übertrieben, zu behaupten, dass dieser gescheite Mann dort ausserordentlich erfolgreich tätig ist. Rolf Langnese ist nach wie vor der musikalische Leiter des Schauspielhauses Zürich, und seine beachtlichen Bühnenmusiken werden auch in Salzburg, Wien, Berlin aufgeführt.

Die einzige Überraschung der letzten Jahre verursachte der alte Ludwig Linson. Er entschloss sich nämlich eines Tages – zu heiraten. Das sprach sich bei den Asconesen wie ein Lauffeuer herum. «Wissen Sie, dass die Linsons geheiratet haben?» Erst jetzt erfuhren sie nämlich, dass die reizende und immer lustige Polin nach mehr als fünfzig Jahren Probeehe eingewilligt hatte, Linson auf das Standesamt zu folgen

Die Lebenden sagen von den toten Asconesen, sie würden Ascona nicht mehr wiedererkennen. «Alles hat sich geändert», klagt die Tänzerin Charlotte Bara. «Früher wussten wir, im Mai und im November regnet es, und sonst ist es schön. Heute kann man sich nicht einmal mehr auf das Wetter verlassen ...»

Ascona ist ein Fremdenverkehrsort grossen Stils geworden. Neue Hotels wurden gebaut, das heisst alte Häuser wurden umgebaut. Alte Hotels stockten auf. Das «Tarnaro» an der Piazza, gestern noch fast ein ländlicher Gasthof, verwandelte sich in ein intimes Grandhotel. Der Kern von Ascona kann sich nicht ausdehnen, er besteht nun einmal aus ein paar winkligen Gassen. Früher waren sie menschenleer. Heute sind sie mit Läden, Cafés, Tankstellen, Bars, Boutiquen vollgepfropft. Die Fremden kaufen alles, was man ihnen anbietet, und die Inhaber dieser rustikaleleganten kleinen Läden werden selten nach dem Preis der Waren gefragt. Es rollen mehr Autos über die Piazza, als Platz für sie vorhanden ist, und der Lago Maggiore ist fast hinter einer Mauer parkierender Wagen verschwunden. Schönheitssalons werden aufgemacht, Bridgeclubs etablieren sich. Es gibt immer neue Nachtlokale und sie sind stets überfüllt. Freilich, wenn die alten Asconesen eintreten, finden sie kaum noch Bekannte.

Es gibt so viele Menschen, dass man sich jetzt in Ascona oft einsam fühlt ...

Der Maler Richard Seewald sagt: «Das Wirtschaftswunder verschlingt uns. Gut, ich bin heute also ein reicher Mann. Mein Grundstück, das 40 000 Franken wert war, würde heute 300 000 kosten. Was bedeutet das? Da ich nicht ausziehen will, muss ich höhere Grundsteuern zahlen.»

Zu Beginn des Jahrhunderts gab es kaum Steuern im Tessin. Von denen, die sich heute in Ascona ansiedeln, wird zwar im allgemeinen verlangt, dass sie in der Schweiz keine Erwerbstätigkeit ausüben, wohl aber, dass sie Steuern zahlen. Wenn ein Ausländer seinen Wohnsitz nach Ascona verlegt, muss er also über beträchtliche Mittel verfügen.

Nicht zuletzt, weil Ascona teuer geworden ist, sehr teuer.

Wer früher kam, brauchte wenig Geld – er hatte ja auch selten welches –, und die Asconesen gaben ihm Kredit für das Wenige, was er brauchte. So war es noch im Krieg. Das ist jetzt anders geworden. Es kommen so viel Menschen nach Ascona, dass man begonnen hat, von der sogenannten zweiten deutschen Invasion zu sprechen, obwohl es genau genommen die vierte ist – nach der Invasion der Naturmenschen, die keine sein wollten, der Anarchisten und Kommunisten, und nach der Invasion der Emigranten. Das alte Ascona hätte niemals so viele Menschen aufnehmen können; das neue Ascona mit seinen alten aufgestockten und den neuen Hotels, seinen vier- und fünfstöckigen Appartementhäusern hat etwas von der hektischen Atmosphäre von Cannes, von St. Moritz.

Ascona ist ein Touristendorf geworden. Und Touristen sehen einander überall ähnlich. Sie haben kein Gesicht, da sie keiner Landschaft die Chance gegeben haben, ihr Gesicht zu formen. Sie bleiben anonym, trotz ihrer Lautheit. Von der Existenz Asconas haben sie bis gestern nichts geahnt. Vielleicht werden sie nie wissen, was Ascona war.

UND MORGEN ...?

Und morgen? Wird die grosse Asconeser Mode andauern? Der Grundstückhändler Giacomo Thommen glaubt es. «Man wird, wenn in Ascona nichts mehr zu verkaufen ist, die Grundstücke in der Umgebung kaufen und immer in der weiteren Umgebung ...»

Peter Kohler, seit zwölf Jahren Mitglied der Verwaltung von Ascona, berichtet, man arbeite dort schon im Hinblick auf die kommenden zwanzig Jahre. «Das elektrische Licht wird völlig unter die Erde verlegt, ein Tunnel von der Maggiabrücke bis nach Ronco ist geplant, um den Durchgangsverkehr um Ascona herumzuleiten. Es gibt Gegner dieses Projekts, die darüber nur lächeln ... Bald werden sie nicht mehr lächeln. Wenn es nach mir ginge, würde die Piazza für Autos gesperrt. Man sollte dort wie einstmals im Gras auf Liegestühlen sitzen können.»

Auch der Anwalt Marcionni meinte: «Es wird wieder eine stille Zeit kommen ...»

Aber gibt es ein Zurück? Kann wieder kommen, was vergangen ist?

Die Frage, die ich mir so oft gestellt habe in diesen letzten Jahren, und die nun auch dieses Buch stellt, wurde von einem alten Freund beantwortet, der erst gestern – vor vier Jahren – ins Tessin gekommen ist. Denn die Neuankömmlinge sind keineswegs nur Industrielle, Kaufleute, Wirtschaftswundertiere, Filmproduzenten, Songschreiber, Mitglieder internationaler Golf- und Bridgecliquen. Es sind auch, wie einst, Künstler, Wissenschaftler, Schriftsteller darunter.

Einer von ihnen ist Hans Habe, der in seinem Leben schon überall gewohnt hat, in Wien und Budapest, in New York und Hollywood, in Paris und London, München und St. Wolfgang. Als ich ihm meine Frage stellte, gab er mir als Antwort eine Tagebuchaufzeichnung aus dem Sommer 1964:

«Ich sitze auf der Piazza und warte, dass die Fremden wieder wegfahren. Die Piazza-Caracciolas rasen über die Kopfsteine, langbeinige Mädchen in kurzen Hosen, sehr viele Automobile mit deutschen Kennzeichen, kleine Mietsboote mit paffenden Motoren, Illusion des Reichtums, der Schlagersänger radelt vorbei, jetzt werden die Evas nicht einmal mehr Feigenblätter tragen, die Kellnerinnen sehen so verhärmt aus, als ginge die Saison dem Ende zu, Halbstarke, Halbjunge, Halbstars – ach ja, Filmfestival in Locarno – zwei Automobileineinander verkeilt, Stierkampf für Parkplatz, warte nur, Piazza, bald ruhest auch du: ich sitze da und warte, dass die Fremden wegfahren.

Seltsamer Gedanke. Bin nicht auch ich ein Fremder? Meine Wiege stand nicht an der Maggia, ich heisse nicht Franscini, Pancaldi, Rampazzi; vor vier Jahren erst bin ich zugereist. Ich fühle mich zu Hause. Wo ist Heimat? Wo man wartet, dass die Fremden abreisen.

Acht, neun Monate im Jahr: ‹Eine Sonne, die nicht weiss, ob sie scheinen mag›, aber die Magnolien wissen, dass sie blühen müssen, denn hier ist schon Süden, Fischernetze hängen zum Trocknen auf der Piazza, der Bürgermeister geht langsam am Palazzo Serodine vorbei, die Kirchenglocken läuten, die Antiquitätenpreise sinken, viele Fensterläden sind geschlossen und der Friseur steht vor seinem Laden, man spricht wieder Italienisch, dieses entgegenkommend-verständliche Italienisch, sogar Handwerker kommen, wenn man sie ruft, das Telefonfräulein nennt einen beim Namen, wir sind zu dritt im Flughafenrestaurant, kein einziges Flugzeug, der Lido ist wieder ein Seeufer geworden und das Dorf ein Dorf.

Woher dieses schnelle Heimatgefühl? Das Leben hat mich herumgetrieben. Mitten in der Vergangenheit stehen die Exiljahre, der Schwerpunkt des Daseins. Zeitrechnung heisst: vor und nach dem Exil. Freiwillige und unfreiwillige Reisen, Süden, Norden, Afrika, Amerika, Reichtum, Armut, Krieg und Frieden, mehr Krieg als Frieden, Krieg noch im Frieden. Wer keine Heimat hat, dem wird jedes Hotelzimmer zur Heimat: aber es ist eine grosse Täuschung. Das hier ist keine Täuschung. Dieses sanfte Land zwischen der Schweiz und Italien hat uns aufgenommen, die Beladenen, und wie mancherorts die Steine von den Seufzern des Schmerzes widerhallen, so sprechen diese Steine des alten Ascona von den Seufzern der Erleichterung. Schon ballen die Wolken sich wieder zusammen, im Osten und auch im Westen, aber hier fühlt der Beladene, dass er an der Endstation angelangt ist: vielleicht wird es auch hier nicht gut sein, doch jedenfalls besser. Ja, darauf kommt es an, in dieser relativen Welt: von hier kann man nicht weiter, es wäre nicht besser, wäre zwecklos.

In den Jahren des Unmenschen hörten wir viel von dem Mann auf der Brücke, den ein Land ausgestossen und das andere nicht aufgenommen hatte – was ist aus ihm geworden, dem Mann auf der Brücke? Ich bin der Mann auf der Brücke, und, siehe da, es lässt sich auf der Brücke leben, auf der Brücke von Ascona, im Kanton Ticino. Tessin: ein Ponte Vecchio der Freiheit, mit freundlichen Menschen, schönen Läden, ‹Eingeborenen›, die einen nicht schief anschauen. Sogar die Exilierten, die lange vor mir gekommen waren, vor zwanzig und dreissig Jahren, sehen mich nicht schief an, ich nehme ihnen den Platz nicht weg, auf dieser gastfreundlichen Brücke ist Platz für alle. Wie liebenswürdig von den Tessinern, dass sie es mir gestatten, die hurtigen Gäste für Fremde zu halten: fast gehöre ich zu den Pedrazzis und Franconis und Giovannaris, wir blinzeln uns zu, wir nicken uns zu, zusammen warten wir darauf, allein zu bleiben.

Nur in England hatte ich noch manchmal das Gefühl, dass ich so sein möchte wie die Menschen, die da leben. Für mich sind die Tessiner, diese Engländer des Südens, das Tessin: ich habe viele Länder entdeckt, hier entdeckte ich Menschen. Es ist nur eine schmale Brücke, ich weiss, aber wohin sie auch führen mag, auf beiden Seiten: ich will gar nicht mehr zurück und auch nicht nach vorwärts. Ein Regenbogen? Vielleicht. Aber ein solider Regenbogen, er wölbt sich schon lange zwischen Regen und Sonne.

Lasst mich auf der Piazza sitzen und warten, dass die Fremden wegfahren.»

Dies ist die Antwort, die ich gesucht habe: Es braucht kein Zurück zu geben. Für diejenigen, die heute oder morgen nach Ascona kommen, wird es immer wieder Ascona sein. Sie müssen es nur spüren, greifen, riechen, lieben können. Sie müssen nur das Herz für Ascona haben. Sie müssen Ascona in sich tragen.

Ein anderer Beweis: die Fede, die bezaubernde Kellnerin aus dem «Verbano» der dreissiger Jahre, die jetzt mit ihrem Mann in Houston, im Staate Texas lebt. Ich fragte sie unlängst, ob es ihr nicht schwer geworden sei, sich in der grossen Welt einzugewöhnen. Sie antwortete: «Ich weiss nicht, ob es einen grossen Unterschied gab. Glauben Sie nicht, dass das ‹Verbano› die beste Schule für mich war? Dort hatte ich gelernt, jeden einzelnen Menschen und seine Art zu leben, zu respektieren ... Elegante Leute gab es auch in Ascona. Nur waren sie viel sympathischer als anderswo. Ich habe in meinem Leben viele Menschen kennengelernt, aber ich spreche nicht anders zu einem Caddie auf dem Golfplatz als zu einer grossen Persönlichkeit. Und ich glaube, dass der Grund dafür, dass ich so viele Freundschaften schloss, darin liegt, dass ich nie Minderwertigkeitsgefühle kannte und nie übergeschnappt bin. Ob ich nun an einer Bar bediene oder an einem grossen Empfang teilnehme, ich bin immer die Fede aus Ascona geblieben. Meine gute Mutter sagte immer, dass ich schon als Kind am Morgen lächelnd aufstand und beim Einschlafen im Bett lächelte. Und so war es mein ganzes Leben lang. Für mich war eben auch das ‹Verbano› ein Spass ... Ja und grüssen Sie meine lieben Asconer Freunde, wenn Sie sie sehen ...»

Das Gestern, das Heute und das Morgen ... Wer vermöchte zu sagen, ob nicht das Ascona von Gestern immer da war, nur denen sichtbar, die es finden können? Was ist in Ascona Gestern oder Heute?

Da wollte sich neulich ein Mann die Haare schneiden lassen. «Ich habe Sie doch ein paar Wochen lang nicht im Dorf gesehen», sagte der Coiffeur, «waren Sie krank?»

«Nein, ich war nur sieben Jahre in Bombay», antwortete unser Mann lakonisch.

Auch dies ist typisch für Ascona. Monate ... Jahre ... Jahrzehnte ... Kriege, Revolutionen ... Geburten ... Beerdigungen ... In Ascona vergeht die Zeit nicht. Sie scheint still zu stehen. Und man wüsste nicht, dass das Leben auch hier vergeht wie anderswo, wären nicht die Blumen, die im Frühjahr plötzlich da sind, der blühende Ginster, der die Hügel in leuchtendes Gelb taucht, die Mimosen und Azaleen, die Narzissen, Kamelien und Hyazinthen. Und dann kommen die Rosen, die Birkenwälder legen frisches Grün an, und es blüht der Flieder und der Oleander, die wilde Iris, und die Luft ist voll von tausend Gerüchen und Schmetterlingen, und die Nächte sind weich. Und dann beginnen die Hortensienbüsche zu verblassen, die ersten Birnen werden reif, die Tomaten, die Kürbisse und Maiskolben werden geerntet, und dann regnet es, und die Berge verstecken sich im Nebel, und der See nimmt düstere Farben an und wird böse und gefährlich. Und man denkt, jetzt wäre es schön, ein Feuer im Kamin zu haben, draussen heult der Sturm, und schon ist es Weihnachten, und plötzlich sind die ersten Veilchen wieder da. Ein Jahr ist vorüber. Und es hat doch erst gestern begonnen! Und ein Leben geht vorüber. Und es hat doch erst gestern begonnen! Vielleicht ist dies das Beste an Ascona: dass man dort alt wird, ohne alt zu werden. Dass es sich leicht sterben lässt, weil es so leicht war, zu leben.

ASCONA ODER ALLES BLEIBT WIE ES NIE WAR

Curt Riess erzählt, anschaulich und lebendig, als sei er höchstpersönlich dabei gewesen im «seltsamsten Dorf der Welt». Während Jahrzehnten. Die Reventlow, die er beschreibt wie ein Verliebter, hat er freilich unmöglich kennenlernen können, weil er zu jung war. Andere hätte er wohl wahrnehmen können oder sogar müssen, hat sie aber nicht erwähnt, warum auch immer. Wieder andere konnte er noch nicht kennen, oder nur knapp, weil er zu alt war. Viele kommen vor in seinem Buch, Prominente und heute Vergessene, Weltverbesserer, Künstler, Pioniere, Maler, Schauspielerinnen, Dichter.

Ausführlich rapportiert wird die Geschichte des Monte Verità. Der belgische Industriellensohn Henri von Oedenkoven, ein Wagner-fester Edel-Aussteiger, hatte um 1900 mit der auch orthographisch reformbewegten Pianistin Ida Hofmann aus dem montenegrinischen Centinje den weltverbesserisch vegetarischen «Berg der Wahrheit» gegründet, mit Parzifalwiese und Walkürenfeld. Ida Hofmann publizierte 1902 *«Wie gelangen wir Frauen zu harmonischen und gesunden Lebensbedingungen? Offener Brief an die Verfasserin von ‹Eine Mutter für Viele›»*. Mit von der Partie waren auch die Brüder Karl und Gusto Graeser (ihn hat Hermann Hesse wie einen Guru in *Die Morgenlandfahrt* porträtiert).

1920 warf Oedenkoven in Ascona das Handtuch, zusammen mit seiner jungen Ehefrau, die zwar viel vom Vegetarismus hielt, aber nichts von der freien Liebe. Mit ihr und mit der getreuen Ida dampfte er ab, erst nach Spanien, dann nach Brasilien. Den Monte Verità kaufte 1928 der Bankier und leidenschaftliche Kunstsammler Eduard Freiherr von der Heydt, als «Maklerin» agierte die Malerin Marianne Werefkin, die «Nonna von Ascona». Viele ihrer Werke gehören heute zum «Kronschatz» des Museo Comunale d'Arte Moderna Ascona.

«Wiederentdeckt» wurde der Monte Verità vom furiosen Kunsthistoriker Harald Szeemann (1933–2005), einem Schweizer «Rattenfänger» mit ungarischen Wurzeln und englischem Pass. Für seine spektakuläre, historisch fundierte Heilsbotschaft von den «Mammelle delle verità», 1978, war nicht nur die damalige alternative Jugend empfänglich, er begeisterte, riss mit. Szeemann erklärte sich 1980, damals Mitveranstalter der Biennale von Venedig, in der *Weltwoche* wie folgt:

«Ich bin ein sogenannter ‹wilder› Denker, der sich am mythischen und utopischen Gehalt der Hervorbringungen menschlichen Geistes und menschlicher Tätigkeit labt. Ich bin also unwissenschaftlich, spekulativ, anarchisch (nicht terroristisch), liebe das Obsessive, weil in der Kunst nur einseitig Subjektives eines Tages objektiv gewertet werden kann. Institutionen sind für mich, gerade weil sie das Privileg der nicht unmittelbaren Zweckgebundenheit ihres Tuns haben, Instrumente, um die Besitzvorstellungen der Benützer zu verändern oder zumindest aufzuweichen. Das Museum ist für mich der Ort, wo neue Zusammenhänge ausprobiert und Fragiles, da vom Einzelnen geschaffen, bewahrt und vermittelt werden kann. Die Sammlung ist für mich Teil des kollektiven Gedächtnisses, also immer wieder auf ihren utopischen Gehalt hin zu befragen. Neuankäufe sind Liebesakte und können deshalb kaum Kommissionsentscheiden unterstellt werden. Kommissionen sind notwendig für die Überwachung des Finanzgebarens einer Institution, nicht aber für Auge, Geist und Vision des Direktors. Administratives muss Teil eines Abenteuers bleiben, sonst wird es zur Belastung. Im Übrigen bin ich ein unermüdlicher Arbeiter, dem es bisher immer gelungen ist, seine Mitarbeiter (von 1 bis 360) für die ‹Sache› zu motivieren und zu begeistern und in mir besonders wichtigen Fällen auch zu verändern.»

Seine Worte in Gottes Ohr und in die Ohren der Schweizer Kulturbürokratie.

Heute, 2012, besteht das Gesamtkunstwerk Monte Verità aus dem sorgsam modernisierten historischen Hotel mit Restaurant, dem internationalen Konferenzzentrum der Eidgenössischen Technischen Hochschule Zürich «Centro Stefano Franscini», dem Park und dem Museum «Casa Anatta», das wegen Bauarbeiten wohl noch eine längere Weile geschlossen bleiben wird. Quasi ein Geheimtipp ist der gastfreundliche, gesellige Kiosk auf der Parzifalwiese.

NOCH EINE KOMMUNE UND WEITERE PROTAGONISTEN

Neben dem «etablierten» Monte Verità existierte in den zwanziger und dreissiger Jahren des letzten Jahrhunderts eine weitere «Brutstätte für Utopien»: die Künstlersiedlung Fontana Martina im benachbarten Porto Ronco. Schwärmerisch verewigt hat sie später der Schriftsteller Jonny Rieger aus Berlin, Mitglied der internationalen Bruderschaft der Vagabunden (1927–1933) mit Till Eulenspiegel als Schutzpatron, im Reiseschmöcker *Ein Balkon über dem Lago Maggiore* (1957), den man mit Glück antiquarisch ergattern kann.

Gegründet hatte Fontana Martina der Berner Buchdrucker Fritz Jordi (1875–1938), in einer mittelalterlichen Ruinensiedlung, die er 1923 der Gemeinde für 18000 Franken abkaufte (den Monte Verità kaufte Eduard von der Heydt 1928 für 320000 Franken). Ein wichtiger Mitstreiter Jordis für eine idealere Welt war der damals berühmte deutsche Jugendstil-Künstler und pazifistische Kommunist Heinrich Vogeler aus Worpswede, der 1942 in seinem selbst gewählten Exil in Kasachstan tragisch endete. Zuflucht und einen Arbeitsplatz fanden in Fontana Martina auch der Grafiker und Linolschneider Carl Meffert (Clément Moreau) und der Schriftsteller Ignazio Silone (Secondo Tranquilli). Der Doyen der Lebensreformer im Tessin, Carlo Vester (1879–1963), war Jordi ein guter Freund.

1927 kam Max Bill (1908–1994) vorbei, der Architekt, Designer und spätere Exponent der Zürcher Schule der Konkreten. Den Sommer 1932 verbrachte das blutjunge Malerpaar Eugen Früh (1914–1975) und Erna Yoshida Blenk in der Land- und Künstlerkommune. Sie gestalteten die neunzehnte, zweitletzte Ausgabe der Zeitschrift *Fontana Martina*, die Fritz Jordi auf seiner «Bergpresse» herausgab, und sie blieben dem Tessin auch später treu. So befreundeten sie sich auch mit dem Fotografen Rico Jenny (1896–1961), von dem Ende der fünfziger Jahre *Ländliche Madonnen im Tessin* erschien, mit Texten von Jo Mihaly, die Curt Riess sehr wohl kannte, in seinem Ascona-Epos jedoch totgeschwiegen hat. Warum? Weil sie nicht mehr mit dem Schauspieler Leonard Steckel verheiratet war? Wahrscheinlich war ihm ihr Schreiben zu gefühlsbetont. Stark machte sich für die Tänzerin und Schriftstellerin (*Gesucht Stephan Varescu*) der Literaturförderer und Mäzen Carl Seelig, bekannter als Freund und Vormund Robert Walsers und als erster Biograph Albert Einsteins.

Jo Mihaly (1902–1989) lebte in den fünfziger Jahren in Ascona. Eine einmalige exstatische Weihestunde dürfte das gemeinsam zelebrierte «Récital de Dance» mit der nur ein Jahr älteren «Danzatrice Sacra» Charlotte Bara (zivil Rütters-Bachrach) gewesen sein, in deren Teatro San Materno, 1958. Zwei Frauen, nicht mehr jung. Im Alter wurde es still um sie. Das Publikum ging nicht mehr mit. Die Tragödin Maria Becker (* 1920) war entsetzt: «Was lacht das Publikum? Es ist grosse, reine Kunst. Sehen das die Leute nicht?» Sie sahen es nicht mehr.

1978 verkaufte Asconas letzte Diva ihr privates Bauhaus-Juwel (Architekt Carlo Weidenmeyer) der Gemeinde Ascona. Nach ihrem Tod, acht Jahre später, verkauften ihre Erben auch das «Castello», in dem sie gewohnt hatte, ebenfalls an die Gemeinde. Es folgten Jahrzehnte des Verfalls, des Hin-und-Hers und aufwändiger Restaurierung. Seit 2009 erstrahlt das Teatro San Materno wieder in neuem, altem Glanz und wird bespielt. Künstlerische Leiterin ist die Tessiner Tänzerin und Choreographin Tiziana Arnaboldi.

Die Schriftstellerin Jo Mihaly bekam 1980 den Premio di Cultura, eine Goldmedaille. Sie war eine geschätzte Autorin des Kult-Magazins *Ferien-Journal*, das von 1954 bis 1996 von Bethli und Giovanni Roos mit Herzblut herausgegeben wurde. Zu den renommierten – ehrenamtlichen – Mitarbeitern gehörten auch Patricia Highsmith, die im Tessin lebte, der unermüdlich zwischen Leimbach ZH und dem Tessin pendelnde Kulturschaffende Peter Riesterer (1919–2005), Rudolf J. Humm, Aline Valangin, Sybille Rosenbaum-Kroeber und viele andere. Nach ein paar Jahren Pause erscheint das *Ferien-Journal* nun übrigens wieder, im A4-Format, monatlich, gratis (man kann es freilich auch abonnieren) und zweisprachig.

SPUCKNAPF, JAHRMARKT, RINGELTANZ

Der Zürcher Armenarzt Fritz Brupacher, der 1907 als «Kurgast» auf den Monte Verità kam, war nicht begeistert. Er bezeichnete Ascona spöttisch als «Spucknapf Europas». Der damals literarisch noch längst nicht als Simenon der Schweiz «heiliggesprochene» Schriftsteller Friedrich Glauser (1896–1938) sah das anders. Er verbrachte in Ascona 1919 ein Jahr und schrieb auch darüber, mit dem Titel *Ascona – Jahrmarkt des Geistes*:

«‹Perpiacere dove è la Casa Günzel?› Alle fünf Minuten stellte ich die Frage an einen Vorübergehenden, mit ganz verschiedenem Erfolg. ‹Non lo so›, ein Achselzucken, die Alte humpelte weiter. Der Julimorgen hatte einen Himmel von heissestem Blau. In der Casa Günzel sollte mein Freund Binswanger (ein renommierter Psychiater E. S.) wohnen, der mich eingeladen hatte, zu ihm zu fliehen. Zu fliehen. Ich war aus der Heil- und Pflegeanstalt (ein Euphemismus für Irrenhaus) durchgebrannt. Auf wenig romantische Art. Ich hatte freien Ausgang, es war daher nur nötig gewesen, in den Zug zu steigen; in Luzern hatte ich Anschluss, am Abend war ich in Bellinzona, am nächsten Morgen war ich nach Locarno weitergefahren und von dort zu Fuss nach Ascona gelaufen. Das war im Jahr 1919.» Und weiter im Text: «Zu fünft stiegen wir ins Dorf hinunter, um Einkäufe zu besorgen. Bruno Goetz übernahm es, mir Ascona vorzustellen. ‹Dort hinten, nahe beim Castello ... wohnen die Analytiker. Ihr Anführer nennt sich Nohl, und er hat einige Freunde und ihre Frauen um sich versammelt. Jeden morgen, zwischen Kaffee und Butterbrot, werden die Träume der Nacht auf Komplexe untersucht, Hemmungen festgestellt und die Richtung der Libido kontrolliert. Die Leutchen führen ein stilles Leben, man grüsst sich von ferne und lässt sich in Frieden ... Dort oben jedoch ... liegt der andere Pol Asconas, und dieser ist nicht zu übersehen, denn er strahlt sein Licht aus und stellt es durchaus nicht unter den Scheffel. Die Hochburg Rudolf Steiners, des Anthroposophen, befindet sich dort, musst du wissen ...› – Ich war stolz, an einem derart berühmten Orte leben zu dürfen, und dieser Stolz steigerte sich noch, als Goetz mir erzählte, Ascona sei eine uralte Heimstätte der

Künstler, schon vor der Renaissance hätten hier Malervereinigungen gelebt, Leonardo da Vinci habe Pläne zur Maggiaregulierung entworfen. So weit war er in seinen Erzählungen gekommen, während wir die Häuserreihe am See entlanggingen, da kam ein sonderbares Wesen auf uns zu. Klein und gebrechlich, mit krummer Hakennase, stützte es sich auf einen langen Bergstock. Um die Schultern trug es einen Wollschal und an den Füssen Filzpantoffeln. Auf seiner Schulter sass eine grosse weisse Ratte … ‹Kommt ihr heut abend zur Werefkina? Sie hat mir gesagt, ich soll euch einladen. Schreibt euer Neuer irgend etwas? Ja? Dann soll er doch etwas mitbringen zum Vorlesen. Wie heisst er übrigens? Glauser? Das ist mir zu lang. Wir wollen ihn Claus nennen, der Name passt wie angemessen.› Der Name blieb mir auch, aber richtig getauft wurde ich erst am nächsten Abend … mit Lambruscowein, und zwischen den Bäumen waren Papierlaternen aufgehängt.»

Ende der sechziger Jahre hat der profilierte, viel zu früh gestorbene Zürcher Journalist, Herausgeber und Kulturvermittler Hugo Leber mit einer Werkausgabe den «schwierigen» Glauser postum neu positioniert. Ein Film von Christoph Kühn und Hannes Binder (2011/12) katapultiert ihn nun kongenial ins 21. Jahrhundert – grazie!

DAS MUSEO EPPER

Der Schriftsteller, Geologe und Alpinist Hans Morgenthaler war im Frühjahr 1923 in Ascona zu Gast beim Malerehepaar Ignaz und Mischa Epper. Ihre Schwester, Lizzy Quarles van Ufford, machte er umgehend zur Titelfigur seines Romans *Wolly, Sommer im Süden* (Orell Füssli, 1924). Das idyllische Museo Epper, die ehemalige Wohnstätte und die Ateliers der Eppers, konnte 2010 sein 30-Jahre-Jubiläum feiern. Kuratiert wird es von der engagierten, temperamentvollen Tessinerin Diana Mirolo. Die Bekanntschaft mit ihr rühmte Rolf Gérard, der gebürtige Berliner Arzt, Filmeausstatter (für Billy Wilder!) und Maler, schon 1987 als «Glücksbegegnung». Der internationale Vagabund Gérard wurde in Ascona 1977 sesshaft, er ist am 26. November 2011 gestorben, mit 102 Jahren. Die Festrede zum Hundertsten hielt der Theatermagier Peter Brook. Diana Mirolo und Matthias Frehner haben seine Vita und sein imponierendes Gesamtwerk in *Rolf Gérard – 90 Jahre Lebenstagebuch* (Benteli Verlag) emphatisch und noch rechtzeitig, zu Gérards Lebzeiten, gewürdigt.

BÜCHER-WELTEN

Einer der wichtigsten intellektuellen Treffpunkte im alten Ascona war der «Salon» des Leo Kok (1893–1992). Der holländische Pianist und Komponist kam in den zwanziger Jahren auf der Durchreise ins Locanese – und blieb hängen, Er gab Klavierstunden, dirigierte Operetten und Konzerte, und er begleitete die Tänzerin Charlotte Bara auf ihren Tourneen um die halbe Welt

1946 eröffnete der charismatische Maestro, ein Bild von Mann, in der Casa Serodine seine «Libreria», eine Institution, in der er, als Curt Riess seine Ascona-Chronik abschloss, noch mit beiden Füssen im Leben stand. Wegen einer Krebsdiagnose verkaufte er die Buchhandlung 1975 dem Galeristen Walter Sauter, der sie 1979 dem passionierten Zürcher Antiquar Hanspeter Manz weiterverkaufte. Dieser liess stilvoll renovieren und eröffnete 1980 guten Mutes seine Libreria della Rondine, im Frühjahr, als die Schwalben zurückkehrten – sie sind Zugvögel. Manz betrieb «nebenbei» auch intensiv einen Kleinverlag. 1995 waren ihm die «kurzbehosten Touristen» verleidet, und er kehrte nach Zürich zurück. Aus der Casa Serodine wieder ausgezogen ist vor ein paar Jahren auch das Lago Maggiore Tourist Office, in einen Neubau an der Viale Papio 5, bei der Haltestelle der Postautos.

Die «Associazione Libreria della Rondine» wurde als Rettungsschirm gegründet, kräftig unterstützt von der katholische Pfarrgemeinde Ascona. Doch nur drei Jahre nach der Wiedereröffnung 2009 droht dem historischen Antiquariat erneut das Aus. Ein Wunder täte not. Ansprechpartner könnte der biblische Apostel Johannes sein, der Schutzpatron der Buchhändler, Buchdrucker, Buchbinder und Schriftsteller. Dass der Heilige auch für Theologen, Beamte, Notare, Papierfabrikanten, Winzer, Metzger, Sattler, Spiegelmacher und Kerzenzieher zuständig ist – fürwahr ein weites Feld.

Mit oder ohne Johannes-Protektion – Josef Stemmle, der umgänglich idealistische Patron einer Grossbuchbinderei in Zürich, eröffnete im Herbst 1965 in der Passagio San Pietro die Legatoria artistica (heute ein Outlet für Schuhe und Mode). Durchs Schaufenster konnte man den Kunsthandwerkern damals bei ihrer Arbeit zusehen. Als Dependance kam bald die Galleria del Bel Libro in der Via Sacchetti dazu, in der künstlerisch gestaltete Bücher und Mappen präsentiert wurden, und schliesslich die Papierschöpferei. Im Lokal über der Galerie wurde die Schule für die Weiterbildung der Buchbinder eingerichtet. Das Centro del Bel Libro wurde ein Mekka für bibliophile Bücher- und Bildernarren (Originalgrafik). Die festlichen Vernissagen von Künstlern wie Hans Erni, Hans Falk, Marino Marini, Hanny Fries ... fanden ein grosses, internationales Echo.

Finanzielle Engpässe zwangen Stemmle, 1978 kürzer zu treten. Der Verein der Buchbindereien der Schweiz VBS sprang ein und führt seither die Schule für «Bucheinband und Gestaltung» und «Buch- und Papierrestaurierung». Zusätzlich wurde der Verein Centro del Bel Libro gegründet. Untergebracht ist das Centro in der Casa Beato Pietro Berno in der Via Collegio. Berno war Asconeser, im 16. Jahrhundert. Als Jesuit wurde er 1579 als enthusiastischer Missionar nach Indien entsandt, 1583 wurde er bei Cuncolim in Goa ermordet. Papst Leo XIII. hat ihn 1893 seliggesprochen. Begraben liegt er in der Kathedrale von Velha Goa, seine Kopf-Reliquie jedoch wird in der Pfarrkirche von Ascona gehortet.

DER STERNE-KOCH UND DIE ANARCHIE

Kultur und Politik waren für Curt Riess ein Thema, Gastronomie noch nicht, wenn man absieht vom Caffè-Ristorante Verbano, immer noch an der Via Borgo 19, aber nicht mehr einzigartig und auch kein Kultlokal mehr – tempi passati. Die fabelhafte Köchin Anna Petrowna Kessa mit ihrem Bortsch, Golubzy (Kohlrouladen) und Piroggen hätte man gerne kennengelernt – sie starb 1967, mit 87 Jahren.

Ans «epikuräische Ascona» allerdings hat der Zürcher Schriftsteller Rudolf Jakob Humm (1895–1977) bereits 1943, in der damaligen *Weltwoche*, erinnert:

«Wer noch vor dreissig Jahren in Ascona abstieg, dem konnte es geschehen, dass am anderen Morgen an seine Zimmertür geklopft wurde. Ein langbärtiger Herr, in härenem Gewand und Sandalen, trat herein und bot aus einem Körbchen … Brot und Früchte zum Frühstück an, Erdbeeren, Kirschen, Äpfel, Feigen, Nüsse oder Trauben, je nach der Jahreszeit. Waren es Trauben, so empfahl er, die weissen mit Schwarzbrot, die schwarzen mit Weissbrot zu geniessen. Ging man auf den Handel ein …, so stellte er sich als russischen Grafen vor, nahm einen Stuhl und fing an zu plaudern … Hatte man sich satt gegessen, so empfahl sich der Herr, wünschte gut zu ruhen und klopfte an eine benachbarte Türe an … Dieses Ascona gibt es nicht mehr …»

Der erste Gourmetkoch im Tessin war Angelo Conti Rossini (1923–1993). Erblich vorbelastet – sein Vater Cesare war Bäcker und Gastwirt, Mama Stella eine hervorragende Köchin – absolvierte er die Kochlehre ehrgeizig und unerschrocken im fernen Zürich, im Nobelhotel «Baur-au-Lac». Lohn gab es keinen, dem Arbeitgeber mussten im Gegenteil 1000 Franken Lehr-Entschädigung bezahlt werden! Nach ambitionierten Gesellenjahren übernahm der junge Conti Rossini, bereits ein bekennender Linker, damals aber noch ohne Kojack-Glatze, 1951 zuhause in Brissago das «Giardino» seiner Eltern. Geschenkt wurde ihm nichts: «Mit der Eröffnung, die uns das Darlehen eines Freundes ermöglichte, weil zur Bank zu gehen, ohne ein Pfand zu hinterlegen, zu jener Zeit aussichtslos war, steckten wir schon mitten in der Verantwortung. Ich sehe noch Miriam, meine Frau vor mir, wie sie hinter dem Tor lauerte und mir Zeichen gab, wenn endlich ein Gast sich näherte!»

Das Schicksal schickte ihm, anfänglich anonym, den Pariser Champagner-Papst und Gastronom Georges Prade ins Haus. Er war aber auch mit dem emigrierten Berliner Verleger Leon Hirsch befreundet, der ihn nach seinem Tod, 1954, als Erben bestimmte. Im Nachlass fanden sich die kostbaren, «verschollenen» Originalplatten von Erich-Mühsam-Lithographien.

1968 bekam Angelo Conti Rossini zwei Michelin-Sterne. 1972 tafelte bei ihm der schweizerische Bundesrat, in corpore, eingeladen vom damaligen Bundespräsidenten Nello Celio (1914–1995). Als 1986 der begnadete Hotelier Hans Leu von Arosa nach Ascona kam, um in grossem Stil ein Luxushotel in Szene zu setzen, holte er den charismatischen Küchenchef und erklärten Anarchisten mit seinem Namen und seiner Crew ins neue, noble «Giardino». Nach vier bravourösen, erfolgreichen Jahren kehrte dieser jedoch nach Brissago zurück, um wieder sein eigener Chef zu sein. Sein altes «Giardino» taufte er neu «Osteria Agora». Seine Autobiographie *Mein Buch* erschien 1987 auf Italienisch bei Edizioni A. Salvoni & Co. SA und 1992 auf Deutsch (Sachsenbuch). Die Gästebucheintragungen auf den Vorsatzblättern stammen von der Kantonsregierung Zürich, von Michel Simon und von der Remarque-Gattin Paulette Goddard (1910–1990).

Angelo Conti Rossinis Nachfolger, nun heisst das Lokal in Brissago «Giardinetto», ist seit 2000 der gebürtige Bernbieter Rolf Heiniger. Das Restaurant mit dem romantischen Hinterhof ist das Reich seiner Ehefrau Petra. Praktisch gleichzeitig hat sich in Ascona Hans Leu «pensioniert», die Direktion des «Giardino» in Ascona haben 2007 Daniela und Philippe Frutiger übernommen.

EINE ADRESSE IM HERZEN

Wie konnte Curt Riess bloss die wunderbare Dichterin Mascha Kaléko (1907–1975) «vergessen»? Im November 1956, nach fast 20 Jahren Exil in New York und Israel, konnte sie sich endlich den Herzenswunsch erfüllen, in Ascona Ferien zu machen: «Trägt nicht jeder von uns heimlich einen alten Ortsnamen mit sich herum als etwas Unerledigtes auf dem Kalender, das irgendwann nachzuholen wäre? Für mich war Ascona so ein Name.» Sie konnte sich Ascona mit 10 000 Mark Tantièmen auch leisten. Denn der Rowohlt-Verlag brachte damals *Das literarische Stenogrammheft*, ihren 1933 verbotenen Bestseller, neu nochmals auf den Markt und leitete so ihre überfällige Wiederentdeckung ein. Für meine Generation kam dieses Revival genau richtig. Wer konnte wie sie, lakonisch verknappt, pubertären Weltschmerz und sogar Rilke neutralisieren, wer wie sie Lieben und Entlieben, den Ernst des Lebens, den Montags-Blues, Eifersucht und anderes mehr, das ins Herz zielt, in ein so ironisch pointiertes Versmass bringen?

> Nun, da du fort bist,
> scheint mir alles trübe.
> Hätt' ich's geahnt, ich liesse dich nicht gehen.
> Was wir vermissen, scheint uns immer schön.
> Woran das liegen mag – ist das nun Liebe?

Allenfalls Erich Kästner lässt grüssen. Oder Kurt Tucholsky.

Nicht zuletzt Mascha Kaléko verdanke ich meine eigene, private Liebe für Ascona, speziell im Winter, wenn nicht Saison ist. Auch wenn es nicht mehr so «seltsam» ist wie einst.

Esther Scheidegger, Januar 2012

WER IM BUCH VORKOMMT

Adler, Friedrich 90
Adler, Maria 66, 67, 68, 69
Aga Khan 119
Ammer, Dr. 161, 196, 197, 200
Antognini (Briefträger) 126
Arp, Hans 81

Ball, Hugo 45, 81
Bacchi, Gottardo 187, 188
Bara, Charlotte 122, 123, 162, 198, 212, 222, 225
Becker, Maria 174, 222
Bianda, Emanuele (genannt Lello) 186, 188, 189, 203
Blumenfeld, Johanna (genannt Blümchen) 135, 136, 210
Bock von Wülfingen, Baron und Baronin 91, 92
Bolongaro 124
Braun, Otto 88, 130, 131 210
Briand, Aristide 95, 96
Brupbacher, Dr. Fritz 43, 44
Buber, Martin 143
Bührer, Jakob 157

Cassirer, Paul 138, 175
Chasen, Alexander 177, 178, 179, 202
Craig, Gordon 63, 156

Dimitri (Clown) 207, 208
Dispeker, Familie 115, 116, 118, 120, 163
Düby, Kurt 174
Dudow, Slatan 182, 183, 184, 185
Duncan, Isadora 62, 63, 64, 69
Dulles, Allen 195, 196
Durieux, Tilla 138, 139, 175

Einsiedel, Anita Gräfin 108, 166, 211
Emden, Hans-Erich 199, 212
Emden, Max 103, 104, 107, 108, 119, 120, 149, 176, 199, 211
Engler (Bäcker) 127, 147
Epper, Ignaz und Mischa 157, 224

Fede vom «Verbano» 119, 120, 121 122 216, 217
Feilchenfeldt, Dr. Walter 174, 175, 176, 177, 210
Felchenfeldt-Breslauer, Marianne 176, 209
Fischer, Edwin 100, 104, 110
Fischer, Samuel 98
Flach, Jakob (genannt Köbi) 19, 74, 75, 156, 157, 206, 211
Flechtheim, Alfred 101
Frank, Leonhard 57, 82, 134, 137, 210
Friedeberg, Dr. Raphael 55, 131
Fröbe-Kapteyn, Olga 116, 117, 142

George, Stefan 132, 209
Germain, André 99
Giehse, Therese 174
Glaser, Kurt 133
Goddard, Paulette 211, 228
Gräser, Frau 34
Gräser, Gustav 27
Gräser, Karl 27, 33 36, 62
Gross, Dr. Otto 56, 57
Gruner, Richard 203

Habe, Hans 7, 214
Hahn, Prof. Lucien 115
Hanussen, Eric 133
Hauptmann, Gerhart und Frau 51, 98, 100, 123

Hattemer, Lotte 27
Hauser, Prof. 143
Heinz, Wolfgang 174
Hennings, Emmy 81
Heydt, Eduard Freiherr von der 98,
    99, 100, 101, 103, 104, 116, 119, 121,
    149, 188, 192, 210, 219, 221
Hirschfeld, Magnus 162
Hofmann, Ida 25, 27, 28, 29, 30, 33, 39,
    86, 87, 88
Hofmannsthal, Hugo von 53, 114
Hubermann, Bronislaw 100, 107, 108
Hülsenbeck, Richard 81, 82

Jacob, Berthold 159
Jannings, Emil 94
Jaques-Dalcroze, Emile 70
Jawlensky, Alexej von 77, 78, 79, 80,
    82, 146
Jung, C. G. 58, 143

Karajan, Herbert von 203
Katzenellenbogen, Ludwig 138, 139, 175
Katzenstein-Sutro, Nettie 91, 161
Kerényi, Karl 143
Kessa, Anna (genannt Mama Kessa)
    117, 118, 127, 212, 226
Klabund (Heschke, Alfred) 84, 85,
    102, 141
Kok, Leo 157, 158, 162, 198, 199, 211,
    225
Kohler, Albert 135, 204, 210
Kohler, Peter 20, 204, 210, 211, 214
Krapotkin, Peter Fürst 60, 61, 72, 93
Krupp von Bohlen 203

Laban, Rudolf von (Laban von
    Varalya) 70, 81, 82, 87, 88, 122
Liebermann, Rolf 20, 169, 170, 171,
    172, 173, 180, 212

Linson, Ludwig 114, 115, 118, 210,
    121, 137, 209, 212
Loppinot, Graf de 122
Ludwig, Elga 204, 211
Ludwig, Emil 50, 51, 53, 72, 90, 96, 97,
    98, 103, 149, 182, 204, 210, 211
Luther, Hans 95

Mann, Thomas 11, 100, 114, 132
Marcionni, Pietro 20, 147, 214
Marthaler, Nelly 124, 125, 127, 138,
    196, 203
Matzig, Richard B. 157
Mayer, Bernhard (genannt Pelzmayer)
    182, 184, 185
Melik, Dr. Wladimir 102, 103, 105,
    150, 165
Moissi, Alexander 98
Mühsam, Erich 31, 32, 33, 37, 43, 47,
    92, 93, 141, 227
Müller, Otto 184
Müller, Werner J. 157

Nagel, Gustav 64, 65, 101, 142, 209
Neher, Carola 102, 141
Neraldi 119
Novak, Leo 58, 59

Oedenkove, Henri 23, 24, 25, 26, 27,
    28, 29, 30, 33, 38, 39, 40, 41, 44,
    57, 62, 64, 65, 66, 67, 68, 69, 72,
    73, 75, 86, 87, 88, 89, 91, 93, 100,
    219
Oprecht, Dr. Emil 8, 132, 174
Otto, Prof. Rudolf 117
Otto, Teo 174

Pancaldi 10, 22, 117, 172, 178, 215
Pauli, Fritz 157
Petrowna, Lydia 43, 226

Rahner, Hugo 143
Ravelli 126
Rathenau, Walter 94
Rechenberg, Baron 47, 48, 49
Remarque, Erich Maria 7, 11, 127, 128, 129, 130, 147, 163, 174, 175, 176, 211, 228
Reuss, Theodor 86
Reventlow, Franziska Gräfin zu 7, 46, 47, 48, 50, 85, 86, 219
Rosenbaum, Wladimir 8, 9, 149, 150, 151, 152, 153, 154, 155, 156, 210, 211
Rowohlt, Ernst 98
Rühmann, Heinz 203

Saint-Léger, Antoinette Baronin 105, 166, 186
Schacht, Hjalmar 141, 160
Scheuermann 88, 89
Schey, Phillip Baron von 149, 181
Schmidtbonn, Wilhelm 18, 102
Schmitz 89
Schumacher, Karl von 174
Seewald, Richard 17, 112, 157, 213
Steckel, Leonard 174, 221
Steindamm, Frau 59, 60
Stinnes, Edmund 144, 145
Strauss, Richard 53, 100
Stresemann, Gustav 94, 95, 96, 114
Szittya, Emil 7, 44

Täuber, Sophie 81
Thommen, Giacomo 18, 189, 205, 206, 214
Toller, Ernst 133
Tzara, Tristan 81, 82

Vacchini, Ressiga 179
Vester, Karl 17, 72, 89, 210

Vogel, Wladimir 9, 172, 173
Volkart, Lilly 148, 166, 167, 171, 181, 197

Wassermann, Jakob 98
Wedderkop, H. von 101
Weidemeyer, Carlo 123, 157
Weizmann, Chaim 100
Werefkin. Marianne von 77, 7, 79, 80, 99, 111, 112, 138, 146, 147, 210, 219, 224
Werner, William 99
Wesemann, Hans 159
Wielich, Dr. Gotthard 21
Wigman, Mary 69, 70, 80, 82, 87, 93, 119, 122
Wildhagen, Dr. 97
Willstetter, Richard 133
Wilson, James 121
Witzig, Dr. Paul 179
Wolff (SS-General) 196
Wöfling, Leonard (Erzherzog Leopold Ferdinand von Toskana) 41, 42, 43, 93
«Würstchen» 109, 111, 112, 165, 166, 210, 211

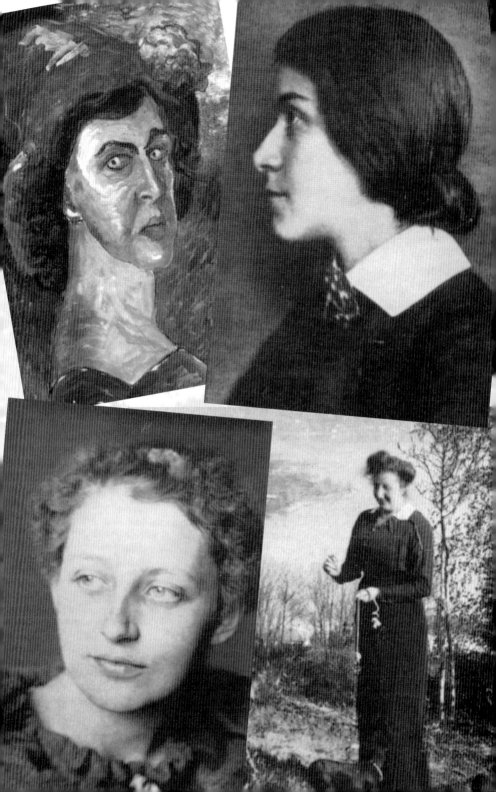

Ascona und seine Menschen

1. Bildseite Die Piazza 1910,
   Die Piazza mit dem Campanile von S. Pietro,
   Postbestellung während der Überschwemmung 1926

2. Bildseite Ascona heute,
   Das schöne Tessin: typische Steinhütte

3. Bildseite Die „Naturmenschen" des Monte Verità,
   Tanz von Mary Wigman

4. Bildseite *Die Damen*
   Marianne von Werefkin (Selbstporträt), Else Lasker-Schüler, Gräfin Reventlow, Baronin von Wülfingen

5. Bildseite *Die Herren*
   Leonhard Frank, Erich Mühsam, Ludwig Emil, Wladimir Rosenbaum, Erich Maria Remarque/ Walter Feilchenfeldt

6. Bildseite *Künstler*
   Mary Wigman, Charlotte Bara, Dimitri, Jakob Flach

7. Bildseite *In Ascona gesichtet*
   Karl von Schumacher, Baron von der Heydt, Rolf Liebermann

8. Bildseite *Stadtleben*
   Dr. Melik und Fede beim Risottoessen, Das Caffè Verbano, Hotelzettel

MITTEILUNG

Wir bitten alle Gäste, die gelben oder
weissen Hotelfrottiertücher nicht ins
Schwimmbad zu nehmen.
Verlangen Sie die speziellen, grünen
Badetücher bei den Zimmermädchen oder
an der Recéption.

                        Danke!

Nous prions nos clients d'avoir l'ama-
bilité de ne pas emporter les serviettes
de bains jaunes et blanches de l'hôtel
à la piscine.
Des serviettes spéciales vertes ainsi
que des peignoirs de bains sont à leur
disposition.
Veuillez les réclamer à la femme de
chambre ou à la réception.

                        Merci!